Journal d'une femn
ans (1/

La Tour du Pin Gouvernet

Alpha Editions

This edition published in 2023

ISBN : 9789357965668

Design and Setting By
Alpha Editions
www.alphaedis.com
Email - info@alphaedis.com

Contents

PRÉFACE

L'auteur du *Journal d'une femme de cinquante ans*, Henriette-Lucie Dillon, était née à Paris, rue du Bac, le 25 février 1770. Elle épousa à Montfermeil, le 21 mai 1787, Frédéric-Séraphin, comte de Gouvernet.

Au décès de son père, mort sur l'échafaud le 28 avril 1794, le comte de Gouvernet prit le titre de comte de La Tour du Pin de Gouvernet. Il fut nommé pair de France et créé marquis de La Tour du Pin par lettres patentes du 17 août 1815 et du 13 mars 1820.

* * * * *

Le comte de Gouvernet vint au monde à Paris, rue de Varenne, dans l'hôtel de ses parents, le 6 janvier 1759. Dès l'âge de seize ans, en 1775, il entrait au service militaire en qualité de lieutenant en second d'artillerie, et, en 1777, était promu capitaine de cavalerie à la suite au régiment de Berry-Cavalerie.

Il fut désigné, en 1779, pour occuper l'emploi de major général de l'armée du comte de Vaux, destinée à une descente en Angleterre, et un peu plus tard celui d'aide de camp du marquis de Bouillé, gouverneur des Antilles. Il servit sous ses ordres pendant les trois dernières années de la guerre d'Amérique, et devint bientôt l'ami de son chef. Entre temps, il fui promu colonel en second du Royal-Comtois-Infanterie, et servait encore dans ce régiment quand, le 21 mai 1787, il épousa Mlle Lucie Dillon L'année suivante, on le nommait colonel du régiment Royal-des-Vaisseaux.

Les mémoires de sa femme nous feront connaître la suite des événements de la vie de M. de La Tour du Pin jusqu'à l'époque des Cent-Jours.

Au moment du débarquement de Napoléon au golfe Juan, M. de La Tour du Pin se trouvait dans la capitale de l'Autriche, où il avait été envoyé, après la première Restauration, d'abord en qualité de ministre par intérim, ensuite comme l'un des plénipotentiaires de France au congrès de Vienne.

Après avoir signé la fameuse déclaration du 13 mars 1815 qui mettait Napoléon hors la loi, il se rendit, d'accord avec M. de Talleyrand, à Toulon, pour tenter de raffermir le maréchal Masséna, gouverneur de cette place, dans le service du roi, puis à Marseille pour conférer avec le duc de Rivière.

Sa mission consistait ensuite à rejoindre dans le Midi le duc d'Angoulême, qui avait reçu du roi l'ordre d'aller à Nîmes. Mais ayant appris à Marseille la nouvelle de la capitulation de ce prince au pont Saint-Esprit, après avoir pris, de concert avec le duc de Rivière quelques mesures indispensables, il fréta un bâtiment pour gagner Gênes, d'où il devait retourner à Vienne. Le mauvais temps, ou plutôt le mauvais vouloir du capitaine de ce bâtiment, le força à aller à Barcelone. De là, passant par Madrid, il se dirigea sur Lisbonne. Dans cette ville, il s'embarqua pour Londres, où il eut, pendant les vingt-quatre heures qu'il y séjourna, l'honneur de voir Mme la duchesse d'Angoulême pour la mettre au courant de la situation en France. La nuit même qui suivit cette entrevue, il partait pour Douvres, gagnait Ostende et se rendait à Gand auprès de Louis XVIII.

Après la bataille de Waterloo, M. de La Tour du Pin reprit en même temps que le roi la route de Paris.

Au mois d'août suivant, il participait aux élections générales en qualité de président du collège électoral du département de la Somme.

Le 17 du même mois, il était nommé pair de France par Louis XVIII qui, dans ses lettres patentes, l'appela «son allié», qualité que justifiaient d'ailleurs les alliances de sa famille.

Comme le rapportent les mémoires, M. de La Tour du Pin, tout en étant envoyé en Autriche, d'abord comme ministre par intérim, plus tard comme l'un des plénipotentiaires de France au congrès de Vienne, avait été nommé, peu de temps auparavant, ministre près de la Cour des Pays-Bas. En octobre 1815, il rejoignit ce dernier poste à Bruxelles pour remettre ses lettres de créance au roi Guillaume Ier et assister à son couronnement.

Etant revenu à Paris, bientôt après, pour siéger à la Chambre des pairs, M. de La Tour du Pin prit part, dans les premiers jours de décembre, aux débats du procès du maréchal Ney.

Il avait été décidé qu'on pourrait motiver son vote sur l'application de la peine, M. de La Tour du Pin, profitant de cette faculté, vota la peine de mort, mais fit en même temps la déclaration suivante:

«Je condamne le maréchal Ney à la peine portée aux conclusions de M. le Procureur général, mais comme je suis loin de le rendre seul responsable des malheurs de cette fatale époque, je le trouve, à plus d'un titre, digne de la commisération du roi, et je profiterais, à cet égard, de la faculté qui m'est donnée par l'article 595 du Code d'instruction criminelle, si je ne croyais plus avantageux à Sa Majesté d'abandonner le coupable à sa justice, à sa bonté, et peut-être à sa politique, que doivent dicter les circonstances où nous sommes et dont Sa Majesté peut être meilleur juge que personne.»

Cet appel à la clémence du roi, comme on le sait, ne fut pas entendu.

Quelques semaines plus tard, le 28 janvier 1816, M. de la Tour du Pin perdait son fils aîné, Humbert[1], dans des circonstances terriblement tragiques qui seront relatées plus loin.

Peu de jours après, il regagnait La Haye pour remplir ses fonctions de ministre plénipotentiaire auprès de la Cour des Pays-Bas.

Dans le courant de l'année suivante, un nouveau malheur frappa M. et Mme de la Tour du Pin, déjà si éprouvés. Le 20 mars 1817, leur fille cadette, Cécile[2], était emportée par une cruelle maladie, à Nice, où sa mère l'avait amenée.

Au mois de septembre 1818, M. le duc de Richelieu appela auprès de lui M. de La Tour du Pin pour le seconder au congrès d'Aix-la-Chapelle, dont l'objet était d'arrêter les conditions de l'évacuation du territoire français par les troupes étrangères.

M. de La Tour du Pin rejoignit, aussitôt après la clôture du congrès, son poste à La Haye. Il revint à Paris, à la fin de Vannée 1819, pour siéger à la Chambre des pairs au moment de l'ouverture de la session, et s'y trouvait encore à l'époque de l'assassinat du duc de Berry, le 13 février 1820.

C'est pendant son séjour à Paris qu'éclata, en janvier 1820, l'insurrection des troupes espagnoles, réunies dans l'île de Léon pour une expédition en Amérique, insurrection qui fut l'origine de la révolution espagnole.

À l'occasion de ces événements, le gouvernement français ayant résolu d'envoyer un représentant extraordinaire en Espagne, désigna pour cette mission M. de La Tour du Pin, mais des intrigues anglaises parvinrent à empêcher son départ.

Nous rappelons cette nomination parce qu'il s'y rattache un incident non dépourvu d'intérêt. Le voici reproduit tel qu'il a été conté et écrit par M. de La Tour du Pin lui-même:

«Puisque la destinée a malheureusement voulu que Louis-Philippe occupât une place dans l'histoire, je veux placer ici une petite anecdote qui le concerne et qui, à travers mille autres, vaut la peine d'être lue. En 1820, le gouvernement m'invita à venir de La Haye, où j'étais ministre, à la Chambre des pairs pour la session. Vers la fin de janvier, on reçut, à Paris, la nouvelle de la révolution d'Espagne. M. de Richelieu, alors président du conseil, me pria de passer chez lui et me dit: Monsieur de La Tour du Pin, nous sommes dans le plus, grand embarras, le roi désire vivement que vous alliez en Espagne..., etc., etc.

«Comme ce n'est pas de moi que je veux parler, je passerai ce qui eut, lieu à cet égard, et je dirai seulement que, selon l'usage, après avoir publiquement pris congé du roi, j'allai successivement chez les princes et princesses et, en dernier lieu, chez M. le duc d'Orléans.

«Il me reçut avec cette politesse et cette aisance qui lui sont familières, et même avec d'autant plus d'égards que mon envoi en Espagne, dans de telles circonstances, témoignait quelque opinion en ma faveur.

«Il cherche à allonger une visite qui n'était que de pure formalité, et, voulant m'amener à quelque communication sur les directions qui avaient dû m'être données, il me dit: «Monsieur de La Tour du Pin, je n'ai assurément pas l'indiscrétion de vouloir pénétrer vos instructions, mais si j'avais l'honneur de vous en donner dans de telles circonstances, ce serait de dire au roi d'Espagne de se mettre dans le courant des événements et de s'y laisser aller, sans prétendre un instant y résister.

«Monseigneur, lui répondis-je, si l'on m'avait donné ces instructions-là, je les aurais refusées, et j'aurais conseillé de laisser au moins les événements agir tout seuls, sans prendre la peine d'envoyer quelqu'un pour les encourager.

«Je quittai M. le duc d'Orléans, que mes absences continuelles de Paris ne m'ont plus donné l'occasion de revoir depuis ce temps-là.

«En voyant tout ce qui se passe aujourd'hui—septembre 1836—en Espagne, j'ai été conduit me rappeler cette conversation et la mettre par écrit. Je serais tenté de demander présent M. le duc d'Orléans s'il pense encore qu'il soit bon de se laisser aller de tels courants.»

M. de La Tour du Pin, peu de temps après, en avril 1820, était nommé ambassadeur Turin. Il rejoignit immédiatement son poste et, sauf un séjour de quatre mois à Rome en 1824, il ne le quitta plus avant le mois de janvier 1830.

C'est pendant leur séjour Turin que M. et Mme de La Tour du Pin étaient une fois de plus atteints dans leurs affections. Charlotte[3], leur seule fille encore vivante, et qui avait épousé, le 20 avril 1813, Bruxelles, le comte Auguste de Liedekerke Beaufort, mourait au château de Faublanc, près de Lausanne, le 1er septembre 1822, au cours d'un voyage qu'elle avait entrepris pour aller de Turin, rejoindre à Berne son mon, à cette époque ministre des Pays-Bas près la République helvétique.

Au mois de janvier 1830, M. de La Tour du Pin, décidé à se retirer des affaires, se rendit à Paris, et bientôt après, ennuyé et fatigué, mécontent aussi de la tournure que prenaient les événements, s'installait à Versailles.

Il s'y trouvait au moment de la Révolution de 1830. Le 2 août, à 3 heures du matin, il quittait cette ville et se dirigeait sur Orléans, croyant que le roi, en se retirant par Rambouillet, prenait cette route pour aller à Tours, s'appuyer des dispositions du Midi et surtout de la Vendée, et que là il se réunirait à lui.

Dès le lendemain, apprenant l'abdication du roi et son départ pour Cherbourg, M. de La Tour du Pin résolut de gagner sa propriété du Bouilh, près de Saint-André-de-Cubzac, d'où il envoya, en guise de protestation, la lettre suivante à la Chambre des pairs:

«À Monsieur Pasquier,

«Président de la Chambre des pairs,

«Saint-André-de-Cubzac (Gironde), le 14 août 1830.»

«Monsieur le chancelier,

> «J'ai l'honneur de vous prier de vouloir bien faire connaître
> à la Chambre des pairs, officiellement, que ma conscience
> et ma raison se refusent également à admettre la vacance du
> Trône dans la personne de M. le duc de Bordeaux, et qu'en
> conséquence, je ne prêterai pas le serment qu'on me
> demande, parce qu'il est directement contraire à celui que
> j'ai déjà prêté.

«J'ai l'honneur, etc., etc.»

Le président de la Chambre des pairs donna, dans la séance du 21 août, lecture de cette lettre, qui fut insérée dans le Moniteur du 22.

Les événements du mois d'août mettaient également fin à la mission dont M. de La Tour du Pin était chargé auprès du roi de Sardaigne. Libre ainsi de toute occupation, il passa tranquillement, dans sa terre du Bouilh, la fin de l'année 1830.

De nouveaux soucis devaient bientôt l'atteindre. Aymar[4], le dernier survivant de ses enfants, entraîné par un généreux enthousiasme pour la causé de la légitimité, s'était affilié au mouvement qui, en 1831, se préparait en Vendée. Il fut arrêté, emprisonné, et son père, ne voulant pas se séparer de lui, partagea les quatre mois de sa détention, tant à Bourbon-Vendée qu'à Fontenay.

Mis en liberté en avril 1832, Aymar de La Tour du Pin reprenait bientôt le chemin de la Vendée pour rejoindre Mme la duchesse de Berry.

On connaît le mauvais succès de cette tentative.

Après l'arrestation de Madame, Aymar de La Tour du Pin fut de nouveau poursuivi et recherché.

Plusieurs journaux ayant, à cette époque, attaqué son fils en termes qui lui parurent outrageants, M. de La Tour du Pin prit vigoureusement sa défense dans une lettre à l'*Indicateur*, un des journaux en cause, lettre que cette feuille ne voulut pas insérer, mais qui fut reproduite dans le numéro de la *Guyenne* du 7 août 1832.

Cette lettre valut à son auteur un jugement de mise en accusation devant la cour d'assises de Bordeaux, suivie d'une condamnation, le 15 décembre 1832, à 1.000 francs d'amende et trois mois de prison. Ces trois mois de prison, M.

de La Tour du Pin les fit au fort du Hâ, du 20 décembre 1832 au 20 mars 1833, en compagnie de sa femme, qui refusa de le quitter.

Quant à Aymar de La Tour du Pin, vers la même époque et comme conséquence de sa participation à la tentative de Mme la duchesse de Berry en Vendée, il était condamné par contumace à la peine de mort. Il avait heureusement pu se réfugier à Jersey dès le mois de novembre 1832.

En présence de la condamnation de son fils, qui pour y échapper dut s'exiler, et des persécutions dont il était lui-même l'objet, M. de La Tour du Pin prit le parti de se retirer à l'étranger.

À sa sortie de prison, il alla s'installer à Nice, où sa femme et son fils vinrent le rejoindre. Des raisons politiques lui ayant fait quitter cette ville, il se dirigea sur Turin et de là sur Pignerol. Son séjour dans cette dernière ville se prolongea jusqu'au 28 août 1832.

Des questions d'intérêt urgentes à régler rappelèrent alors M. et Mme de La Tour du Pin en France.

Ils y passèrent tout juste une année et reprirent ensuite le chemin de l'étranger, avec le projet de s'établir à Lausanne, où ils arrivèrent vers la fin du mois de novembre 1835, après quelques semaines de séjour à Suze.

C'est à Lausanne que devait mourir M. de La Tour du Pin, le 26 février 1837, âgé de soixante-dix-huit ans.

Ainsi se terminait une vie pleine d'événements, marquée parfois par de beaux jours, mais, le plus souvent, remplie d'inquiétudes et d'infortunes.

M. de La Tour du Pin sut traverser les orages qui s'abattirent sur lui et sur les siens avec une fermeté de caractère incomparable, une rare grandeur d'âme, et avec cette simplicité, cette constante bonne humeur qu'aucune épreuve ne pouvait altérer, cette absence de toute amertume contre les événements et contre les personnes, qui étaient le bel apanage des vieilles et illustres familles françaises d'autrefois.

Dans tout le cours de sa carrière diplomatique, il se montra le zélé défenseur des intérêts et de l'honneur de la France. Entièrement dévoué au roi, il conserva cependant une complète indépendance à l'égard de ses ministres, auxquels il parla toujours avec franchise et fermeté, combattant toutes les mesures qui lui paraissaient contraires aux intérêts sacrés du pays.

Voici en quels termes parlait de lui, peu de temps après sa mort, un de ses familiers les plus intimes. Cette appréciation achèvera de le faire connaître:

«Tout ce que l'âme la plus pure, la plus loyale, tout ce que le caractère le plus solide, le plus doux, le plus égal, tout ce que l'esprit le plus cultivé, le plus aimable peuvent répandre de charmes, M. de La Tour du Pin sut en embellir la vie de ceux qui l'entouraient. Il était resté comme un des rares débris de cette autre société antirévolutionnaire, que l'on n'accuse si vivement de nos jours que parce qu'elle est déjà de l'histoire ancienne pour ceux qui la déprécient.

«M. de La Tour du Pin en avait conservé la grâce de manières, l'exquise politesse, les formes les plus distinguées, autant que la chaleur de cœur et d'amitié qui liait entre elles les personnes remarquables de cette société.»

* * * * *

La marquise de La Tour du Pin nous conte tous les événements notables de la période de sa vie comprise entre son enfance et la fin du mois de mars 1815, dans le *Journal d'une femme de cinquante ans*. Elle crut, après les Cent-Jours, avoir retrouvé définitivement le repos pour son âge mûr; l'avenir lui paraissait définitivement fixé. Hélas! il n'en était rien; les années qui suivirent la révolution de 1830, comme nous l'avons dit dans les lignes consacrées à M. de La Tour du Pin, lui réservaient en particulier de nouveaux revers de tous genres.

Son histoire, à dater de 1815, reste étroitement liée à celle de son mari, qu'elle suivit à La Haye d'abord, à Turin ensuite. Elle partagea même, comme nous l'avons rappelé plus haut, sa captivité de trois mois au fort du Hâ, du 20 décembre 1832 au 20 mars 1833.

Elle l'accompagna également en Italie, puis en Suisse, dans l'exil volontaire qu'il s'imposa pour partager celui de son fils Aymar, et se trouvait au chevet de M. de La Tour du Pin, à Lausanne, au moment de sa mort, le 20 février 1837.

Quelque temps après, elle partait, avec son fils Aymar, le seul survivant de ses enfants, pour l'Italie, et s'installait en dernier lieu à Pise, en Toscane, où, âgée de quatre-vingt-trois ans, la mort venait l'atteindre le 2 avril 1853.

La marquise de La Tour du Pin eut six enfants. Elle les perdit successivement tous, ainsi qu'on l'a déjà dit, à l'exception de l'un de ses fils. On trouvera le récit de la mort de deux d'entre eux seulement dans les mémoires qui s'arrêtent au mois de mars 1815, quoique ce ne soit que quatre ans et demi plus tard, le 1er janvier 1820, qu'elle entreprit la rédaction du *Journal d'une femme de cinquante ans*.

Dans l'intervalle, de 1815 à 1820, elle perdait deux autres de ses enfants: son fils aîné, Humbert, le 28 janvier 1816, et sa fille cadette, Cécile, le 20 mars 1817.

Humbert de La Tour du Pin naquit à Paris le 19 mai 1790. Il fut sous-préfet de Florence, puis de Sens pendant les dernières années de l'Empire. À l'époque de la Restauration, on le nomma officier au corps des Mousquetaires

Noirs, et il devint, dans la suite, aide de camp du maréchal Victor, duc de Bellune.

Il mourut d'une façon très dramatique.

Au moment de sa nomination auprès du duc de Bellune, parmi les aides de camp du maréchal se trouvait le commandant Malandin, officier sorti du rang, rude et sans éducation, audacieux et courageux, cœur franc et loyal, mais chatouilleux sur le point d'honneur, et qui avait conquis sur les différents champs de bataille de l'Empire chacun de ses grades.

Le jour même où Humbert de La Tour du Pin, venant pour la première fois prendre son service auprès du maréchal, pénétra dans la salle des aides de camp, il rencontra, au milieu des autres officiers de l'état-major, le commandant Malandin.

Ce dernier, aussitôt après l'arrivée de son nouveau camarade, le jeune Humbert de La Tour du Pin, l'apostrospha, en guise de plaisanterie, sur un détail sans importance de son uniforme, en termes fort grossiers et inconvenants.

Pour la suite de l'aventure, nous reproduirons un extrait du récit qu'en a fait un des descendants du duc de Bellune, tel qu'il le tenait lui-même du fils aîné du maréchal[5]:

«M. de La Tour du Pin, ainsi apostrophé, rougit jusqu'au blanc des yeux, et il allait inévitablement répliquer, quand le maréchal se présenta pour examiner le travail; il chargea le commandant d'une mission à remplir auprès du ministre de la guerre, et le commandant s'éloigna avec la hâte d'un homme familier avec la prompte exécution d'une consigne.

«Quelques instants après, le maréchal se retira, et M. de La Tour du Pin ne tarda pas, lui non plus, à sortir.

«Il se rendit immédiatement à l'hôtel occupé par sa famille, et maîtrisant autant qu'il lui était possible l'émotion qui l'oppressait, il gagna le cabinet de son père.

«Mon père, lui dit-il, voici l'incident dont un jeune officier, placé dans une situation identique à la mienne, vient d'être victime», et il raconta, sans omettre le moindre détail, et avec fin sang-froid propre à détourner tout soupçon de l'esprit du vieux gentilhomme, la scène qui venait de se passer dans la salle des aides de camp. «Cet officier, ajouta-t-il, est sinon de mes amis, du moins de mes pairs, et ce qui touche à son honneur affecte le mien… Que doit-il faire?

«—Provoquer l'agresseur, répondit le vieillard.

«—Et si des excuses lui sont adressées?

«—Les repousser… Ton camarade doit se montrer d'autant plus soigneux de sa bonne renommée, en présence de l'homme qui l'a bafoué, qu'il n'a point payé de son sang, comme lui, les insignes du grade dont il est revêtu.

«—Merci, mon père…, et le jeune officier s'éloigna.

«Le soir même, il faisait demander au commandant Malandin réparation par les armes.

«Un grand émoi s'ensuivit dans l'entourage du maréchal. Celui-ci chargea son propre fils d'intervenir dans le règlement des conditions mises à la rencontre. C'est alors que les qualités rares qui se cachaient au fond de l'âme du brave commandant se dévoilèrent. Il proposa sans fausse honte de reconnaître ses torts et la légèreté de son propos.

«Refus de la part de l'offensé d'accueillir l'expression d'un regret en quelque terme qu'il fût formulé. Alors, comme l'habileté de Malandin dans le maniement du pistolet était notoire, les témoins proposèrent pour arme le sabre… Nouveau refus… Ils se rabattirent sur l'épée sans obtenir plus de succès. Enfin, devant l'opiniâtreté que mettait l'offensé à réclamer l'emploi du pistolet, force leur fut de céder et d'arrêter que le duel aurait lieu le lendemain matin, au bois de Boulogne, et qu'à la distance de vingt-cinq pas, les adversaires échangeraient une ou plusieurs balles, jusqu'à ce que l'un d'eux fût mis sérieusement hors de combat.

«Ce soir-là, une profonde tristesse régna à l'hôtel du maréchal, qui, comprenant toute la délicatesse de l'affaire, n'avait plus pour devoir que de fermer les yeux; les camarades du commandant Malandin lui témoignèrent, par leur silence, leur regret de la fâcheuse extrémité qu'il avait imprudemment créée, et lui-même, pour la première fois—depuis longtemps—oublia de boire, après son dîner, la demi-bouteille de rhum qui, disait-il, était seule capable de régulariser sa digestion.

«Quant à M. de La Tour du Pin, il passa cette soirée au milieu de sa famille, calme, enjoué et formulant, du ton le plus naturel, en présence de tous, les ordres nécessaires pour qu'on tînt son cheval sellé à la première heure le lendemain, sous prétexte d'une promenade concertée avec des amis.

«C'est à peine si, en donnant à sa mère le baiser d'adieu avant de regagner son appartement, il laissa échapper un frémissement involontaire et vite comprimé de ses lèvres, qui auraient voulu cependant livrer passage à toute son âme.

«Le lendemain, par une matinée calme et riante, quoiqu'un peu froide, deux groupes, l'un de trois, l'autre de quatre cavaliers, se dirigeaient séparément vers la porte Maillot, qui servait en ce temps de principale entrée au bois de Boulogne. Quatre de ces promeneurs portaient la petite tenue militaire, un les insignes des chirurgiens de l'armée, les deux autres des vêtements civils; mais à leur tournure, on devinait sans peine qu'ils avaient l'habitude de l'uniforme.

«Quand ils furent arrivés à proximité d'une clairière qui avait été désignée comme se prêtant aux convenances d'un duel, les cavaliers mirent pied à terre et les chevaux furent attachés par la bride aux arbres qui faisaient bordures. Les deux groupes se rapprochèrent l'un de l'autre et quelques paroles furent échangées entre les témoins, tandis que les adversaires se saluaient courtoisement.

«Les témoins avaient apporté dans les fontes suspendues à l'arçon de leur selle les armes appartenant à l'un et à l'autre des combattants; le choix des armes, tiré au sort, désigna les pistolets de M. de La Tour du Pin comme devant servir au duel. On les chargea et on les remit en main des adversaires, qui avaient pris place à la distance mesurée.

«Alors, et avant que le signal n'eût été donné, le commandant Malandin, qui, depuis son arrivée sur le terrain, tourmentait fiévreusement sa moustache, fit signe qu'il voulait parler, et, la voix haute, quoiqu'un peu tremblante, le regard fixe, mais le teint livide, il prononça ces paroles:

«—Monsieur de La Tour du Pin, en présence de ces messieurs, je crois devoir encore une fois vous déclarer que je regrette ma mauvaise plaisanterie. Deux braves garçons ne sauraient s'égorger pour cela.

«M. de La Tour du Pin hésita un moment, puis il se dirigea lentement vers le commandant. Tous les cœurs battaient et chacun ressentait un soulagement secret à voir ce temps d'arrêt dans le drame. Mais lorsque le jeune homme fut arrivé près de son adversaire, au lieu de lui tendre la main, il releva le bras et frappant de la crosse de son pistolet le front de Malandin:

«—Monsieur, lui dit-il, la parole sifflante, je pense que, maintenant, vous ne refuserez plus de vous battre.

«Et il retourna à sa place.

«La figure du commandant était décomposée; il passa dans ses yeux comme un éclair de folie; ce n'était pas de la colère, mais l'effarement d'un lion à la face duquel une gazelle aurait craché...

«—C'est un homme mort, fit-il en se raidissant.

«À une pareille scène, un seul dénouement, le plus prompt possible, était obligatoire. Le signal fut donné. M. de La Tour du Pin tira le premier... Alors son adversaire déplia le bras, et on l'entendit murmurer distinctement:

«—Pauvre enfant! Pauvre mère!

«Le coup partit et le jeune homme, tournoyant sur lui-même, tomba le visage contre terre. La balle l'avait frappé en plein cœur.»

Cécile de La Tour du Pin était née, le 13 février 1800, dans les circonstances que rapportent les mémoires, à Wildeshausen, petite ville située sur les confins du Hanovre et du grand-duché d'Oldenbourg. Au mois de septembre 1816, à la Haye, où M. de La Tour du Pin occupait le poste de ministre plénipotentiaire de France auprès de la cour des Pays-Bas, elle avait été fiancée à Charles, comte de Mercy-Argenteau[6].

Ce dernier, à cette époque, servait depuis dix ans dans l'armée française, avec grande distinction. Il avait pris part aux campagnes de l'Empire et s'était particulièrement fait remarquer à la bataille de Hanau, à la suite de laquelle il reçut pour récompense la croix, si enviée alors, de chevalier de la Légion d'honneur.

Dans une lettre, datée du 7 septembre 1816, les fiançailles de Cécile de La Tour du Pin sont annoncées, par sa sœur, Charlotte de Liedekerke Beaufort, à leur grand'tante commune, lady Henry Dillon, née Frances Trant. Certaines parties de la lettre sont intéressantes à connaître, à cause de l'appréciation qu'elle nous fournit sur la personne du fiancé, le comte Charles de Mercy-Argenteau:

Le 7 septembre 1816.

«Maman me charge, ma chère tante, de venir vous faire part d'un événement qui nous rend tous bien Vous devinez bien que je vous parle du mariage de notre Cécile. Le public vous aura sans doute déjà donné comme sûr ce qui n'avait été jusqu'ici qu'un projet, sans que rien fût décidé. Vous aurez été étonnée peut-être de notre silence là-dessus, mais vous savez bien que ces choses-là ne s'avouent que lorsqu'elles sont tout à fait décidées. On n'en aurait même pas parlé si M. d'Argenteau n'avait été forcé d'en faire part au roi[7] pour avoir son approbation, ce qui a rendu la chose publique.

«Je suis sûre que vous prendrez part au plaisir que nous cause cet heureux événement. Pour moi, je suis dans ta joie de mon cœur, de voir ma sœur mariée dans le même pays que moi et avec des terres à 6 lieues de celles[8] qui nous appartiendront un jour.

«L'homme qu'elle épouse a toutes les bonnes qualités qui peuvent rendre une femme heureuse, les plus nobles et les plus désintéressés sentiments, les manières les plus agréables, l'assurance et la fermeté que doivent avoir un mari et un protecteur, tout enfin ce qu'on peut désirer dans l'homme avec lequel on doit passer sa vie.

«Il a fait dix ans la guerre, et son caractère est pur conséquent formé, comme celui d'un homme qui a passé à travers tous les événements de la vie, qui connaît le monde, a vécu au milieu de ce qu'il avait de plus brillant, de plus séduisant, j'ajouterai même de plus corrompu, sans que ses principes ni ses sentiments en souffrissent. Ceci sont des épreuves après lesquelles on peut avoir une confiance entière dans la personne qui les a éprouvées sans y succomber.

«Vous connaissez sa famille, son frère et sa belle-sœur, qui sera pour Cécile une seconde mère, ce qui est encore un bonheur de plus, car elle ne peut pas espérer d'avoir toujours la sienne, et elle aura pourtant longtemps encore le besoin d'un chaperon, vu son extrême jeunesse.

«La fortune de Charles n'est pas considérable, mais il en a assez pourtant pour rendre heureux un mariage où elle a été la moindre considération et dont elle est le moindre avantage.

«Bien des événements nous ont prouvé, depuis vingt ans, qu'elle est peu solide et combien il est facile de la voir s'écrouler, et j'avoue que je trouve sage de n'en point faire the first point[9] dans un mariage...»

Lady Henry Dillon adressa sans tarder ses félicitations à sa nièce, la marquise de La Tour du Pin, félicitations sans doute atténuées par quelques réticences, car c'est certainement en réponse à ces félicitations que Mme de La Tour du Pin écrivit la lettre suivante à sa tante. Nous en reproduisons des extraits pour compléter les détails que la lettre de la comtesse de Liedekerke Beaufort donne sur la personne et le caractère du jeune fiancé:

La Haye, le 15 septembre 1816.

> «Je vous remercie, ma chère tante, de votre aimable lettre et de vos compliments, malgré certaines réticences qui pourraient m'inquiéter, si la seule physionomie de Charles d'Argenteau n'en disait plus long sur son caractère que toutes les commères de Bruxelles n'en ont jamais su et n'en sauront jamais. Croyez que je ne sais pas arrivée à quarante-sept ans sans pouvoir juger le caractère d'un homme. Tout ce que je vois dans celui de mon futur gendre, tout ce que je sais des circonstances de sa vie, de ses sentiments, de ses opinions, de l'élévation de son âme, de sa sensibilité, de son cœur, me prouvent que je donne à ma Cécile, pour le cours de la longue vie qu'ils auront, j'espère, à parcourir ensemble, un ami sûr et un noble protecteur. Je suis bien aise qu'il soit militaire et qu'il ait connu la guerre et ses dangers:

«None but the brave deserves the fair.[10]»

> «Il ne s'en plaira que plus dans son intérieur; il ne désirera plus de voir trop un monde qu'il a déjà vu et apprécié; il

sentira les vrais biens de la vie, biens dont j'ai goûté la douceur depuis trente ans, et qui m'ont soutenue et consolée dans toutes mes calamités. Voilà un préambule bien grave, ma chère Fanny, mais il règne dans votre lettre une disposition qui ne m'a pas fait plaisir, je voué l'avoue. Je suis persuadée qu'on vous a dit du mal de Charles, et cela ne me surprend pas. Il aura d'autant plus d'ennemis qu'il aura plus d'avantages: une jolie figure, de la fortune, un beau nom, un excellent caractère, de l'esprit et une situation avantageuse et brillante. Qu'en faut-il de plus pour remuer ce bourbier d'envieux et d'envieuses dont Bruxelles fourmille, tous ces gens qui étaient à mes pieds et qui y seront encore quand ils sauront que le roi[11] est charmé de ce mariage, qu'il s'en occupe, qu'il en parle de la manière la plus aimable et la plus flatteuse, et qu'on serait loin de lui faire la cour en me faisant des méchancetés.»

Cécile de La Tour du Pin était séduisante par son joli visage, par la douceur de son caractère, par de nombreuses qualités que les traditions de famille ont unanimement rapportées jusqu'à nous. Le comte Charles de Mercy-Argenteau s'éprit d'elle, et du côté du futur, certainement, on peut affirmer que le mariage projeté était ce qu'on appelle un mariage d'inclination. Sa fiancée tomba à ce moment malade. Tous les soins qu'on lui prodigua demeurèrent sans effet. Envoyée de La Haye à Nice, dans un climat moins rude et plus clément, elle ne devait pas recouvrer la santé et mourut dans cette ville le 20 mars 1817. Sa tombe existe encore dans le cimetière de Nice.

La mort de sa fiancée désespéra le comte Charles de Mercy-Argenteau. Renonçant aux ambitions brillantes que ses débuts dans l'armée paraissaient devoir satisfaire, il quitta la carrière militaire et entra dans les ordres. Il devint archevêque de Tyr et mourut le 16 novembre 1879 à Liège, où il s'était retiré, âgé de près de quatre-vingt-treize ans.

Grand de taille, d'apparence extrêmement distinguée, les traits réguliers, noble dans sa manière, esprit fin et cultivé, caractère facile et bon, indulgent aux autres, le comte Charles de Mercy-Argenteau inspirait l'attachement et le respect à tous ceux qui l'approchaient.

Il nous a été donné de le connaître pendant ses années de vieillesse. Le visage seul portait la trace des ans. La taille était restée droite et élancée, le caractère jeune et enjoué, l'intelligence avait conservé toute sa vivacité.

Le souvenir des fiançailles si tristement rompues était resté gravé dans sa mémoire. Souvent il en parlait à ses amis. Un peu moins de trois ans avant sa mort, il s'y reportait encore dans une lettre qu'il nous adressait et où on trouve l'écho du regret que lui causa le brisement d'un lien dont il espérait le bonheur, ainsi que la réminiscence du drapeau sous lequel il avait servi:

Liège, le 2 février 1877.

«Mon cher Aymar,

> «Je puis dire avec vérité que jamais souvenir n'a été reçu avec plus de reconnaissance, je dirai même avec une si profonde émotion!

> «Les liens qui m'unissent à votre famille sont bien anciens, mon cher Aymar, et vous savez qu'ils devaient être plus étroits encore si Dieu n'avait rappelé à Lui celle qui devait être le trait d'union!...

> «J'ai vu naître votre père et je l'ai aimé, depuis ce moment-là, comme on aime un fils. Cette affection, je l'ai transmise à ses enfants, et à vous *tout spécialement*, cher Aymar. Quelque chose rend ma sympathie pour vous plus vive: c'est la carrière que vous avez embrassée et où vous avez si noblement débuté! C'est l'uniforme que vous portez—non pas le même, j'ai servi toujours dans les hussards—mais qu'importe, c'était le même drapeau, si souvent couvert de gloire!

[...]

> «Et moi aussi, mon cher Aymar, je me permets de vous envoyer ma photographie. Puissiez-vous la recevoir avec les mêmes sentiments qui m'ont fait accueillir la vôtre! Quand vous porterez les yeux sur le portrait de ce vieillard de quatre-vingt-dix ans, vous vous direz «c'est mon plus ancien ami», j'ose ajouter que c'est votre ami le plus dévoué.

> «Mon cher Aymar, je joins à mes plus affectueux remerciements, l'expression de mon cordial attachement.

«CH., archev. de Tyr.»

Au plus ancien comme au plus dévoué de mes amis, je devais bien de lui consacrer quelques lignes dans la préface de ces mémoires.

Après la mort de sa fille Cécile, il restait encore à la marquise de La Tour du Pin un fils, Aymar, et une fille, Charlotte. Cette dernière, les mémoires le rapportent, avait épousé le 20 avril 1813, à Bruxelles, le comte Auguste de Liedekerke Beaufort. Elle ne devait pas tarder à être enlevée à sa mère également. Comme nous l'avons déjà dit, elle mourut au château de Faublanc, près de Lausanne, le 1er septembre 1822.

De six enfants un seul donc, Aymar, survécut à ses parents. Les mémoires nous l'indiquent: c'est à lui que sa mère destinait le *Journal d'une femme de cinquante ans*.

Ce journal, il est à présumer que la marquise de La Tour du Pin le rédigeait par à-coups, avec de longues interruptions. En effet, si la première partie date du 1er janvier 1820, nous trouvons la trace, dans les mémoires eux-mêmes, que les dernières pages de cette partie n'ont été écrites, ou tout au moins mises au net, qu'entre les années 1839 et 1842.

Quant à la seconde partie, la minute ou la copie n'en a été commencée que le 7 février 1843.

La marquise de La Tour du Pin a donc été surprise par la mort avant d'avoir pu achever l'œuvre qu'elle avait entreprise, car le récit des événements de sa vie s'arrête au mois de mars 1815, alors qu'elle mourut le 2 avril 1853 seulement.

Avec la marquise de La Tour du Pin disparaissait un des derniers vestiges de la haute société d'avant la Révolution, dont les traditions, il est permis de le dire, ont aujourd'hui complètement disparu.

La lecture du *Journal d'une femme de cinquante ans* permettra déjà d'apprécier la valeur de celle qui l'a écrit, ainsi que ses belles qualités d'esprit, de cœur et d'âme. Ceux qui l'ont connue, et dont nous avons recueilli les impressions, l'estimaient et l'aimaient.

Il est rare, disaient-ils, d'avoir jamais réuni plus de solidité à plus de charmes, plus de sérénité à plus de conscience, plus d'amour constant du devoir à plus de bienveillance.

Douée d'une mémoire imperturbable qui ramenait dans sa conversation les souvenirs variés d'époques si différentes, Mme de La Tour du Pin intéressait au suprême degré les gens réfléchis et sérieux, comme elle attirait à elle la jeunesse, dont elle comprenait les goûts et excusait les erreurs.

Son portrait ne saurait être mieux complété qu'en rapportant ici les quelques mots par lesquels son mari, M. de La Tour du Pin, un an avant de mourir, commence un court récit chronologique de sa vie:

«Je rassemble les souvenirs de ma vie avec celle qui, pendant une union de bientôt cinquante années, a fait le bonheur et la consolation d'une existence si douloureusement et si fréquemment agitée.

«Je n'ai d'autre intention que de mettre, après moi, ma femme à même de repasser les vicissitudes sans cesse renaissantes que son courage a toujours surmontées avec le calme le plus inaltérable. C'est une douce pensée pour moi, en me retraçant à ses yeux, que d'envisager ce petit moyen de la remettre vis-à-vis d'elle-même et si fort à son avantage.

«L'abnégation absolue de soi est la qualité dominante de cette âme pour laquelle l'imagination ne pourrait inventer un sacrifice quelconque qui pût être au-dessus du dévouement dont elle est capable… Allons, je m'arrête, car aussi bien je n'épuiserai pas tout ce que j'aurais à dire.»

* * * * *

Le manuscrit du *Journal d'une femme de cinquante ans* fut, à la mort de l'auteur, recueilli par son fils, Aymar, marquis de La Tour du Pin. Celui-ci le légua à son neveu, Hadelin, comte de Liedekerke Beaufort, qui le confia lui-même, peu de temps avant de mourir, à l'un de ses fils, le colonel comte Aymar de Liedekerke Beaufort.

Ce manuscrit a paru suffisamment intéressant pour mériter d'être imprimé, tout au moins pour en assurer la conservation définitive.

Puissent ces volumes consacrer le souvenir de la marquise de La Tour du Pin et être considérés comme un témoignage de filiale affection offert à sa mémoire par l'un de ses descendants.

Paris, juillet 1906.

A. DE LIEDEKERKE BEAUFORT.

PREMIÈRE PARTIE

CHAPITRE Ier

I

Le 1er janvier 1820.

Quand on écrit un livre, c'est presque toujours avec l'intention qu'il soit lu avant ou après votre mort. Mais je n'écris pas un livre. Quoi donc? Un journal de ma vie simplement. Pour n'en relater que les événements, quelques feuilles de papier suffiraient à un récit assez peu intéressant; si c'est l'histoire de mes opinions et de mes sentiments, le journal de mon cœur que j'entends composer, l'entreprise est plus difficile, car, pour se peindre, il faut se connaître et ce n'est pas à cinquante ans qu'il aurait fallu commencer. Peut-être parlerai-je du passé et raconterai-je mes jeunes années, par fragments seulement et sans suite. Je ne prétends pas écrire mes confessions; mais quoique j'eusse de la répugnance à divulguer mes fautes, je veux pourtant me montrer telle que je suis, telle que j'ai été.

Je n'ai jamais rien écrit que des lettres à ceux que j'aime. Il n'y a pas d'ordre dans mes idées. J'ai peu de méthode. Ma mémoire est déjà fort diminuée. Mon imagination surtout m'emporte quelquefois si loin du sujet que je voudrais poursuivre, que j'ai peine à rattacher le fil rompu bien souvent par ses écarts. Mon cœur est encore si jeune que j'ai besoin de me regarder au miroir pour m'assurer que je n'ai plus vingt ans. Profitons donc de cette chaleur qui me reste et que les infirmités de l'âge peuvent détruire d'un moment à l'autre, pour raconter quelques faits d'une vie agitée, mais bien moins malheureuse, peut-être, par les événements dont le public a été instruit, que par les peines secrètes dont je ne devais compte qu'à Dieu.

II

Mes plus jeunes années ont été témoin de tout ce qui aurait dû me gâter l'esprit, me pervertir le cœur, me dépraver et détruire en moi toute idée de morale et de religion. J'ai assisté, dès l'âge de dix ans, aux conversations les plus libres, entendu exprimer les principes les plus impies. Elevée dans la maison d'un archevêque, où toutes les règles de la religion étaient journellement violées, je savais et je voyais qu'on ne m'en apprenait les dogmes et les doctrines que comme l'on m'enseignait l'histoire ou la géographie.

Ma mère avait épousé Arthur Dillon, dont elle était la cousine issue de germain. Elle avait été élevée avec lui et ne le regardait que comme un frère. Elle était belle comme un ange et la douceur angélique de son caractère la faisait généralement aimer. Les hommes l'adoraient, et les femmes n'en étaient pas jalouses. Quoique dépourvue de coquetterie, elle ne mettait peut-être pas assez de réserve dans ses relations avec les hommes qui lui plaisaient et que le monde disait amoureux d'elle.

Un d'eux surtout passait sa vie entière dans la maison de ma grand'mère et de mon oncle l'archevêque, où ma mère demeurait. Il nous accompagnait aussi à la campagne. Le prince de Guéménée, neveu du trop célèbre cardinal de Rohan, passait donc, aux yeux du monde, pour être l'amant de ma mère. Mais je ne crois pas que ce fût vrai, car le duc de Lauzun, le duc de Liancourt, le comte de Saint-Blancard étaient aussi assidus chez elle. Le comte de Fersen, que l'on disait être l'amant de la reine Marie-Antoinette, venait de même presque tous les jours chez nous. Ma mère plut à la reine, qui se laissait toujours séduire par tout ce qui était brillant, Mme Dillon était très à la mode; elle devait par cela seul entrer dans sa maison. Ma mère devint dame du Palais. J'avais alors sept ou huit ans.

Ma grand'mère, du caractère le plus altier, de la méchanceté la plus audacieuse, allant parfois jusqu'à la fureur, jouissait néanmoins de l'affection de sa fille. Ma mère était subjuguée, anéantie par ma grand'mère, sous son empire absolu. Entièrement dans sa dépendance quant à la fortune, elle n'avait jamais osé représenter que, fille unique d'un père—le comte de Rothe—mort quand elle avait dix ans, elle devait, au moins posséder sa fortune. Ma grand'mère s'était emparée de vive force de la terre de

Hautefontaine qui avait été achetée des deniers de son mari. Fille d'un pair d'Angleterre très peu riche, à peine avait-elle eu une faible légitime. Mais ma mère, mariée à dix-sept ans à un homme de dix-huit, élevé avec elle et qui ne possédait que son seul régiment, n'aurait jamais trouvé le courage de parler d'affaires d'argent à ma grand'mère. La reine lui ouvrit les yeux sur ses intérêts et l'encouragea à demander des comptes. Ma grand'mère devint furieuse et une haine inconcevable, telle que les romans ou les tragédies en ont décrites, prit en elle la place de la tendresse maternelle.

III

Mes premières idées, mes premiers souvenirs, se rattachent à cette haine. Continuellement, témoin des scènes affreuses que ma mère subissait, obligée de ne pas avoir l'air de m'en apercevoir, je compris, tout en arrangeant une poupée ou en étudiant une leçon, la difficulté de ma situation. La réservé, la discrétion me devinrent d'une nécessité absolue. Je contractai l'habitude de dissimuler mes sentiments et de juger par moi-même des actions de mes parents. Lorsqu'à cinquante ans je me retrace mes jugements de dix ans, je les trouve si justifiés que je vois la vérité de l'assertion, répétée par plusieurs philosophes, que nous apportons en naissant l'esprit et le jugement plus ou moins justes ou plus ou moins sains.

Je me souviens que j'étais choquée que; ma mère se plaignît de ma grand'mère à ses amis; que je trouvais que ceux-ci attisaient le feu au lieu de l'étouffer. Mon père prenait parti pour ma mère, cela me paraissait tout simple. Mais je savais déjà qu'il avait de grandes obligations pécuniaires à notre oncle l'archevêque, et sa position me semblait fausse. Mon grand-oncle, en effet, étant du parti de ma grand'mère, j'estimais que mon père devait être embarrassé entre son devoir envers lui et sa tendresse pour ma mère, qui n'était pourtant que celle d'un frère.

Ces réflexions d'une tête de dix ans y développèrent des idées et une expérience trop précoces, d'un bien grand danger. Je n'ai pas eu d'enfance. Je n'ai pas joui de ce bonheur sans mélange, de cet état d'imprévoyance si doux que j'ai vu depuis dans les enfants. Toutes les idées tristes, toutes; les perversités du vice, toutes les fureurs de la haine, toutes les noirceurs de la calomnie se sont développées librement devant moi, quand mon esprit n'était pas assez formé pour en sentir toute l'horreur.

Une seule personne m'a peut-être préservée de cette contagion, a redressé mes idées, m'a fait voir le mal où il était, a encouragé mon cœur à la vertu; et cette personne… ne savait ni lire ni écrire!

Une bonne paysanne, des environs de Compiègne, avait été mise auprès de moi. Elle était jeune. Elle ne me quittait pas. Elle m'aimait avec passion. Elle avait reçu du ciel un jugement sain, un esprit juste, une âme forte. Les princes, les ducs, les grands de la terre, étaient jugés dans le conseil d'une fille de douze ans et d'une paysanne de vingt-cinq, qui ne connaissait que le hameau où elle était née et la maison de mes parents.

Les jugements, sans appel, que nous portions ensemble, l'étaient sur les rapports que je lui faisais de ce que j'avais entendu dans la chambre de ma mère, dans celle de ma grand'mère, à table, dans le salon. Je savais que Marguerite était d'une discrétion à toute épreuve; elle aurait mieux aimé mourir que de me compromettre par un mot indiscret. C'est elle qui m'a fait apprécier la première l'avantage d'une amie sûre. Que de fois, depuis, ai-je mis, dans ma pensée, les personnes les plus élevées du monde d'un côté de la balance et ma bonne Marguerite de l'autre, et que de fois elle a emporté le poids!

IV

Les mœurs et la société ont tellement changé depuis la Révolution que je veux retracer avec détail ce que je me rappelle de la manière de vivre de mes parents.

Mon grand-oncle, l'archevêque de Narbonne, allait peu ou point dans son diocèse. Président, par son siège, des États du Languedoc, il se rendait dans cette province uniquement pour présider les États qui ne duraient que six semaines pendant les mois de novembre et de décembre. Dès qu'ils étaient terminés, il revenait à Paris sous prétexte que les intérêts de sa province réclamaient impérieusement sa présence à la Cour, mais, en réalité, pour vivre en grand seigneur à Paris et en courtisan à Versailles.

Outre l'archevêché de Narbonne, qui valait 250.000 francs, il avait l'abbaye de Saint-Étienne de Caen, qui en valait 110.000, une autre petite encore qu'il échangea plus tard pour celle de Cigny, qui en valait 90.000. Il recevait plus de 50.000 à 60.000 francs pour donner à dîner pendant tous les jours pendant les États. Il semble qu'avec une pareille fortune, il aurait pu vivre honorablement et ne pas se déranger; et malgré tout il en était toujours aux expédients. Le luxe pourtant n'était pas grand dans la maison. Il tenait à Paris un état noble, mais simple. L'ordinaire était abondant, mais raisonnable.

Il n'y avait jamais à cette époque de grands dîners, parce que l'on dînait de bonne heure, à 2 heures et demie ou à 3 heures au plus tard. Les femmes étaient quelque fois coiffées, mais jamais habillées pour dîner. Les hommes au contraire l'étaient presque toujours et jamais en frac ni en uniforme, mais en habits habillés, brodés ou unis, selon leur âge ou leur goût. Ceux qui n'allaient pas dans le monde, le soir, ou le maître de la maison, étaient en frac et en négligé, car la nécessité de mettre son chapeau dérangeait le fragile édifice du toupet frisé et poudré à frimas. Après le dîner on causait: quelquefois on faisait une partie de trictrac. Les femmes allaient s'habiller, les hommes les attendaient pour aller au spectacle, s'ils devaient y assister dans la même loge. Restait-on chez soi, on avait des visites tout l'après-dîner et à 9 heures et demie seulement arrivaient les personnes qui venaient souper.

C'était là le véritable moment de la société. Il y avait deux sortes de soupers, ceux des personnes qui en donnaient tous les jours, ce qui permettait à un certain nombre de gens d'y venir quand ils voulaient, et les soupers priés, plus ou moins nombreux et brillants. Je parle du temps de mon enfance, c'est-à-dire de 1778 à 1784. Toutes les toilettes, toute l'élégance, tout ce que la belle et bonne société de Paris pouvait offrir de recherché et de séduisant se trouvaient à ces soupers. C'était une grande affaire, dans ce bon temps où l'on n'avait pas encore songé à la représentation nationale, que la liste d'un souper. Que d'intérêts à ménager! que de gens à réunir! que d'importuns à éloigner! Que n'aurait-on pas dit d'un mari qui se serait cru prié dans une maison parce que sa femme l'était! Quelle profonde connaissance des convenances ou des intrigues il fallait avoir! Je n'ai plus vu de ces beaux soupers, mais j'ai vu ma mère s'habiller pour aller chez la maréchale de Luxembourg, à l'hôtel de Choiseul, au Palais-Royal, chez Mme de Montesson.

À cette époque il y avait moins de bals qu'il n'y en a eu depuis. Le costume des femmes devait naturellement transformer la danse en une espèce de supplice. Des talons étroits, hauts de trois pouces, qui mettaient le pied dans la position où l'on est quand on se lève sur la pointe pour atteindre un livre à la plus haute planche d'une bibliothèque; une panier de baleine lourd et raide, s'étendant à droite et à gauche; une coiffure d'un pied de haut surmontée d'un bonnet nommé Pouf, sur lequel les plumes, les fleurs, les diamants étaient les uns sur les autres, une livre de poudre et de pommade que le moindre mouvement faisait tomber sur les épaules: un tel échafaudage rendait impossible de danser avec plaisir. Mais le souper où l'on se contentait de causer, quelquefois de faire de la musique, ne dérangeait pas cet édifice.

V

Revenons à mes parents. Nous allions à la campagne de bonne heure, au printemps, pour tout l'été. Il y avait dans le château de Hautefontaine vingt-cinq appartements à donner aux étrangers, et ils étaient souvent remplis. Cependant le beau voyage avait lieu au mois d'octobre seulement. Alors les colonels étaient revenus de leurs régiments, où ils passaient quatre mois, moins le nombre d'heures qu'il leur fallait pour revenir à Paris, et ils se dispersaient dans les châteaux où les attiraient leurs familles et leurs amis.

Il y avait à Hautefontaine un équipage de cerf dont la dépense se partageait entre mon oncle, le prince de Guéménée et le duc de Lauzun. J'ai ouï dire qu'elle ne montait pas à plus de 30,000 francs. Mais il ne faut pas comprendre dans cette somme les chevaux de selle des maîtres, et seulement les chiens, les gages des piqueurs qui étaient Anglais, leurs chevaux et la nourriture de tous. L'équipage chassait l'été et l'automne dans les forêts de Compiègne et de Villers-Cotterets. Il était si bien mené que le pauvre Louis XVI en était sérieusement jaloux et, quoiqu'il aimât beaucoup à parler de chasse, on ne pouvait le contrarier davantage qu'en racontant devant lui quelque exploit de la meute de Hautefontaine.

À sept ans je chassais déjà à cheval une ou deux fois par semaine, et je me cassai la jambe, à dix ans, le jour de la Saint-Hubert. On dit que je montrai un grand courage. On me rapporta de cinq lieues sur un brancard de feuillages et je ne poussai pas un soupir. Dès ma plus tendre enfance j'ai toujours eu horreur de l'affectation et des sentiments factices. On ne pouvait obtenir de moi ni un sourire, ni une caresse pour ceux qui ne m'inspiraient pas de sympathie, tandis que mon dévouement était sans bornes pour ceux que j'aimais. Il me semble qu'il y a des vices, comme la duplicité, la ruse, la calomnie, dont la première vue m'est aussi douloureuse que le serait le moment où j'aurais reçu une blessure laissant après elle une profonde cicatrice.

Le temps où j'ai gardé le lit pour ma jambe cassée, est resté dans mon souvenir comme le plus heureux de mon enfance. Les amis de ma mère vinrent en grand nombre à Hautefontaine, où nous restâmes six semaines de plus qu'à l'ordinaire. On me faisait des lectures toute la journée. Le soir on roulait un petit théâtre au pied de mon lit et des marionnettes jouaient tous les jours une tragédie ou une comédie, dont les rôles étaient parlés dans les coulisses par les personnes de la société. On chantait si c'étaient des opéras comiques. Les dames s'amusaient à faire les habits des marionnettes. Je vois encore le manteau et la tiare d'Assuérus et l'habit de lin de Joas. Ces amusements n'étaient pas sans fruit et me firent connaître toutes les bonnes pièces du théâtre français. On me lut d'un bout à l'autre les *Mille et une Nuits*, et c'est peut-être à cette époque que prit naissance mon goût pour les romans et tous les ouvrages d'imagination.

VI

Mon premier séjour à Versailles fut à la naissance du premier Dauphin[12] en 1781. Combien le souvenir de ces jours de splendeur pour la reine Marie-Antoinette est souvent revenu à ma pensée, au récit des tourments et des ignominies dont elle a été la trop malheureuse victime! J'allai voir le bal que les gardes du corps lui donnèrent dans la grande salle de spectacle du château de Versailles. Elle l'ouvrit avec un simple jeune garde, vêtue d'une robe bleue, toute parsemée de saphirs et de diamants, belle, jeune, adorée de tous, venant de donner un Dauphin à la France, ne croyant pas à la possibilité d'un pas rétrograde dans la carrière brillante où elle était entraînée; et déjà elle était près de l'abîme. Que de réflexions un pareil rapprochement ne fait-il pas naître!

Je ne prétends pas retracer les intrigues de la Cour que ma grande jeunesse m'empêchait de juger ou même de comprendre. J'avais déjà entendu parler de Mme de Polignac, pour qui la reine commençait à avoir du goût. Elle était très jolie, mais elle avait peu d'esprit. Sa belle-sœur, la comtesse Diane de Polignac, plus âgée, femme très intrigante, la conseillait dans les moyens de parvenir à la faveur. Le comte de Vaudreuil, leur ami, et que ses agréments faisaient rechercher de la reine, travaillait aussi à cette fortune devenue, par la suite, si grande. Je me rappelle que M. de Guéménée tâchait d'alarmer ma mère sur cette faveur naissante de Mme de Polignac. Mais ma mère se laissait aimer de la reine, tranquillement, et sans songer à profiter de cette faveur pour augmenter sa fortune ou pour faire celle de ses amis. Elle se sentait déjà attaquée du mal qui la fît périr moins de deux ans après. Tourmentée à tous les moments par ma grand'mère, elle succombait sous le poids du malheur sans avoir la force de s'y soustraire. Quant à mon père, il était en Amérique où il faisait la guerre à la tête du premier bataillon de son régiment.

VII

Le régiment de Dillon était entré au service de France en 1690, lorsque Jacques II eut perdu toute espérance de remonter sur le trône, après la bataille de la Boyne. Mon arrière grand-père, Arthur Dillon, le commandait.

Comme ces fragments seront peut-être conservés par mes enfants, je vais transcrire ici une note généalogique de la branche de ma famille établie en France et un historique sommaire du régiment de Dillon.

NOTE GÉNÉALOGIQUE SUR LA MAISON DES LORDS DILLON

Pairs d'Irlande et colonels propriétaires du régiment de Dillon au service de France depuis la Révolution d'Angleterre, en 1688, jusqu'à celle de France, en 1789.

Théobald VIIe Lord Viscount Dillon, | épousa Mary, fille de sir *Henry Talbot*, de Mount Talbot et frère | de Richard Talbot, duc de Tyrconnel et vice roi d'Irlande; il mourut | en 1691 et sa femme fut tuée la même année au siège de Limerick. | | Henri VIIe Lord Viscount Dillon | | succéda à son père en 1691. En 1689, il fut un des représentants | | du Comté de West-Meath au parlement du roi Jacques II à Dublin, | | lord lieutenant du Comté de Roscommon et colonel d'un régiment | | au service du roi. Il épousa, en 1687, Frances Hamilton, et | | mourut le 13 janvier 1714. | | | Richard IXe Lord Viscount Dillon | | | fils de Henri, né en 1688. Épousa Lady Bridget Burke, fille | | | de *John Earl of Clanricarde*. Il mourut en 1737 et laissa | | | une fille unique, *Frances*, qui épousa son cousin *Lord* | | | *Charles Dillon*. | | Honorable Arthur Dillon | | premier colonel propriétaire du régiment de Dillon au service de | | France. Mourut le 5 février 1733, lieutenant général, commandeur de | | l'ordre de Saint Louis. Il épousa Christina, fille de *Ralph* | | *Sheldon*, premier écuyer de Jacques II. Elle mourut à 77 ans, en | | 1757, dans la maison des dames anglaises, à Paris, laissant cinq | | fils et cinq filles. | | | | Charles Xe Lord Viscount Dillon | | | second colonel propriétaire du régiment de Dillon, chevalier | | | de Saint-Louis. Épousa Frances, fille unique et héritière de | | | son cousin *Richard*. Elle mourut à Londres le 7 Janvier | | | 1739, et son mari le 24 octobre 1741, sans enfants. | | | | Henri XIe Lord Viscount Dillon | | | troisième colonel propriétaire du régiment de Dillon, | | | chevalier de Saint Louis. Il quitta le service de France en | | | 1743, et épousa l'année suivante Lady Charlotte Lee, fille | | | de *George-Henry*, 2e *Earl of Lichfield*, pair d'Angleterre | | | et petit-fils du roi *Charles II* par la *Duchesse de* | | | *Cleveland*. Il mourut à Londres, le 15 septembre 1787, âgé | | | de 82 ans, et sa veuve, le 19 juin 1794, âgée de 74 ans. Ils | | | eurent sept enfants. | | | | | Charles XIIe Lord Viscount Dillon | | | | né en 1745, membre du Conseil privé, gouverneur du comté | | | | de Mayo, un des quinze chevaliers de Saint-Patrice. Il | | | | épousa Henriette Phipps, fille de *Lord Mulgrave* et en | | | | eut deux enfants: *Henry Augustus*, le présent Lord | | | | Visconnt Dillon[13] et *Frances-Charlotte*, mariée en | | | | 1797 à *Sir Thomas Webb*. | | | | | | | *Lord Charles Dillon* mourut en Irlande le 2 novembre | | | | 1813. Une fille naturelle[14] dont il avait épousé la | | | | mère[15] après la mort de sa femme, a épousé *Lord* | | | *Frédérick Beauclerk*, frère du *duc de Saint-Albans*. | | | | | | | Honorable Arthur Dillon | | | | sixième colonel propriétaire du régiment de Dillon, né

| | | | le 3 septembre 1750. Épousa Thérèse-Lucy de Rothe, sa | | | |
cousine, dont il eut *Henriette-Lucy*[16], qui épousa, | | | | en 1787, le *Comte de*
Gouvernet[17]. En secondes noces | | | | il épousa Marie de Girardin, veuve
du *Comte de la* | | | | *Touche* et cousine germaine de *Joséphine*, femme de | |
| | Napoléon. De sa seconde femme il eut une fille, | | | | *Frances*, qui
épousa le *Général Bertrand*. L'honorable | | | | Arthur Dillon périt sur
l'échafaud le 13 avril 1794. | | | | | | | Honorable Henry Dillon | | | |
colonel du régiment de Dillon lorsqu'il fut reconstitué | | | | en Angleterre
et pris à la solde dn gouvernement | | | | britannique, en 1794. Né en 1759,
épousa, en 1790, | | | | Frances, fille de *Dominick Trant*, dont il eut deux | |
| | fils et deux filles. | | | | | | | Honorable Laura Dillon | | | | morte, à
l'âge de 14 ans, au couvent des bénédictines de | | | | Montargis. | | | | |
| | Honorable Frances Dillon | | | | née en 1747, mariée en 1767, à *Sir*
William Jerningham. | | | | | | | Honorable Catherine Dillon | | | | née en
1759. Religieuse au couvent des bénédictines de | | | | Montargis. Elle se
réfugia avec ses compagnes à Bodney, | | | | en Angleterre, au moment de
la Révolution et y mourut en | | | | 1794. | | | | | | | Honorable Charlotte
Dillon | | | | épousa en 1777, Valentine Browne, depuis *Earl of* | | | |
Kenmare. Elle eut une fille unique, *Charlotte*, | | | | maintenant[13] *lady*
Charlotte Goold. | | | | | | James Dillon | | | quatrième colonel propriétaire
du régiment de Dillon, | | | chevalier de Malte et de Saint-Louis. Tué à
Fontenoy en | | | 1745, sans avoir été marié. | | | | | Edward Dillon | | |
cinquième colonel propriétaire du régiment de Dillon. Mort à | | |
Maëstricht, en 1747, des suites d'une blessure reçue à la | | | bataille de
Lawfeld, sans avoir été marié. | | | | | Arthur-Richard Dillon | | | né en
1721, successivement évêque d'Evreux, archevêque de | | | Toulouse,
archevêque de Narbonne; président du clergé de | | | France, cordon bleu;
mort à Londres, le 5 juillet 1806, à 85 | | | ans. | | | | | Frances Dillon | |
| religieuse carmélite à Pontoise. | | | | Catherine Dillon | | | religieuse
carmélite à Pontoise. Fut choisie pour réformer | | | le monastère des
carmélites à Saint-Denis. Elle y mourut, | | | prieure, en 1758, après y avoir
reçu Madame Louise, *fille* | | | *de Louis XV*. On la surnomma la *seconde sainte*
Thérèse. | | | | | Mary Dillon | | | mourut à Saint-Germain-en-Laye en
1786. | | | | | Bridget Dillon | | | épousa le Comte du Blezelle. Elle mourut
à | | | Saint-Germain-en-Laye, en 1785, sans enfants. | | | | | Laura Dillon,
épousa Lucius Cary, Lord Viscount Falkland, pair | | | d'Ecosse. Elle
mourut, en 1741, laissant une fille unique | | | Lucy. | | | | | | Honorable
Lucy Cary | | | | épousa le Général Edward de Rothe et eut une seule fille
| | | | *Thérèse-Lucy.* | | | | | | | Le Général Edward de Rothe mourut en
1766 et Lucy Cary, | | | | sa femme, en 1804, à Londres. | | | | | | |
Thérèse-Lucy de Rothe | | | | épousa en 1768, son cousin l'*honorable Arthur*
| | | | *Dillon*. Elle mourut le 7 septembre 1782, laissant | | | | une fille
Henriette-Lucy[16].

HISTORIQUE SOMMAIRE DU RÉGIMENT DE DILLON

Théobald, lord viscount Dillon, pair d'Irlande et chef, à cette époque, de l'illustre maison de ce nom, leva, à la fin de l'année 1688, sur ses terres en Irlande et équipa à ses dépens un régiment pour le service du roi Jacques II. Dans le courant de l'année 1690, ce régiment passa au service de France, sous les ordres d'Arthur Dillon, son deuxième fils. Il faisait partie d'un corps de 5,371 hommes de troupes irlandaises qui débarquèrent à Brest le 1er mai 1690, et qui furent donnés par le roi Jacques II à Louis XIV, en échange de six régiments français.

Après la capitulation de Limerick, en 1691, le nombre des troupes irlandaises qui passèrent au service de France, fut considérablement augmenté, et monta on tout à plus de 20,000 hommes. Depuis cette époque jusqu'à la Révolution française, elles servirent sous le nom de brigade irlandaise, dans toutes les guerres qu'essuya la France, et toujours avec la distinction la plus éclatante.

Arthur Dillon, premier colonel du régiment de Dillon, devint lieutenant général à l'âge de 33 ans, ayant obtenu ce grade successivement avec celui de maréchal de camp, hors de son rang, pour des actions d'éclat. Il fut longtemps commandant en Dauphiné, gouverneur de Toulon, et battit, le 28 août 1709, vers Briançon, le général Rehbinder, commandant les troupes de Savoie, qui voulait pénétrer en France. Il finit une carrière glorieuse, en 1733, âgé de 63 ans, laissant cinq fils et cinq filles.

Dès 1728, il avait cédé son régiment à Charles Dillon, l'aîné de ses fils. Charles Dillon étant devenu l'aîné de la famille, en 1737, par la mort de Richard lord Dillon, son cousin germain, garda provisoirement le régiment et le céda ensuite à Henri Dillon, son frère.

Henri Dillon, à la mort de Charles lord Dillon, son frère, en 1741, lui succéda aux titres et aux biens de sa famille, mais conserva néanmoins le commandement du régiment, à la tête duquel il servit jusqu'en 1743. Après la bataille de Dettingen, les Anglais, d'auxiliaires qu'ils étaient, devinrent partie principale dans la guerre. Lord Henri Dillon, pour conserver son titre de pair d'Irlande et pour empêcher la confiscation de ses biens, fut, par ce fait, obligé de quitter le service de France, ce qu'il fit du consentement et même par le conseil de Louis XV.

James Dillon, chevalier de Malte, le troisième frère, fut promu alors colonel du régiment, à la tête duquel il fut tué à Fontenoy, en 1745.

Edward Dillon, le quatrième frère, fut nommé par Louis XV, sur le champ de bataille, colonel du régiment et, comme son frère, trouva la mort au feu en le commandant, à la bataille de Lawfeld, en 1747. Arthur-Richard Dillon, le cinquième frère, restait seul vivant; mais il venait d'être engagé dans les ordres et est mort en Angleterre, archevêque de Narbonne, en 1806.

À la mort d'Edward Dillon, tué à Lawfeld, on sollicita vivement Louis XV de disposer du régiment, sous prétexte qu'il n'existait plus de Dillon pour en prendre le commandement. Mais le roi répondit «que Henri lord Dillon venait de se marier et qu'il ne pouvait consentir à voir sortir de cette famille une propriété cimentée par tant de sang et de si bons services, aussi longtemps qu'il pourrait espérer de la voir se renouveler». Le régiment de Dillon resta en conséquence, depuis 1747, sous le commandement successif d'un lieutenant-colonel et de deux colonels commandants, jusqu'à ce que l'honorable Arthur Dillon, deuxième fils de Henri lord Dillon, en fut pourvu, le 25 août 1767, à l'âge de 17 ans.

À l'époque de la Révolution française, la brigade irlandaise se trouvait réduite à trois régiments d'infanterie, savoir: Dillon, Berwick et Walsh. En 1794, les débris de ces trois régiments, y compris la majeure partie des officiers—qui avaient émigré en Angleterre—passèrent à la solde de Sa Majesté Britannique. Le régiment de Dillon, ou la fraction encore existante à laquelle l'Angleterre voulut attribuer ce nom, fut donné à l'honorable Henri Dillon, troisième fils de Henri lord Dillon et frère d'Arthur Dillon, dernier colonel du régiment en France et qui avait péri sur l'échafaud en 1794. Ce nouveau régiment se compléta en se recrutant sur les mêmes terres qui avaient fourni ses premiers soldats en 1688. Il s'embarqua, peu après, pour la Jamaïque, où les pertes qu'il y éprouva furent si considérables qu'on le licencia. Les drapeaux et enseignes du régiment furent transportés en Irlande et soigneusement déposés entre les mains de lord Charles Dillon, chef de la famille et frère aîné du colonel.

CHAPITRE II

I

Ma mère avait eu un fils, qui mourut à deux ans, et depuis cette couche elle avait toujours souffert. Une humeur laiteuse la tourmentait. Fixée sur le foie, elle lui ôtait tout appétit et son sang, desséché par le chagrin continuel que lui causait ma grand'mère, s'alluma et se porta avec violence à la poitrine. Elle ne se ménageait pas. Elle montait à cheval, courait le cerf, chantait avec le célèbre Piccini qui était passionné pour sa voix. Enfin, à 31 ans, vers le mois d'avril 1782, elle cracha le sang avec violence.

Ma grand'mère, quoique portée à ne pas croire aux maux de sa fille, fut pourtant forcée de convenir alors qu'elle était sérieusement malade. Mais son indomptable haine, son caractère soupçonneux, la disposait d'un autre côté à voir dans toutes les actions de ma pauvre mère un calcul tendant à la soustraire à son autorité. Aussi fut-elle convaincue que ma mère avait feint ces crachements de sang pour ne pas aller à Hautefontaine. Elle n'aurait pas consenti à retarder son départ d'une heure. Ma mère consulta, pour son malheur, un médecin nommé Michel, jouissant alors de beaucoup de célébrité. Il déclara que le sang qu'elle avait craché venait de l'estomac et lui ordonna d'aller à Spa. Il serait difficile de peindre les fureurs inconcevables de ma grand'mère, à l'idée que sa fille pouvait aller à ces eaux. Elle ne voulait pas l'y accompagner. Elle refusait de l'argent pour le voyage. Je crois que la reine vint au secours de ma mère dans cette occasion. Nous partîmes de Hautefontaine pour Bruxelles où nous passâmes un mois.

Mon oncle Charles Dillon avait épousé miss Phipps, fille de lord Mulgrave. Il résidait à Bruxelles, n'osant habiter l'Angleterre à cause de ses nombreuses dettes. À cette époque, il était encore catholique. Ce ne fut que plus tard qu'il eut l'impardonnable faiblesse de changer de religion et de se faire protestant pour hériter de son grand-oncle maternel, lord Lichfield[18], lequel subordonna à cette condition son héritage de quinze mille livres sterling. Mme Charles Dillon était belle comme le jour. Elle était venue à Paris l'année d'auparavant avec lady Kenmare, sœur de mon père, qui était aussi d'une grande beauté. Elles allaient au bal de la reine avec ma mère et ces trois belles-sœurs étaient généralement admirées. Un an s'était à peine écoulé et elles étaient toutes trois au tombeau. Elles moururent à une semaine l'une de l'autre.

II

Comme je l'ai dit plus haut, je n'ai pas eu d'enfance. À douze ans mon éducation était très avancée. J'avais lu énormément, mais sans choix. Dès l'âge de sept ans on m'avait donné un instituteur. C'était un organiste de Béziers, nommé Combes. Il vint pour me montrer à jouer du clavecin, car il n'y avait pas encore alors de pianos, ou du moins ils étaient très rares. Ma mère on avait un pour accompagner la voix, mais on ne me permettait pas d'y toucher. M. Combes avait fait de bonnes études; il les continua et m'a avoué depuis qu'il avait souvent retardé les miennes à dessein, de crainte que je ne le dépassasse dans celles qu'il faisait lui-même.

J'ai toujours eu une ardeur incroyable pour apprendre. Je voulais savoir toutes choses, depuis la cuisine jusqu'aux expériences de chimie que j'allais voir faire par un petit apothicaire demeurant à Hautefontaine. Le jardinier était Anglais et ma bonne Marguerite me menait tous les jours chez sa femme qui me montrait à lire dans sa langue: le plus souvent dans *Robinson*; j'étais passionnée pour ce livre.

J'ai toujours eu un pressentiment aventureux. Mon imagination s'exerçait sans cesse sur des vicissitudes de fortune. Je me créais des situations singulières. Je voulais savoir tout ce qui était utile pour toutes les circonstances de la vie. Quand ma bonne allait voir sa mère, deux ou trois fois dans l'été, je l'obligeais à me raconter tout ce qui se faisait dans son hameau. Pendant plusieurs jours ensuite, je ne songeais qu'à ce que je ferais si j'étais paysanne, et j'enviais le sort de celles que je visitais souvent dans le village et qui n'étaient pas, comme moi, obligées de cacher leurs goûts et leurs idées.

L'état d'hostilité constante qui existait dans la maison me tenait dans une contrainte continuelle. Si ma mère voulait que je fisse une chose, ma grand'mère me le défendait. Chacun m'aurait voulu pour espion. Mais ma probité naturelle se révoltait à la seule pensée de la bassesse de ce rôle. Je me taisais, et l'on m'accusait d'insensibilité, de taciturnité. J'étais le but de l'humeur des uns et des autres, d'accusations injustes. J'étais battue, enfermée, en pénitence pour des riens. Mon éducation se faisait sans discernement. Quand j'étais émue de quelque belle action dans l'histoire, on se moquait de moi. Tous les jours, j'entendais raconter quelque trait licencieux ou quelque intrigue abominable. Je voyais tous les vices, j'entendais leur langage, on ne se cachait de rien en ma présence. J'allais trouver ma bonne, et son simple bon sens m'aidait à apprécier, à distinguer, à classer tout à sa juste valeur.

À onze ans, ma mère trouvant que je parlais moins bien l'anglais, me donna une femme de chambre élégante que l'on fit venir exprès d'Angleterre. Son arrivée me causa un chagrin mortel. On me sépara de ma bonne Marguerite et, quoiqu'elle restât dans la maison, elle ne vint presque plus dans ma chambre. Ma tendresse pour elle s'en augmenta. Je m'échappais à tous moments pour aller, la retrouver ou pour la rencontrer dans la maison, et ce fut une cause nouvelle de gronderies et de pénitences. Combien l'on doit songer, quand on élève des enfants, à ne pas les blesser dans leurs affections! Que l'on ne compte pas sur l'apparente légèreté de leur caractère. En écrivant, à cinquante-cinq ans, les humiliations que l'on fit éprouver à ma bonne, tout mon cœur se soulève d'indignation, comme il le fit alors. Cependant cette Anglaise était agréable. Elle ne me plut que trop. Elle était protestante, avait eu une conduite plus que légère et n'avait jamais lu que des romans. Elle me fit beaucoup de mal...

III

Revenons à mon récit. Nous allâmes à Bruxelles, dans la maison de ma tante. Elle était au dernier degré d'une consomption qui n'avait rien changé à l'agrément et à la beauté de sa figure vraiment céleste. Elle avait deux enfants charmants, un garçon de quatre ans—le présent lord Dillon[19]—et une fille qui fut depuis lady Webb. Je m'amusais beaucoup de ces enfants. Mon plus grand bonheur était de les soigner, de les endormir, de les bercer. J'avais déjà un instinct maternel. Je sentais que ces pauvres enfants allaient être privés de leur mère. Je ne me croyais pas si près du même malheur.

Ma mère me menait chez l'archiduchesse Marie-Christine qui gouvernait les Pays-Bas avec son mari, le duc Albert de Saxe-Teschen. Pendant les conversations de ma mère avec l'archiduchesse, on me conduisait dans un cabinet où l'on me montrait des portefeuilles d'estampes. J'ai pensé depuis que c'était sans doute le commencement de cette superbe collection de gravures, la plus belle de l'Europe, que le duc Albert a laissée à l'archiduc Charles.

Nous allâmes à Spa. M. de Guéménée nous y retrouva, je n'ai jamais pu m'expliquer pourquoi. Pendant ce voyage, il cherchait toutes les occasions et tous les moyens de me déprécier aux yeux de ma mère et d'empêcher qu'elle eût la moindre confiance en moi. M. Combes a supposé plus tard qu'il craignait que je ne fusse déjà au courant du mauvais état de ses affaires et, comme ma mère ne s'en doutait pas, qu'il appréhendait que je ne lui en parlasse. Nous vîmes à Spa plusieurs Anglais de nos parents, entre autres lord et lady Grandison. Ma mère y trouva aussi la duchesse de l'Infantado, qui était avec ses fils et pour sa fille, la marquise del Viso. Cette jeune femme, à la suite d'une fièvre maligne, avait oublié tout ce qu'on lui avait enseigné au cours de son éducation. Il lui avait fallu apprendre de nouveau à lire et à écrire. Elle était, à vingt ans, à peu près en enfance et jouait à la poupée. Peu de temps après sa sensibilité se réveilla, par une passion qu'elle prit pour M. Spontin, possesseur d'un duché en Brabant, et qui l'épousa. C'est le duc de Beaufort. Elle eut quatre filles et mourut en couches de la dernière. La duchesse de l'Infantado, née Salm, était une personne très respectable. Elle habitait Paris pour l'éducation de ses fils, le jeune duc et le chevalier de Tolède. Elle disait souvent à ma mère que j'épouserais ce dernier, mais cette plaisanterie me déplaisait.

Ce fut à Spa que je goûtai pour la première fois le dangereux poison de la louange et des succès. Ma mère me menait à la redoute les jours où l'on y dansait, et la danse de la petite française devint bientôt une des curiosités de Spa.

Le comte et la comtesse du Nord venaient d'y arriver du froid de la Russie, et n'avaient jamais vu de filles de douze ans danser *la gavotte*, *le menuet*, etc. On leur montra cette espèce de phénomène. La même princesse, devenue impératrice de Russie[20], n'avait pas, trente-sept ans plus tard, oublié la petite fille d'alors, qu'elle retrouvait une grave mère de famille. Elle m'a dit beaucoup de choses obligeantes sur le souvenir qu'elle avait conservé de mes grâces et surtout de la finesse de ma taille.

Tout concourait sans cesse à me corrompre l'esprit et le cœur. Ma femme de chambre anglaise ne m'entretenait jamais que de frivolités, de toilettes, de succès. Elle me parlait des conquêtes qu'elle avait faites et de celles que je pourrais faire dans quelques années. Elle me donnait des romans anglais; mais, par une singularité dont j'ai peine maintenant à me rendre compte, je ne voulais pas lire de mauvais livres; je savais qu'il y en avait qu'une demoiselle ne devait pas avoir lus et que, si on en parlait devant moi et que je les connusse, je ne pourrais pas m'empêcher de rougir. Aussi trouvais je plus facile de m'en abstenir. D'ailleurs les romans de sentiment ne me plaisaient pas. J'ai toujours détesté les sentiments forcés et les exagérations. Je me rappelle néanmoins un roman de l'abbé Prévost, qui me faisait une grande impression: c'était *Cleveland*. Il y a, dans ce livre des actions de dévouement admirables, et cette vertu a toujours été celle qui répondait le plus à mon cœur. J'étais si susceptible de l'éprouver que j'aurais voulu pouvoir en donner tous les jours des preuves à ma mère. Souvent je versais des larmes amères de ce qu'elle ne me permettait pas de la soigner, de la veiller, de lui rendre tous les soins dont le désir était dans mon cœur. Mais elle me repoussait, elle m'éloignait, sans que je pusse deviner le motif d'une aversion aussi étrange pour sa fille unique.

IV

Cependant les eaux de Spa avançaient les jours de ma pauvre mère. Elle répugnait néanmoins à revenir à Hautefontaine, dans la certitude où elle était que ma grand'mère la recevrait, comme à l'ordinaire, avec des scènes et des fureurs. Elle ne se trompait pas. Mais son état empirant à tous moments, la pensée, commune à tous ceux qui sont attaqués de cette cruelle maladie de poitrine, lui vint de changer d'air. Elle voulut aller en Italie et demanda d'abord à revenir à Paris. Ma grand'mère y consentit et commença alors seulement à envisager le véritable état de sa malheureuse fille, ou du moins elle en parla dès lors comme d'un état sans espoir, ainsi qu'il l'était en effet.

Arrivées à Paris, ma grand'mère donna son appartement à ma mère comme le plus vaste. Elle lui rendit des soins empressés, mais qui contrastaient pour moi, d'une manière si frappante, avec les traitements outrageants dont j'avais été témoin quelques mois auparavant, que je pus croire à la vérité des sentiments qu'elle témoignait alors. En y pensant dans l'âge mûr, j'ai trouvé que les écarts d'un caractère passionné sont dans la nature. Quand on ne s'est jamais maîtrisé et que l'on s'est toujours abandonné à tous ses penchants sans jamais faire le moindre effort pour se vaincre, quand on n'est pas retenu par la religion et qu'on ne dépend que de soi, il n'y a pas de raison pour ne pas tomber dans tous les excès possibles.

Ma mère fut fort soignée dans ses derniers moments. La reine vint la voir et tous les jours un piqueur ou un page était envoyé de Versailles pour prendre de ses nouvelles. Elle s'affaiblissait à chaque instant. Mais, j'éprouve du chagrin à l'écrire après quarante-cinq ans, personne ne parla de sacrements ni de lui faire voir un prêtre. À peine avais-je appris mon catéchisme. Il n'y avait pas de chapelain dans cette maison d'un archevêque. Les femmes de chambre, quoiqu'il y en eut de pieuses, craignaient trop ma grand'mère pour oser parler. Ma mère ne croyait pas toucher à son dernier moment. Elle mourut étouffée, dans les bras de ma bonne, le 7 septembre.

On m'apprit le matin ce triste événement. Ce fut une bonne vieille amie de ma mère, que je vis près de mon lit en me réveillant, qui m'annonça sa mort. Elle m'informa que ma grand'mère avait quitté la maison, que je devais me lever, aller la trouver et lui demander sa protection et ses soins; que désormais je dépendais d'elle pour mon sort à venir; qu'elle était très mal avec mon père, en ce moment en Amérique; qu'elle me déshériterait certainement si elle me prenait en aversion, comme elle n'y était que trop disposée. Mon jeune cœur déchiré se révolta contre la dissimulation que cette bonne dame prétendait m'imposer. Elle eut beaucoup de peine à me persuader de me laisser conduire auprès de ma grand'mère. Le souvenir de toutes les larmes que j'avais vu verser à ma mère, celui des scènes affreuses qu'en ma présence elle avait endurées, la pensée que les mauvais traitements qu'elle avait éprouvés avaient abrégé ses jours, soulevaient en moi une répugnance invincible à me soumettre à la domination de ma grand'mère. Cependant ma vieille amie m'assura que si je faisais la moindre difficulté, un couvent sévère serait mon refuge; que mon père, qui se remarierait sans doute pour avoir un garçon, ne voudrait pas me reprendre chez lui; que l'on m'obligerait peut-être à prendre le voile en m'envoyant chez ma tante[21], elle-même religieuse au couvent des Bénédictines de Montargis et qui n'était pas sortie de cet établissement depuis l'âge de sept ans.

Mme Nagle—c'était le nom de la vieille dame—finit par m'entraîner chez ma grand'mère. Celle-ci joua une grande scène de désespoir qui me glaça d'épouvante et me laissa la plus pénible impression. On me trouva froide et insensible. On insinua que je ne regrettais pas ma mère, et cette inculpation si fausse resserra mon cœur en m'indignant. J'entrevis en un moment toute l'étendue de la carrière de duplicité dans laquelle on me forçait d'entrer. Mais je rappellerai que j'avais douze ans seulement et que, quoique mon esprit fût beaucoup plus développé qu'il ne l'est habituellement à cet âge et que je fusse déjà très avancée dans mon éducation, jamais je n'avais reçu aucune instruction morale ou religieuse.

V

Je ne prétends pas au talent de décrire l'état de la société en France avant la Révolution. Cette tâche serait au-dessus de mes forces. Mais, lorsque dans ma vieillesse je rassemble mes souvenirs, je trouve que les symptômes du bouleversement qui s'est produit en 1789, avaient déjà commencé à se manifester depuis le temps où mes réflexions ont laissé quelques traces dans ma mémoire.

Le règne dévergondé de Louis XV avait corrompu la haute société. La noblesse de la Cour donnait l'exemple de tous les vices. Le jeu, la débauche, l'immoralité, l'irréligion, s'étalaient ouvertement. Le haut clergé, attiré à Paris pour les assemblées du clergé, que le besoin d'argent et le désordre des finances forçaient le roi, afin d'obtenir le *don gratuit*, à rendre à peu près annuelles, était corrompu par les mœurs dissolues de la Cour. Presque tous les évêques étaient choisis dans la haute noblesse. Ils retrouvaient à Paris leurs familles et leur société, leurs liaisons de jeunesse, leurs premières habitudes. Ils avaient fait leurs études, pour la plupart, dans les séminaires de Paris: à Saint-Sulpice, à Saint-Magloire, aux Vertus, à l'Oratoire; et lorsqu'ils étaient nommés évêques, ils considéraient cette nomination comme un honorable exil qui les éloignait de leurs amis, de leurs familles et de toutes les jouissances du monde.

Les ecclésiastiques du second ordre, membres de l'assemblée du clergé, étaient presque tous désignés parmi les grands vicaires des évêques, ou parmi les jeunes abbés propriétaires d'abbayes appartenant à la classe dans laquelle on choisissait les évêques. Ils venaient puiser à Paris les principes et les habitudes qu'ils rapportaient ensuite dans, les provinces, où ils donnaient trop souvent des exemples funestes.

Ainsi la dissolution des mœurs descendait des hautes classes dans les classes inférieures. La vertu, chez les hommes, la bonne conduite, chez les femmes, étaient tournées en ridicule et passaient pour de la rusticité. Je ne saurais entrer dans les détails pour prouver ce que j'avance ici. Le grand nombre d'années qui s'est écoulé depuis le temps que je voudrais peindre, transforme cette époque, pour moi, en une généralité purement historique, dans laquelle le souvenir des individus s'est effacé pour ne laisser dans mon esprit qu'une impression d'ensemble. Plus j'avance en âge, cependant, plus je considère que la Révolution de 1789 n'a été que le résultat inévitable et, je pourrais même dire, la juste punition des vices des hautes classes, vices portés à un excès tel qu'il devenait infaillible, si on n'avait pas été frappé du plus funeste aveuglement, que l'on serait consumé par le volcan que de ses propres mains on avait allumé.

VI

Après la mort de ma mère, ma grand'mère et mon oncle allèrent, au mois d'octobre 1782, à Hautefontaine et m'y emmenèrent avec eux, accompagnés de mon instituteur, M. Combes, qui s'occupait exclusivement de mon éducation.

J'aimais beaucoup cette habitation que je savais devoir un jour m'appartenir. C'était une belle terre, toute en domaines, à vingt-deux lieues de Paris, entre Villers-Cotterets et Soissons. Le château, bâti vers le commencement du dernier siècle, sur une colline fort escarpée, dominait une petite vallée très fraîche, ou, pour mieux dire, une gorge s'ouvrant sur la forêt de Compiègne qui formait amphithéâtre dans le fond du tableau. Des prés, des bois, des étangs d'une belle eau et remplis de poissons, venaient à la suite d'un magnifique potager que l'on dominait des fenêtres du château, dont la cour en plate-forme avait été, sans doute, fortifiée dans des temps plus anciens. Ce château, sans aucune beauté d'architecture, était commode, vaste, parfaitement meublé, très soigné dans tous ses détails.

Mon oncle, ma grand'mère et ma mère avaient accompagné mon père jusqu'à Brest, lorsqu'il s'embarqua, en 1779, pour faire la guerre avec son régiment aux Antilles. À son retour, mon oncle acheta, à Lorient, toute la cargaison d'un navire venant de l'Inde et qui consistait en porcelaine de la Chine et du Japon, en toiles de Perse de toutes couleurs pour des tentures d'appartements, en étoffes de soie, en damas, en pékins peints, etc... Toutes ces richesses avaient été déballées, à ma grande joie, et rangées dans de grands garde-meubles, où le vieux concierge me laissait errer avec ma bonne, lorsque le temps ne permettait pas la promenade. Il me disait souvent: «Tout cela sera à vous.» Mais, comme par un pressentiment secret, je ne m'attachais pas aux idées de splendeur. Ma jeune imagination se portait plus volontiers sur des idées de ruine, de pauvreté, et cette pensée prophétique qui ne me quittait jamais, me ramenait toujours à vouloir apprendre tous les ouvrages des mains qui conviennent à une pauvre fille, et à m'éloigner des occupations d'une demoiselle que l'on nommait une *héritière*.

Pendant la vie de ma mère, l'habitation de Hautefontaine avait été très brillante. Mais, après sa mort, tout changea complètement. Ma grand'mère s'était emparée, en l'absence de mon père, de tous les papiers de ma mère, et de toutes les correspondances qu'elle avait conservées.

De même qu'on ne lui avait pas laissé voir un prêtre, de même on ne lui avait pas permis de songer à ses affaires temporelles, auxquelles ma grand'mère avait trop d'intérêt qu'aucun homme entendu ne fût initié. La fortune de mon grand-père avait disparu entre ses mains et tout ce que nous possédions avait changé de nature pendant l'enfance de ma mère. Elle avait douze ans seulement lorsqu'elle perdit son père, le général de Rothe, mort subitement à Hautefontaine, peu de temps après avoir acheté cette terre au nom de sa femme, sous prétexte qu'il l'avait payée exclusivement avec les fonds— 10.000 livres sterling—donnés comme dot à ma grand'mère par son père lord Falkland.

Cependant mon grand-père de Rothe avait hérité de la fortune de sa mère, lady Catherine de Rothe, et de celle de sa tante, la duchesse de Perth, toutes deux filles de lord Middleton, ministre de Jacques II, dont les historiens ont parlé diversement. Une autre parente lui avait laissé à Paris, rue du Bac, la maison où nous habitions, et 4.000 livres de rentes sur l'Hôtel de Ville de Paris. Ces deux derniers objets restaient seuls à la mort de M. de Rothe, et ma mère en fut mise en possession.

Mon grand-oncle l'archevêque avait habité la maison de la rue du Bac pendant vingt ans sans payer un sol de loyer à sa nièce. Sous prétexte qu'elle y logeait elle-même, il n'en paya même jamais les réparations. Aussi quand, après la mort de ma mère, il quitta la maison pour en louer une autre sur sa propre tête, il emprunta 40.000 francs destinés à faire face aux réparations urgentes sans lesquelles on n'aurait pas pu mettre la première en location. Il greva ainsi l'immeuble de cette dette que je fus obligée de payer le jour où je le vendis, en 1797. Mon grand-oncle pourtant avait déjà alors plus de 300.000 francs de biens du clergé. Il est vrai qu'il avait payé des dettes de jeu à mon père, affligé de cette malheureuse passion, ainsi que ses deux frères, lord Dillon et Henri Dillon. J'ai toujours ignoré à quel taux s'étaient montées les sommes données par mon oncle pour ces funestes dettes, mais j'ai entendu dire qu'elles avaient été considérables. Quoi qu'il en soit, à la mort de ma mère, je n'eus que la maison de la rue du Bac qu'on loua 10.000 francs à M. le baron de Staël, marié depuis à la célèbre Melle Necker, et 4.000 francs de rentes sur l'Hôtel de Ville de Paris. Je n'avais rien à attendre de mon père. Il avait déjà dévoré sa légitime de 10.000 livres sterling qu'on lui remit avec le régiment de Dillon, dont il était propriétaire-né, comme héritier de son dernier oncle, tué à Fontenoy. Je devais donc ménager ma grand'mère qui me menaçait à tout propos de me mettre au couvent. Son autorité despotique se faisait sentir continuellement. Jamais je n'ai vu un autre exemple d'un tel besoin de dominer, d'exercer son pouvoir. Elle commença par me séparer entièrement des amies de mon enfance et elle rompit elle-même avec toutes celles de sa fille. Il est probable qu'elle avait trouvé dans les correspondances dont elle s'était saisie des réponses aux justes plaintes que ma mère était bien en droit d'exprimer sur la cruelle dépendance où elle avait vécu pendant les dernières années de sa vie, et des appréciations peu flatteuses sur les procédés iniques de ma grand'mère. Celle-ci exigea que je misse fin à toute communication avec Mlle de Rochechouart, dont l'aînée avait déjà épousé le duc de Piennes, depuis duc d'Aumont, et la cadette le comte de Chinon, depuis duc de Richelieu; avec Mlles de Chauvelin, qui épousèrent MM. d'Imécourt et de La Bourdonnaye; avec Mlle de Coigny, fille du comte de Coigny, qui plus tard a fait parler d'elle d'une manière si scandaleuse; avec la troisième des Rochechouart, élevée par la duchesse du Châtelet, sa tante, et qui épousa le prince de Carency, fils du duc de La Vauguyon. Par un raffinement de cruauté, ma grand'mère fit retomber sur moi la cessation de nos rapports avec mes jeunes amies. Totalement isolée par force, j'appris que j'étais accusée d'ingratitude, de légèreté et d'indifférence, sans qu'il me fût permis de me justifier.

Mon bon instituteur, qui connaissait ma grand'mère mieux que je ne la connaissais moi-même, était le seul avec qui je pouvais causer de mes chagrins. Mais il me représentait avec force combien j'avais intérêt à ménager ma grand'mère, comment toute mon existence future dépendait d'elle, que si je lui résistais et qu'elle me mît au couvent, elle aurait encore l'adresse de me faire endosser la responsabilité de cette résolution; qu'éloignée de mon père dont la guerre pouvait me priver à tout moment, je resterais entièrement isolée si ma grand'mère et mon grand-oncle me retiraient leur protection. Il me fallut donc me résoudre à subir journellement tous les inconvénients du caractère terrible auquel j'étais soumise. Je puis dire que pendant cinq ans, je n'ai pas été un jour sans verser des larmes amères.

Toutefois plus j'ai avancé en âge et moins j'en ai souffert, soit que j'eusse pris l'habitude des mauvais traitements, soit que mon esprit, mûri avant le temps, la force de mon caractère, le sang-froid avec lequel je supportais les fureurs de ma grand'mère, le silence imperturbable que j'opposais aux calomnies qu'elle déversait sur tout le monde et surtout la reine, lui en imposassent un peu. Peut-être aussi craignait-elle qu'en entrant dans le monde, je ne divulgasse tout ce que j'avais enduré. Quoi qu'il en soit, quand j'eus atteint l'âge de seize ans, et qu'elle vit ma taille dépasser la sienne, elle mit un certain frein à ces fureurs. Mais elle se dédommagea bien de cette contrainte, comme on le verra par la suite.

VII

Vers la fin de l'automne de 1782, mon oncle partit pour aller à Montpellier présider les États du Languedoc, comme il faisait chaque année, l'archevêché de Narbonne donnant cette prérogative qu'il a exercée pendant vingt-huit ans.

Nous restâmes à Hautefontaine où ma grand'mère s'ennuya beaucoup. Sa mauvaise humeur en prit une intensité effrayante. Elle s'aperçut qu'en perdant ma mère, elle avait aussi perdu les amis qui jusqu'alors l'avaient entourée et ménagée par intérêt pour le repos de sa fille dont ils avaient peut-être diminué les souffrances, en donnant à ma grand'mère l'illusion qu'elle était, autant que ma mère, l'objet de leurs soins. Mais, quand elle se fut emparé des papiers de ma mère et qu'elle trouva les lettres de ses soi-disant amis, elle fut éclairée sur les véritables dispositions qui les animaient à son égard. Cette connaissance alluma dans son cœur des haines que seule elle était capable de concevoir, et dont j'ai ressenti plus tard les effets.

Lors donc qu'elle se sentit seule à Hautefontaine, dans ce grand château naguère si animé et si brillant, lorsqu'elle vit les écuries vides, qu'elle n'entendit plus les aboiements des chiens, les trompes des chasseurs, lorsque les allées réservées à la promenade des chevaux de chasse, que l'on voyait des fenêtres du château, ne présentèrent plus qu'une solitude que rien ne venait diversifier, elle comprit la nécessité de changer de vie, et d'amener l'archevêque, préoccupé exclusivement jusque-là d'assurer ses plaisirs et de maintenir son rang dans la société, à devenir maintenant ambitieux et à songer aux affaires de sa province et à celles du clergé.

La place de président de cet ordre était à la nomination du Roi. Mon grand-oncle eut la pensée de l'obtenir. Il promit sans doute plus de facilité pour le *don gratuit*, à chaque assemblée du clergé, que n'en avait montré la rigide vertu du cardinal de La Rochefoucauld, alors président, conseillé et mené par l'abbé de Pradt, son neveu.

Ma grand'mère résolut, pour réaliser ses projets, de décider mon grand-oncle, sur qui elle avait un empire absolu, à changer de vie et d'habitation. Lorsqu'il revint de Montpellier où il ne restait jamais que le temps rigoureusement nécessaire aux États, nous allâmes le trouver à Paris. Je crois que mon conseil de tutelle, en l'absence de mon père, gouverneur de Saint-Christophe depuis que l'île avait été prise et que son régiment avait glorieusement contribué au succès des troupes françaises dans cette expédition, représenta à mon grand'oncle qu'il ne pouvait continuer à habiter ma maison sans en payer le loyer et en la laissant, comme il le faisait, sans réparation. Il résolut alors de la quitter, et, par un procédé véritablement inique, il emprunta, comme je l'ai déjà dit, 40.000 francs en hypothèque sur cette maison où il avait habité vingt ans sans bourse délier, et consacra cette somme aux réparations les plus urgentes. Ce ne fut qu'à la Révolution, à son départ de France, que la dette fut découverte, et il me fallut la payer lorsque je vendis la maison en 1797. Jusque-là, il avait servi les intérêts de cet emprunt, dont on n'avait pas fait mention dans mon contrat de mariage.

Mon oncle acheta à vie, sur sa tête, la maison qui fait le coin de la rue Saint-Dominique et de la rue de Bourgogne. Son architecte, M. Raimond, fort attaché à mes intérêts, conseillait d'acheter cette maison en toute propriété en mon nom, et d'en assurer la jouissance à mon oncle. Mais, cet arrangement, qui aurait augmenté ma fortune sans nuire à ses jouissances, ne lui convint pas, et il fît l'acquisition sur sa tête, à soixante-sept ans qu'il avait alors. Raimond lui proposa ensuite d'acheter, pour moi, une jolie petite maison sur la place du Palais-Bourbon, que l'on bâtissait alors. Il ne le voulut pas davantage. Mon oncle venait d'obtenir l'abbaye commendataire de Cigny qui valait près de 100.000 francs de rente. Il prétexta de cette augmentation de revenu pour s'abandonner au goût de bâtir et de meubler, qui avait remplacé chez lui celui des chevaux et de la chasse, auquel il ne pouvait plus se livrer. Il dépensa de grosses sommes pour l'arrangement de sa nouvelle maison qui était en fort mauvais état.

Dans le même temps, ma grand'mère, dégoûtée de Hautefontaine où elle s'était ennuyée pendant deux mois, acheta, pour 52.000 francs, une maison à Montfermeil, près de Livry, à cinq lieues de Paris. Elle la payait un prix très modique pour le terrain qui était de 90 arpents. Cette maison, dans une situation charmante, était surnommée la *Folie-Joyeuse*. Elle avait été bâtie par un M. de Joyeuse, qui en avait commencé la construction par où l'on finit ordinairement. Après avoir tracé une belle cour et l'avoir fermée par une grille, il éleva à droite et à gauche deux ailes terminées par de jolis pavillons carrés. L'argent lui avait alors manqué pour bâtir le corps de logis, de sorte que ces deux pavillons ne communiquaient entre eux que par un corridor long de 100 pieds au moins. Les créanciers avaient saisi et vendu la maison. Le parc était ravissant, entouré de murs, chaque allée terminée par une grille, et toutes ces issues donnaient sur la forêt de Bondy, charmante dans cette partie.

On fit venir de Hautefontaine des chariots de meubles, et l'on s'établit tant bien que mal, au printemps de 1783, à la *Folie-Joyeuse*. On n'y fit aucune réparation la première année. Il existait alors un droit seigneurial de retrait, par lequel tout seigneur dans la terre duquel on vendait une maison pouvait, pendant l'année qui s'écoulait à dater du jour, même de l'heure de la signature du contrat de vente, se mettre au lieu et place de l'acquéreur, et le frustrer, par une simple notification, de son acquisition. Quoique ce procédé ne fût pas à craindre de M. de Montfermeil, qui venait d'hériter de son père, le président Hocquart, néanmoins, mon oncle et ma grand'mère crurent plus prudent de laisser écouler l'année, et l'on se borna à faire des plantations et à travailler au jardin.

On passa l'été à établir des plans avec des architectes et des dessinateurs, ce qui m'intéressa prodigieusement. Mon oncle prenait plaisir à m'initier à tous ses projets. Il me parlait de bâtiments, de jardins, de meubles, d'arrangements de tous genres. Il était satisfait de mon intelligence. Il me faisait calculer, mesurer, avec ses jardiniers, des pentes, des surfaces, etc. Il voulait que j'entrasse dans tous les détails des devis, que je vérifiasse les calculs des mesures.

J'étais très grande pour mon âge, d'une bonne santé, d'une, extrême activité physique et morale. Je voulais tout voir et tout savoir; apprendre tous les ouvrages des mains, depuis la broderie et la confection des fleurs jusqu'au blanchissage et aux détails de la cuisine. Je trouvais le temps de ne rien négliger, ne perdant jamais un instant, classant dans ma tête tout ce qu'on m'enseignait et ne l'oubliant jamais. Je profitais avec fruit du savoir spécial de toutes les personnes qui venaient à Montfermeil. C'est ainsi qu'avec de la mémoire j'ai acquis une multitude de connaissances qui m'ont été singulièrement utiles dans le reste de ma vie.

Un jour qu'il y avait à dîner plusieurs graves évêques, la conversation roula sur l'astronomie et l'époque de certaines découvertes, et l'un d'eux ne pouvait se rappeler le nom du savant persécuté pour une vérité maintenant devenue incontestable. Gomme j'avais treize ans, je me gardais bien de dire un mot, car j'ai toujours détesté de me mettre en avant. Cependant, j'étais si fatiguée de voir qu'aucun de ces prélats ne pouvait retrouver le nom, qu'il m'échappa. Je balbutiai très bas: «C'est Galilée.» Mon voisin, peut-être dépourvu de mémoire, mais assurément pas sourd, m'entendit et s'écria: «Mademoiselle Dillon dit que c'est Galilée.» Ma confusion fut si grande que je fondis en larmes, m'enfuis de table, et ne reparus plus de la soirée.

CHAPITRE III

I

Vers le mois de novembre 1783, j'appris que ma grand'mère accompagnerait désormais mon oncle l'archevêque aux États de Languedoc. Cette résolution me causa une grande joie. Dans ce temps-là, la session annuelle des États était une époque très brillante. La paix venait de se conclure, et les Anglais, privés pendant trois ans de la possibilité de venir sur le continent, s'y précipitaient en foule, comme ils le firent plus tard en 1814. On allait alors beaucoup moins en Italie. Les belles routes du mont Cenis et du Simplon n'existaient pas. Il n'y avait pas de bateaux à vapeur. La communication par la corniche était à peu près impraticable. Le climat du midi de la France, celui du Languedoc surtout et particulièrement celui de Montpellier, était encore en vogue.

Tout me charma dans la pensée de ce voyage, le premier pour ainsi dire que je faisais de ma vie. J'étais encore affligée de ne pas avoir été de celui de Bretagne, et celui d'Amiens, où j'allai pour dire adieu à mon père, au commencement de la guerre, avait été le seul que j'eusse encore entrepris. Je dirai ici, une fois pour toutes, comment se fit le voyage de Montpellier, puisque tous se ressemblèrent à peu près jusqu'en 1786, où j'y allai pour la dernière fois.

Nos préparatifs de voyage, les achats, les emballages, étaient déjà pour moi une occupation et un plaisir dont j'ai eu le temps de me lasser dans la suite de ma vie agitée. Nous partions dans une grande berline à six chevaux: mon oncle et ma grand'mère assis dans le fond, moi sur le devant avec un ecclésiastique attaché à mon oncle ou un secrétaire, et deux domestiques sur le siège de devant. Ces derniers se trouvaient plus fatigués en arrivant que ceux qui allaient à cheval, car alors les sièges, au lieu d'être suspendus sur les ressorts, reposaient sur deux montants en bois s'appuyant sur le lisoir, et étaient par conséquent aussi durs qu'une charrette. Une seconde berline, également attelée de six chevaux, contenait la femme de chambre de ma grand'mère et la mienne, miss Beck, deux valets de chambre et, sur le siège, deux domestiques. Une chaise de poste emmenait le maître d'hôtel et le chef de cuisine.

Il y avait aussi trois courriers, dont un en avant d'une demi-heure et les deux autres avec les voitures. M. Combes, mon instituteur, partait quelques jours avant nous par la diligence, nommée alors la *Turgotine*, ou par la malle. Celle-ci ne prenait qu'un seul voyageur. C'était une sorte de charrette longue, sur brancards.

Chaque année, les ministres retenaient mon grand-oncle à Versailles jusqu'à lui ôter presque le temps suffisant de se rendre à Montpellier pour l'ouverture des États qui avait lieu à jour fixe. Ils ne pouvaient commencer que quand l'archevêque de Narbonne, président-né, était présent. Cependant s'il avait été retenu forcément par quelque accident ou par quelque maladie, l'archevêque de Toulouse, vice-président, aurait pris sa place, éventualité qui eût fait grand plaisir à l'ambitieux, depuis cardinal de Loménie, en possession de ce siège.

Les retards causés par les ministres obligeaient de voyager aussi vite que possible, nécessité fort pénible dans cette saison avancée de l'année. Nous courions à dix-huit chevaux, et l'ordre de l'administration des postes nous précédait de quelques jours pour que les chevaux fussent prêts. Nous faisions de longues journées. Partis à 4 heures du matin, nous nous arrêtions pour dîner. La chaise de poste et le premier courrier nous devançaient d'une heure. Cela permettait de trouver la table prête, le feu allumé, et quelques bons plats préparés ou améliorés par notre cuisinier. Il emportait de Paris, dans sa voiture, des bouteilles de coulis, de sauces toutes préparées, tout ce qu'il fallait pour obvier aux mauvais dîners d'auberge. La chaise de poste et le premier courrier repartaient dès que nous arrivions, et lorsque nous faisions halte pour la nuit, nous trouvions, comme le matin, tous les préparatifs terminés.

En voyage, ma grand'mère me prenait dans sa chambre, ce qui me déplaisait beaucoup, parce qu'elle s'emparait du meilleur lit amélioré encore de la moitié du mien. Elle envahissait le feu, et les nombreux apprêts de sa toilette ne me laissaient pas de place. Sur le moindre prétexte elle me grondait, et ne me permettait pas d'aller me coucher en arrivant, quoique je fusse harassée de fatigue presque tous les jours, car elle ne me laissait ni dormir dans la voiture, ni même m'appuyer. Une fois—je crois que c'était en 1785—je fus si malade à Nîmes, par excès de fatigue, qu'elle fut obligée d'y rester deux jours avec moi. Je n'avais plus la force d'aller jusqu'à Montpellier.

Nous passions quelques heures à Lyon, quand l'archevêque s'y trouvait. Cependant mon oncle ne le prisait pas beaucoup. Ce prélat était mal avec la Cour et allait peu à Paris. Je ne me souviens pas l'y avoir jamais vu, même aux époques de l'assemblée du clergé. Il avait eu une intrigue avec la célèbre duchesse de Mazarin; mais ce n'eût pas été là une raison de disgrâce, dans ces temps de dissolution où la régularité des mœurs constituait une exception dans le haut clergé. Je crois, au contraire, qu'on le tenait à l'écart à cause d'une bonne action qu'il fit peut-être par ostentation, mais qui n'en fut pas moins utile. La ville de Lyon avait demandé qu'on mît des lits de fer dans les hôpitaux. Les ministres ayant refusé ou n'ayant pas consenti à accorder l'autorisation de la dépense, l'archevêque de Lyon, M. de Montazet, donna, dans ce but, de ses propres deniers 200.000 francs. Les ministres y virent une leçon qui leur déplut; à eux, mais pas au roi, car cet excellent prince était toujours disposé à toutes les bonnes œuvres; mais la faiblesse ou la timidité de son caractère l'amenait trop souvent à rejeter les idées qui lui avaient semblé bonnes au premier abord, et c'est cette disposition exagérée de modestie et de défiance de ses propres lumières qui nous a été si fatale.

La générosité de l'archevêque de Lyon lui acquit une grande popularité dans sa ville, et excita la jalousie de ses confrères. Ceux-ci aimaient mieux employer leurs fonds à bâtir des évêchés ou de belles maisons de campagne, qu'à fonder des établissements de charité; et dans ces mêmes diocèses où l'on avait élevé des palais épiscopaux pouvant contenir trente invités, il y avait nombre de curés à portion congrue exposés, dans leurs presbytères, aux injures du temps.

II

Je reprends la route du Languedoc. Dans ce temps-là celle qui suit le cours du Rhône jusqu'à Pont-Saint-Esprit était tellement mauvaise, qu'on y courait le risque de verser à tout moment. Les postillons demandaient une récompense à chaque relais, prétendant qu'ils ne nous avaient pas menés par la route, mais par de petits chemins où les routiers ne pouvaient passer. Nous couchions à Montélimar où il y avait une auberge fort bien tenue et en grande réputation parmi les Anglais se rendant dans le midi de la France. Tous s'y arrêtaient pour passer la nuit. Il arrivait parfois que le torrent qui traverse cette petite ville et que l'on franchissait à gué était si gonflé par les pluies ou, au printemps, par la fonte des neiges, qu'on était obligé d'attendre pendant quelques jours la fin de l'inondation.

Dans les corridors et l'escalier de cette auberge, des médaillons où on voyait inscrits les noms des personnages de distinction qui y étaient passés, couvraient entièrement les murailles. La lecture de ces noms surtout ceux des derniers arrivés, personnages que nous espérions retrouver à Montpellier, m'amusait beaucoup.

Une année, nous courûmes beaucoup de danger en traversant le torrent. Le volume de l'eau était suffisant pour soulever la voiture et l'on avait ouvert les portières pour qu'elle pût passer au travers. Nous, étions grimpées, ma grand'mère et moi, les jambes retroussées, sur les coussins. Les hommes étaient sur le siège. On avait attaché aux ressorts de petites pièces de bois sur lesquelles se tenaient des gens armés de longs pics pointus pour empêcher la voiture de se renverser. Tout cela amusait une personne jeune et aventureuse comme je l'étais: mais ma pauvre, grand'mère, horriblement poltronne, en souffrait cruellement. Par malheur sa peur tournait toujours en mauvaise humeur qui retombait infailliblement sur moi. Lorsque je vois les beaux ponts sur lesquels on traverse maintenant les rivières, les bateaux à vapeur et tout ce que l'industrie a opéré, j'ai peine à croire qu'il n'y ait que cinquante-cinq ans que j'ai éprouvé toutes les difficultés et rencontré tous les obstacles qui prolongeaient si fort notre route pendant nos voyages à Montpellier. Si les sentiments et les vertus avaient fait les mêmes progrès que l'industrie, nous serions maintenant des anges, dignes du Paradis: il est loin d'en être ainsi!

À la poste de La Palud, on entrait sur le territoire du Comtat Venaissin, qui appartenait au Pape. J'avais du plaisir à voir ce poteau sur lequel étaient peints la tiare et les clefs. Il me semblait entrer en Italie. On quittait la grande route de Marseille et l'on prenait un excellent chemin que le gouvernement papal avait permis aux États de Languedoc de construire, et qui menait plus directement à Pont-Saint-Esprit.

À La Palud mon oncle faisait sa toilette. Il mettait un habit de campagne de drap violet, lorsqu'il faisait froid une redingote ouatée doublée de soie de même couleur, des bas de soie violets, des souliers à boucle d'or, son cordon bleu et un chapeau de prêtre à trois cornes orné de glands d'or.

Dès que la voiture avait dépassé la dernière arche du pont Saint-Esprit, le canon de la petite citadelle conservée à la tête de ce pont tirait vingt et un coups. Les tambours battaient aux champs, la garnison sortait, les officiers en grande tenue et toutes les autorités civiles et religieuses se présentaient à la portière de la berline. S'il ne pleuvait pas, mon oncle descendait pendant qu'on attelait les huit chevaux destinés à sa voiture.

Il écoutait les harangues qu'on lui adressait, y répondait avec une affabilité et une grâce incomparables. Il avait la plus noble figure, une haute taille, une belle voix, un air à la fois gracieux et assuré. Il s'informait de ce qui pouvait intéresser les habitants, répondait en peu de mots aux pétitions qu'on lui présentait, et n'avait jamais rien oublié des demandes qu'on lui avait adressées l'année précédente. Cela durait à peu près un quart d'heure. Après quoi, nous partions comme le vent, car non seulement les guides des postillons étaient doublées, mais l'honneur de mener la voiture d'un si grand personnage était vivement apprécié.

Le président des États passait bien avant le roi dans l'esprit des Languedociens. Mon oncle était extrêmement populaire, quoiqu'il fût très hautain; mais sa hauteur ne se manifestait jamais qu'envers ceux qui étaient ou qui se croyaient ses supérieurs. C'est ainsi qu'à l'époque où il était archevêque de Toulouse et le cardinal de La Roche-Aymon archevêque de Narbonne, celui-ci renonça à aller présider les États, prétendant qu'il n'y avait pas moyen d'être le supérieur de M. Dillon, et qu'il fallait lui céder malgré soi.

Nous couchions à Nîmes, où mon oncle avait toujours affaire. Une année nous y passâmes plusieurs jours chez l'évêque, ce qui me donna le temps de voir avec détail les antiquités et les fabriques. Quoique les monuments antiques ne fussent pas, à beaucoup près, aussi bien soignés qu'ils le sont maintenant, on avait déjà commencé à déblayer les *Arènes*, on avait dégagé des nouvelles constructions la *Maison Carrée*, et on avait retrouvé l'inscription[22]: *à Caïus et Lucius Agrippa, princes de la jeunesse*[23]. Ce fut un M. Séguier, archéologue distingué, à qui la ville de Nîmes a de grandes obligations, qui retrouva cette inscription par les traces des clous avec lesquels on avait fixé les lettres de bronze qui la composaient.

Mon oncle s'arrangeait pour n'arriver à Montpellier qu'après le coucher du soleil, afin d'éviter qu'on ne tirât le canon pour lui, et de ménager ainsi l'amour-propre de M. le comte de Périgord, commandant de la province et commissaire du roi pour l'ouverture des États, qui ne jouissait pas du même privilège. Cette faiblesse dans un si grand seigneur, à l'occasion d'une étiquette sans caractère personnel et toute de cérémonie, est bien pitoyable. L'archevêque de Narbonne, auquel ces prérogatives étaient attachées, se trouvait accidentellement être l'égal de M. de Périgord en naissance, mais n'eût-il été qu'un manant, le canon n'en aurait pas moins été tiré en son honneur.

Mon grand-oncle se plaçait bien au-dessus de cette espèce de vanité. Il avait trop d'esprit pour s'y abandonner. M. de Périgord manquait de cette qualité, et la cour commettait une grande faute en envoyant comme commissaire du roi, pour défendre les intérêts de ses finances auprès des États d'une grande province, un homme aussi médiocre.

III

La question, devant les États, se réduisait en somme à ceci: déterminer la contribution en argent qu'on parviendrait à en obtenir, et la Cour avait toujours en vue une augmentation du *don gratuit*, que les États auraient eu le droit de refuser si on avait enfreint leurs privilèges. Le commissaire du roi traitait des intérêts de la province avec les syndics des États, au nombre de deux, de mon temps MM. Romme et de Puymaurin, l'un et l'autre de grande capacité. Ils allaient chaque année à Paris, à tour de rôle, avec la députation des États, porter au roi le *don gratuit* de la province.

Cette députation comprenait, à ce que je crois me rappeler, un évêque, un baron, deux députés du tiers, un des syndics, et l'archevêque de Narbonne, qui la présentait au roi. Celui-ci la recevait à Versailles avec beaucoup de pompe. Les Languedociens reçus à la Cour et qui se trouvaient à Paris à l'époque—toujours en été—où l'on présentait la députation, se joignaient à elle. On la menait ensuite, après le dîner qui avait lieu chez le premier gentilhomme de la Chambre, en promenade dans les jardins de Trianon ou de Marly. On y faisait jouer les eaux. J'accompagnai une fois la députation, et l'on nous promena, ma grand'mère et moi, dans des fauteuils à roues traînés par des suisses. Ces mêmes fauteuils avaient servi à la Cour de Louis XIV. Après avoir parcouru tous ces beaux et nobles bosquets de Marly, admiré la magnificence de ses eaux, nous trouvâmes une belle collation servie dans un des grands salons. Je crois que c'était en 1786. C'est la seule fois que j'aie vu Marly dans sa splendeur, quoique j'y fusse retournée à maintes reprises depuis. Ce beau lieu n'existe plus. Il n'en reste pas le moindre vestige, et cette destruction si prompte nous explique le désert qui règne autour de Rome.

Revenons à Montpellier. Je me garderai bien d'entrer dans aucune explication sur la constitution des États de Languedoc. Après cinquante-sept ans, je ne m'en rappelle que les résultats.

Après avoir parcouru 160 lieues de chemins détestables et défoncés, après avoir traversé des torrents sans ponts où l'on courait risque de la vie, on entrait, une fois le Rhône franchi, sur une route aussi belle que celle du jardin le mieux entretenu. On passait sur de superbes ponts parfaitement construits; on traversait des villes où florissait l'industrie la plus active, des campagnes bien cultivées. Le contraste était frappant, même pour des yeux de quinze ans.

La maison que nous habitions à Montpellier était belle, vaste, mais fort triste, et située dans une rue étroite et sombre. Mon oncle la louait toute meublée, et elle l'était fort convenablement, en damas rouge. L'appartement du premier, qu'il occupait, était entièrement couvert de très beaux tapis de Turquie, fort communs en Languedoc en ce temps-là. Il se développait sur les quatre côtés d'une cour carrée, dont l'un était occupé par une salle à manger de cinquante couverts, et un autre par un salon de même dimension à six fenêtres, tendu et meublé en beau damas cramoisi, avec une immense cheminée d'un dessin fort ancien qu'on aimerait beaucoup aujourd'hui.

Ma grand'mère et moi nous habitions le rez-de-chaussée, où il ne faisait plus clair à 3 heures. Nous ne voyions jamais mon oncle le matin. Nous déjeunions à 9 heures, après quoi j'allais me promener avec ma femme de chambre anglaise. Les trois dernières années, je me rendais trois fois par semaine au beau cabinet de physique expérimentale des États, où le professeur en chef, l'abbé Bertholon, voulait bien faire un cours pour moi seule. Cela me permettait de visiter les instruments, d'exécuter les expériences avec lui, de les recommencer, de questionner à ma fantaisie et d'acquérir, par conséquent, beaucoup plus d'instruction que ce n'eût été possible dans les cours publics. Cet enseignement m'intéressait extrêmement. J'y apportais la plus grande attention, et l'abbé Bertholon se montrait satisfait de mon intelligence. Ma femme de chambre m'accompagnait et, n'entendant presque pas le français, elle s'occupait à essuyer et à nettoyer les instruments, à la grande satisfaction du professeur.

Il fallait être habillée et même parée à 3 heures précises pour le dîner. Nous montions dans le salon, où nous trouvions cinquante convives tous les jours, excepté le vendredi. Le samedi, mon oncle dînait dehors, soit chez l'évêque, soit chez quelque grand personnage des États. Il n'y avait jamais de femmes que ma grand'mère et moi. On plaçait entre nous deux le personnage présent le plus considérable. Quand il y avait des étrangers, surtout des Anglais, on les mettait à mes côtés. Je m'accoutumais ainsi à soigner ma conversation et mon maintien, à chercher le genre d'esprit qui pouvait convenir à mon voisin, souvent un homme grave ou même un savant.

Dans ce temps-là, toute personne ayant un domestique décemment vêtu se faisait servir à table par lui. On ne mettait ni carafes ni verres sur la table. Mais, dans les grands dîners, on posait sur un buffet des seaux en argent contenant des bouteilles de vin d'entremets, avec une verrière d'une douzaine de verres, et ceux qui désiraient un verre de vin d'une espèce ou d'une autre l'envoyaient chercher par leur domestique. Celui-ci se tenait toujours debout derrière la chaise de son maître, une assiette garnie d'un couvert à la main, prêt à changer ceux dont on se servait.

Il était de mauvaise éducation de ne pas connaître toutes les nuances de l'étiquette de la table. Je crois les avoir apprises dès ma petite enfance, aussi quand j'ai été pour la première fois en province et que je voyais des députés du tiers état véritablement grotesques, escortés par leurs domestiques qui ne l'étaient pas moins, j'avais beaucoup de peine à m'empêcher de rire. Mais je m'accoutumai bientôt à ce genre de ridicule et je trouvai souvent de l'esprit et de l'instruction sous ces enveloppes en apparence grossières.

J'avais un domestique attaché à ma personne, qui était en même temps mon coiffeur. Il portait ma livrée, que nous étions obligés d'avoir en rouge, bien qu'elle fût gros bleu en Angleterre, parce que nos galons étaient absolument semblables à ceux de Bourbon. Si nos habits eussent été bleus, notre livrée aurait ressemblé à celle du roi, ce qui n'était pas permis.

Après le dîner, qui ne durait pas plus d'une heure, on rentrait dans le salon, que l'on trouvait rempli de membres des États venus *au café*. On ne s'asseyait pas, et au bout d'une demi-heure ma grand'mère et moi nous redescendions dans nos appartements. Souvent nous sortions alors pour faire des visites, en chaise à porteurs, seul moyen de transport utilisé dans les rues de Montpellier. Le beau quartier qu'on a bâti depuis n'existait pas à cette époque. La place du Peyrou était hors de la ville, et dans les grands fossés qui l'entouraient on cultivait des jardins où le froid ne se faisait jamais sentir.

Le fond de la société de Montpellier se composait des femmes des Présidents ou Conseillers de la Cour des Comptes, de celles de la noblesse qui résidaient toute l'année dans leurs terres et dont la session des États était la récréation annuelle. Elle comprenait, en outre, les étrangers de distinction, les parents des évêques qui venaient aux États, les militaires et officiers des garnisons de la province qui demandaient à venir s'amuser un peu à cette époque. Il y avait un théâtre, où ma grand'mère me menait une ou deux fois, et des bals chez le comte de Périgord, à l'intendance et dans quelques maisons particulières, mais jamais chez mon oncle, ni chez aucun évêque.

À mon premier voyage à Montpellier, le vieux M. de Saint-Priest, père de celui qui était ambassadeur à Constantinople, vivait encore. Son second fils lui avait succédé dans la place d'intendant. C'était un beau vieillard de beaucoup d'esprit, qui racontait d'une manière très piquante les détails du passage de l'empereur Joseph II en Languedoc, à l'époque où il parcourut une grande partie de la France sous le nom de comte de Falkenstein. L'état florissant de cette province, la beauté des chemins, la perfection des établissements publics, avaient excité au plus haut point sa mauvaise humeur. Il avait conçu une jalousie extrême de cette bonne administration des États et cherchait avec empressement tout ce qui pouvait la déprécier. M. de Saint-Priest en racontait plusieurs anecdotes curieuses. J'ai oublié, peut-être bien ne l'ai-je jamais su, quelle fut l'intrigue qui amena le déplacement du second fils de M. de Saint-Priest et lui fit ôter l'intendance du Languedoc. Je reviendrai sur ce point.

IV

À notre retour à Paris, au commencement de 1781, mon père était revenu d'Amérique. Il avait été gouverneur de Saint-Christophe jusqu'à la paix. Après avoir rendu cette île aux Anglais, il avait fait un séjour à la Martinique, où il s'était vivement attaché à Mme la comtesse de La Touche, veuve à trente ans d'un officier de marin qui lui avait laissé deux enfants, un fils et une fille. Elle était très agréable et fort riche. Sa mère, Mme de Girardin, avait pour sœur Mme de La Pagerie. Celle-ci venait de marier sa fille[24] au vicomte de Beauharnais, qui avait amené sa femme en France avec lui. Mme de La Touche vint également en France accompagnée de ses deux enfants[25]. Mon père l'y suivit, et l'on commença dès lors à parler de leur mariage. Ma grand'mère en conçut une colère que rien ne put calmer. On pouvait considérer pourtant comme fort naturel que mon père eût le désir de se remarier dans l'espoir d'avoir un garçon. Il avait trente-trois ans et était propriétaire d'un des plus beaux régiments de l'armée. Amené en France par son grand-père, Arthur Dillon, ce régiment n'avait pas changé de nom comme les autres régiments de la brigade irlandaise. Il avait une belle capitulation qui lui donnait la faculté de sortir de France *tambours battants et enseignes déployées*, lorsque son propriétaire le jugerait bon. Mon père devait donc désirer un garçon. Sans doute il eût été préférable qu'il choisît sa nouvelle épouse dans une des familles catholiques titrées en Angleterre, mais il n'aimait pas les Anglaises et il aimait Mme de La Touche. D'un caractère bon et aimable, quoique très faible, elle avait la négligence et le laisser aller propres aux créoles.

Le mariage eut lieu malgré ma grand'mère, qui fit des scènes terribles. Mon père désirait que je fusse présentée à ma belle-mère. Il y renonça devant l'opposition de ma grand'mère, craignant, s'il passait outre, que je n'eusse trop à souffrir de sa colère et qu'elle ne mît à exécution la détermination dont elle le menaçait quand il abordait ce projet de visite. Elle déclarait que si je sortais de la maison, ne fût-ce que pendant une heure, pour aller voir Mme Dillon, je n'y rentrerais jamais. L'unique visite que je fis à ma belle-mère eut lieu en 1786, quand mon père partit pour son gouvernement de l'île de Tabago, auquel il venait d'être appelé.

Il fut fort mécontent de n'avoir pas été nommé gouverneur de la Martinique ou de Saint-Domingue, quoiqu'il eût des droits acquis à l'un ou l'autre de ces postes. Il s'était comporté, pendant la guerre, avec la plus grande distinction. Son régiment avait emporté le premier succès de la campagne en enlevant d'assaut l'île de la Grenade, dont le gouverneur, lord Macartney, fut son prisonnier. Son intervention avait puissamment contribué à la prise des îles de Saint-Eustache et de Saint-Christophe. Gouverneur de cette dernière île pendant deux ans, les habitants lui prodiguèrent, quand elle fut rendue aux

Anglais à la paix de 1783, des témoignages d'estime et de reconnaissance dont l'écho se propagea jusqu'en Angleterre, où mon père en reçut les preuves les plus flatteuses lors du voyage qu'il entreprit dans ce pays à son retour en Europe.

Mais notre oncle l'archevêque, dominé par ma grand'mère et poussé par elle, au lieu de prêter à son neveu l'appui de son crédit pour obtenir l'un de ces deux gouvernements de la Martinique ou de Saint-Domingue, ne le soutint pas, si même il ne l'a pas desservi. Mon père accepta donc ce gouvernement de Tabago, où il résida jusqu'à sa nomination de député de la Martinique aux États généraux. Il quitta la France accompagné de sa femme et de ma petite sœur Fanny[26], et emmena avec lui, comme greffier de l'île, mon instituteur, M. Combes, ce qui me fut un vif chagrin. Mlle de La Touche entra au couvent de l'Assomption avec une gouvernante, et son frère au collège avec un instituteur.

Avant son départ, mon père parla à ma grand'mère d'un projet de mariage pour moi, dont il désirait fort la réalisation. Il avait connu à la Martinique, pendant la guerre, un jeune homme, aide de camp du marquis de Bouillé, que celui-ci aimait extrêmement, et que mon père, de son côté, appréciait beaucoup. Ma grand'mère le repoussa sans réflexion, bien qu'il fût d'une grande naissance et l'aîné de son nom, prétextant que c'était un mauvais sujet, qu'il avait des dettes et qu'il était petit et laid. J'étais si jeune que mon père n'insista pas. Il remit à mon oncle l'archevêque une procuration lui donnant le pouvoir de me marier selon qu'il le jugerait à propos. Cependant je pensais souvent moi-même au parti que mon père avait proposé. Je pris des informations sur le jeune homme. Mon cousin, Dominique Sheldon, élevé par ma grand'mère, et qui demeurait avec nous, le connaissait et m'en parlait souvent. Je sus qu'il avait eu, effectivement, une jeunesse un peu trop vive, et je résolus de n'y plus songer.

V

En 1785, notre séjour en Languedoc fut beaucoup plus long que de coutume. Après les États, nous allâmes passer près d'un mois à Alais, chez l'aimable évêque, depuis cardinal de Bausset, de cette ville. Ce voyage m'intéressa beaucoup.

Mon oncle était très populaire dans les Cévennes, dont il avait aidé à créer l'industrie. Il me mena dans des mines de charbon et de couperose. J'appris d'autant plus facilement les procédés chimiques en usage, que mes études de chimie, commencées avec M. Chaptal—celui qui depuis fut ministre de l'Intérieur—et mes cours de physique expérimentale, suivis avec fruit, m'avaient rendu familière à ces questions. Je causais fréquemment avec les ingénieurs qui dînaient souvent chez mon oncle, et les connaissances que j'acquérais ainsi me servaient à apprécier les divers projets dont on abordait l'examen, au salon, dans les conversations.

C'est à mon séjour à Alais que j'attribue le commencement de mon goût pour les montagnes. Cette petite ville, située dans une charmante, vallée, entourée d'une délicieuse prairie parsemée de châtaigniers séculaires, est au milieu des Cévennes. Nous faisions des excursions journalières qui me charmaient. Les jeunes gens du pays avaient formé pour mon oncle une garde d'honneur à cheval. Ils revêtaient l'uniforme anglais de Dillon, rouge à revers jaunes. Tous appartenaient aux premières familles du pays. L'évêque en invitait chaque jour un certain nombre à dîner. Leurs femmes ou leurs sœurs venaient le soir. On faisait de la musique, on dansait; et ce séjour à Alais est une des époques de ma vie où je me suis le plus amusée.

Nous en partîmes, à mon grand regret, pour aller passer deux mois à Narbonne, où je n'avais jamais été. Comme j'aimais à savoir tout ce qui intéressait les lieux où je me trouvais, je me mis à la recherche des documents relatifs à Narbonne, depuis César jusqu'au cardinal de Richelieu, qui avait habité le château archiépiscopal, semblable à un château fort du moyen âge.

Un grand nombre de personnes prirent part à ce voyage, que mon oncle voulut rendre splendide. Plusieurs membres des États y furent invités. M. Joubert, trésorier des États, et sa belle-fille, jeune et aimable femme avec qui j'étais fort liée, vinrent nous rejoindre. Il y avait vingt ou vingt-cinq personnes dans la maison, sans compter les convives de la ville et des environs. Tout ce monde n'était pas de trop pour animer un peu ces longs cloîtres, ces salles immenses, ces escaliers sans fin qui frappaient l'imagination. Si les romans de Mme Radcliffe avaient été écrits alors, Mme Joubert et moi serions mortes de peur.

Je me souviens qu'un soir je me trouvais dans sa chambre en attendant le souper. Je m'étais fait accompagner par ma femme de chambre qui, de son côté, s'était fait escorter par mon domestique. Mme Joubert demeurait au bout de la salle du Synode, immense, voûtée et boisée à moitié de sa hauteur par des stalles de chêne sombre. La salle prenait jour par des arcades sur un cloître attenant à la cathédrale et contenant les pierre» monumentales des tombeaux des archevêques morts depuis des siècles. Nous causions, au coin du feu, depuis deux heures, tout en écoutant le vent de la Méditerranée, qui souffle à Narbonne avec plus de violence que partout ailleurs, et notre conversation se ressentait du milieu où nous nous trouvions lorsque la cloche du souper se fit entendre. Nous prenons un bougeoir, mais à peine avions-nous ouvert la porte qu'une bouffée de vent éteignit notre lumière, et nous rentrâmes épouvantées, croyant avoir une troupe de revenants à nos trousses. Nos femmes de chambre étaient parties. Nous voyant seules, nous ne nous sentîmes pas le courage d'affronter une seconde fois la salle du Synode.

Blotties dans un grand fauteuil, où s'étaient peut-être assis Cinq-Mars et de Thou, nous attendions, tremblantes de peur, qu'on, vînt nous chercher en force. Notre frayeur nous valut beaucoup de mauvaises plaisanteries.

Nous partîmes de Narbonne pour Toulouse, en passant par Saint-Papoul, où nous restâmes quelques jours. Mon oncle alla visiter le beau collège de Sorèze, à la tête duquel était alors un bénédictin d'un grand mérite, dom Despaulx. Je ne l'accompagnai pas dans cette visite, et l'on ne nous mena, ma grand'mère et moi, qu'au bassin de Saint-Ferréol, la prise d'eau du canal du Languedoc.

C'est à Saint-Papoul que je fis connaissance des Vaudreuil, qui habitaient près de là. Ils avaient trois filles et un fils. Ce dernier, que j'ai retrouvé en Suisse cinquante ans plus tard était alors âgé de dix-sept ou de dix-huit ans et se serait fort bien arrangé de l'élégante nièce du puissant archevêque métropolitain.

La providence, dans ce voyage, semblait avoir semé des prétendants sur mes pas: près de Toulouse, M. de Pompignan; à Montauban, M. de Fénelon, proposé par l'évêque, M. de Breteuil. Mais mon heure n'était pas encore venue et, s'il était permis de croire aux pressentiments ou à la prédestination, je dirais que j'en eus un signe bien marqué, comme je le rapporterai plus loin, à Bordeaux, où nous restâmes dix-sept jours chez l'archevêque, M. de Cicé, depuis garde des sceaux.

VI

Je ne sais pourquoi Bordeaux m'intéressa plus que les autres villes que nous avions traversées, la belle salle de spectacle venait d'être inaugurée. J'y allai plusieurs fois avec ma grand'mère, dans la loge des Jurats. Ces magistrats tenaient dans cette ville la place qu'occupe maintenant le maire. Il y eut des soirées chez différentes personnes; un beau déjeuner à bord d'un navire de six cents tonneaux appartenant à un M. Mac-Harty, négociant irlandais. Ce beau vaisseau tout neuf partait pour l'Inde On, lui donna mon nom l'*Henriette-Lucie*.

Je vis aussi à Bordeaux la vieille Mme Dillon, mère de tous ces Dillon qui ont toujours prétendu, mais à tort, être de mes parents. Cette dame, issue d'une bonne famille anglaise, avait épousé un négociant irlandais nommé Dillon, dont les ancêtres étaient probablement de cette partie de l'Irlande dénommée, jusqu'au règne de la reine Elizabeth, *Dillon's country*, et dont un grand nombre d'habitants de même qu'en Ecosse, prenaient le nom de leur seigneur. Quoi qu'il en soit, ce Dillon fit de mauvaises affaires et, ayant réalisé une certaine somme, vint s'établir à Bordeaux, où il s'adonna au commerce. Il acheta, à Blanquefort, un bien où il établit sa femme, personne superbe, dont la beauté extraordinaire fut bientôt renommée dans toute la province. Elle venait l'hiver à Bordeaux et, ayant des manière distinguées, de l'esprit, une très bonne conduite et un enfant tous les ans, elle intéressa tout le monde. Son mari mourut la laissant grosse de son douzième enfant, avec très peu de fortune, mais en possession de tous ses charmes et d'un grand courage.

Le maréchal de Richelieu la protégea et la recommanda à mon oncle, qui entreprit un voyage à Bordeaux vers ce temps-là. Il lui promit de placer ses enfants et tint parole. Les trois aînées étaient des filles. Grâce à leur beauté elles se marièrent bien: la première épousa le président Lavie, possesseur d'une belle fortune; la seconde un M. de Martinville, financier, dont elle eut un fils, plus tard rédacteur, je crois, du journal *Le Drapeau blanc*; la troisième le marquis d'Osmond, qui en devint amoureux à Bordeaux, où son régiment tenait garnison. Les deux dernières, extrêmement intrigantes, contribuèrent beaucoup à la fortune de leurs frères. Elles s'emparèrent de l'esprit de ma grand'mère et de mon grand-oncle, et les amenèrent à servir les intérêts de leur famille par des moyens dont j'ai souvent entendu mettre en doute la pureté.

Mon grand-oncle avait eu un frère, Edward Dillon, chevalier de Malte. Après de brillantes caravanes il fut tué, colonel du régiment de Dillon, à la bataille de Lawfeld. Les preuves de noblesse qu'il avait dû faire pour entrer dans l'ordre de Malte, on trouva moyen de les utiliser pour trois des frères Dillon: le troisième, Robert, le quatrième, William, et le cinquième, Franck.

Théobald, l'aîné des fils, entra dans le régiment de Dillon en sortant des pages, où il était avec deux de ses frères. Il s'est marié en Belgique. Je l'y ai retrouvé, bien établi, dans un pittoresque château, près de Mons.

Edward, le deuxième, dut sa fortune à sa jolie figure c'est celui que l'on a surnommé «de beau Dillon». Protégé par la reine et par la duchesse de Polignac, il fut placé dans la maison de M. le comte d'Artois et resta en faveur jusqu'à sa mort. Sa fille unique épousa en Allemagne M. de Karoly et est morte très jeune. C'était une charmante personne. Deux autres fils furent abbés, et auraient sans doute été évêques sans la Révolution. Ces Dillon, sans exception, ont été de très bons sujets, et c'est une chose aussi singulière qu'honorable pour eux que, de neuf frères tous en possession d'un emploi quelconque en France, aucun n'ait trempé dans les erreurs ou les excès dont tant de familles ont été entachées pendant ces temps troublés.

Pour revenir à mon pressentiment, je raconterai ici que quelques jours avant mon départ de Bordeaux, peut-être même la veille, mon domestique, en me coiffant, me demanda la permission d'aller, ce soir-là, dans un château situé non loin de la route, où il serait bien aise de revoir d'anciens camarades avec lesquels il avait servi dans cette maison. Il rejoindrait les voitures à la poste la plus rapprochée du château, au passage de la Dordogne, à Cubzac. Je lui demandai le nom du château. Il se nommait, me répondit-il, *le Bouilh*, et appartenait à M. le comte de La Tour du Pin, qui s'y trouvait en ce moment. Son fils était le jeune homme[27] que mon père voulait me faire épouser et que ma grand'mère avait refusé. Cette réponse me troubla bien plus que je n'aurais cru devoir l'être par l'évocation de quelqu'un qui jusque-là m'était indifférent et que je n'avais jamais vu. Je questionnai sur la position du château, et j'appris avec contrariété qu'on, ne le découvrait couvrait pas de la route. Mais je m'assurai du lieu où l'on en approchait le plus et de l'aspect des environs.

Je fus très préoccupée en traversant la rivière à Cubzac, dont le passage, comme je le savais, appartenait à M. de La Tour du Pin. En mettant pied à terre sur le rivage, et jusqu'à Saint-André, je me répétais intérieurement que je pourrais être dame de tout ce beau pays. Je me gardai bien, toutefois, de communiquer ces réflexions à ma grand'mère, qui ne les aurait pas accueillies avec bienveillance. Cependant elles me restèrent dans l'esprit. Je parlais souvent à mon cousin, M. Sheldon, de M. de Gouvernet, qu'il rencontrait aux chasses de M. le duc d'Orléans.—Philippe-Égalité—ainsi que beaucoup d'autres jeunes gens de la plus haute société de Paris. Ce prince en engageait toujours quelques-uns à dîner, après la chasse, à sa petite maison de Mousseaux, et en assez mauvaise compagnie.

CHAPITRE IV

I. Nouveaux projets de mariage.—Le marquis Adrien de Laval.—Fortune et situation de Mlle Dillon.—Les régiments de la brigade irlandaise.—Remise au roi, par M. Sheldon des drapeaux pris à l'ennemi.—II. Portrait de Mlle Dillon.—Le maréchal de Biron, colonel des gardes françaises.—Ses projets s'il avait le malheur de perdre Mme la maréchale de Biron.—Le duc du Châtelet lui succède aux gardes françaises.—III. Rupture avec M. Adrien de Laval.—Le vicomte de Fleury.—M. Espérance de L'Aigle.—M. le comte de Gouvernet.—L'abbé de Chauvigny, intermédiaire matrimonial.—Décision prise par Mlle Dillon pour son mariage.—Souvenirs rétrospectifs.—La comtesse de La Tour du Pin.—Marquis et marquise de Monconseil.—Un incendie dans la perruque de Louis XIV.—IV. Dernier voyage à Montpellier.—Déplacement de M. de Saint-Priest, intendant de Languedoc.—Premier essai de fusion.—Une séquestrée, Mme Claris.—Mlle Comnène.—La duchesse d'Abrantès.

I

J'avais seize ans à notre retour à Paris, et ma grand'mère m'apprit que l'on traitait de mon mariage avec le marquis Adrien de Laval. Il venait de devenir l'aîné de sa famille par la mort de son frère, qui laissait veuve, à vingt ans, Mlle de Voyer d'Argenson, dont il n'avait pas eu d'enfants. La duchesse de Laval, mère d'Adrien, avait été la grande amie de la mienne. Elle désirait ce mariage, qui me convenait également. Le nom de Laval-Montmorency résonnait agréablement à mon oreille aristocratique. Le jeune Laval était sorti du séminaire pour entrer au service, à la mort de son frère. Nos pères étaient intimement liés; mais la meilleure raison qui me portait à goûter ce mariage, c'est que j'aurais quitté la maison de ma grand'mère. Je n'étais plus une enfant. Mon éducation avait commencé de si bonne heure que j'étais à seize ans comme d'autres à vingt-cinq. Je menais auprès de ma grand'mère une vie misérable. Ses fureurs, son injustice, la contrainte à laquelle j'étais assujettie sous peine d'être injuriée et insultée de toutes les manières, me rendaient l'existence insupportable. Obligée de calculer tous mes mouvements, de peser chacune de mes paroles, j'aurais pu contracter une habitude de prudence telle qu'elle eût dégénéré en dissimulation. J'étais très malheureuse et je désirais ardemment sortir de cette triste position. Mais, habituée à réfléchir sur mon sort, j'avais résolu de ne pas accepter par dépit un mariage qui n'aurait pas été en rapport avec ma situation dans le monde.

J'étais reconnue comme l'héritière unique de ma grand'mère, qui, aux yeux de tous, cherchait à se donner l'apparence, d'être dévouée à mes intérêts et de s'en occuper exclusivement; son caractère présentait les deux dispositions les plus diamétralement opposées: la violence et la duplicité. Elle passait pour riche, et elle l'était en effet. La belle terre de Hautefontaine, supérieurement bien située à 22 lieues de Paris, toute en domaines, avec 50.000 francs de fermes, sans compter les bois, les étangs et les prés; une jolie maison qu'elle venait d'acheter à 5 lieues de Paris et où mon oncle faisait d'immenses réparations; des rentes sur l'Hôtel de Ville de Paris qu'elle devait me donner à mon mariage; un mobilier immense; tout cela m'était assuré, puisque ma grand'mère avait soixante ans quand j'en avais seize.

Qui aurait pu soupçonner que mon oncle, avec 400.000 francs de rentes, en était aux expédients et avait décidé ma grand'mère à emprunter pour venir à son secours? Tous ceux qui voulaient m'épouser étaient aveuglés par ces belles apparences. La place de dame du Palais de la Reine, je devais l'occuper, on le savait, en me mariant. Cela pesait alors d'un très grand poids dans la balance des unions du grand monde. *Être à la Cour* résonnait comme une parole magique. Les dames du Palais étaient au nombre de douze seulement. Ma mère l'avait été parce que la reine l'aimait personnellement tendrement, parce qu'elle était belle-fille d'un pair d'Angleterre et petite-fille d'un autre— lord Falkland,—enfin, parce que mon père, militaire distingué, comptait parmi le très petit nombre de ceux qui pouvaient devenir maréchaux de France.

Des trois régiments de la brigade irlandaise, Dillon et Berwick étaient les seuls qui eussent conservé leurs noms. Je me souviens que lorsque M. Walsh fut nommé colonel du régiment qui prit son nom, M. de Fitz-James et mon père en témoignèrent beaucoup de mécontentement, prétextant qu'il ne tenait à aucune grande famille irlandaise ou anglaise. La duchesse de Fitz-James— Mlle de Thiard—était dame du Palais comme ma mère, et de son âge. Mais le duc[28], son mari, petit-fils du maréchal de Berwick, et dont le père[29] avait été aussi maréchal de France, jouissait d'une réputation militaire médiocre, tandis que mon père s'était fort distingué pendant la guerre qui venait de finir. Aussi l'avait-on nommé brigadier à vingt-sept ans. Ce grade, depuis, supprimé, représentait l'échelon intermédiaire entre le grade de colonel et celui de lieutenant général.

À propos de ces grades, je raconterai une anecdote qui montrera le ridicule des étiquettes de la Cour. Lors de la prise de l'île de Grenade, dont le fort fut emporté par la compagnie de grenadiers du régiment de Dillon, M. Sheldon, mon cousin, alors âgé de vingt-deux ans seulement, s'y distingua de telle façon que M. d'Estaing, commandant l'armée, le chargea de rapporter en France et de présenter au roi les premiers drapeaux pris à la guerre, mission qui représentait une très grande distinction. En débarquant à Brest, il prit une chaise de poste et arriva à Versailles, chez le ministre de la guerre, où se trouvait mon oncle à qui il avait envoyé un courrier. Il s'était arrêté à la dernière poste pour faire une belle toilette militaire et mettre son meilleur uniforme de capitaine. Mais en arrivant chez le ministre, désireux de le mener au même instant auprès du roi, quelle ne fut pas leur surprise d'apprendre que M. *Sheldon ne serait pas reçu en uniforme!* L'habit qui avait conquis les drapeaux n'était pas bon pour les présenter! Le gentilhomme de la Chambre ne voulut pas en démordre, et M. Sheldon se trouva dans l'obligation d'emprunter à l'un un habit habillé, à un autre un chapeau sous le bras, une épée de cour à un troisième, et c'est seulement quand il eut pris un air bien bourgeois qu'on lui permit de mettre aux pieds du roi des drapeaux qu'il avait contribué à conquérir au péril de sa vie. Et l'on s'étonne que la Révolution ait renversé une Cour où se passaient de semblables puérilités! On paraissait en uniforme à la Cour dans une seule circonstance: le jour où l'on prenait congé, avant le, 1er juin, pour rejoindre son régiment.

II

Revenons à moi. J'étais donc ce qu'on pouvait appeler, de toutes manières, un bon parti, et puisque je suis sur le chapitre de mes avantages personnels, je pense que c'est ici la place de faire mon portrait. Il ne sera guère avantageux sur le papier, car je n'ai dû ma réputation de beauté qu'à ma tournure, à mon air, et pas du tout à mes traits.

Une forêt de cheveux blonds cendrés était ce que j'avais de plus beau. J'avais de petits yeux gris, très peu de cils, une petite vérole très grave, dont je fus atteinte à quatre ans, les ayant en partie détruits; des sourcils blonds clairsemés, un grand front, un nez que l'on disait être grec, mais qui était long et trop gros du bout. Ce qui ornait le mieux mon visage, c'était la bouche, avec des lèvres découpées à l'antique d'une grande fraîcheur, et de belles dents. Je les conserve encore intactes à soixante-et-onze ans. On disait que ma physionomie était agréable, que j'avais un sourire gracieux, et malgré cela, le tout ensemble pouvait être prouvé laid. Je dois croire que beaucoup de personnes avaient cette impression, puisque moi-même je considérais comme affreuses plusieurs femmes qui passaient pour me ressembler. Cependant, une grande et belle taille, un teint clair, transparent, d'un vif éclat, me donnaient une supériorité marquée dans une réunion, surtout au jour, et il est certain que j'effaçais les autres femmes douées en apparence d'avantages bien supérieurs.

Je n'ai jamais eu la moindre prétention à me trouver la plus belle, et j'ai toujours ignoré ce sentiment de basse jalousie dont j'ai vu tant de femmes tourmentées. C'était de la meilleure foi du monde que je louais la figure, l'esprit ou les talents des autres, que je les conseillais sur leurs toilettes. Je ne dirai pas que je fusse indifférente à mes avantages et que je ne les connusse pas. Mais dès ma plus grande jeunesse je me suis fait une sorte de code dont je ne me suis jamais écartée, et voici à quel sujet.

Je voyais quelquefois chez mon oncle, à de grands dîners, pendant les étés que nous passions à Paris pour l'assemblée du clergé dont il était président, M. le maréchal de Biron, le dernier grand seigneur du temps de Louis XIV, ou qui, du moins, en eût conservé les traditions. Agé de quatre-vingt-cinq ans lorsque j'en avais quinze, il m'avait pris en goût, et trouvait que je ressemblais à je ne sais quelle dame de son temps. Il me prenait à table à côté de lui et avait la bonté de causer avec moi. Un jour, il me conta que dès sa plus tendre jeunesse, il avait étudié avec soin et réflexion les divers inconvénients de la vieillesse dans le monde, et qu'ayant été extrêmement ennuyé et importuné par certains vieillards quand il avait mon âge, il avait pris la résolution d'éviter aux autres, s'il était destiné à vieillir, ce dont il avait souffert lui-même. Il me conseillait d'en faire autant. Je me suis toujours rappelé ce conseil. Je l'ai suivi pour la toilette, et je m'en suis souvent applaudie, ne trouvant rien de si ridicule et de si laid qu'une femme âgée portant des fleurs et des ornements qui font ressortir plus ouvertement encore les ravages du temps sur son visage.

M. le maréchal de Biron était colonel des gardes françaises et adoré dans cette troupe, qui n'avait de militaire que l'uniforme. Je l'ai encore vu, dans mon enfance, défiler, à la tête de son corps, devant le roi, le jour de la revue qui avait lieu tous les ans dans une petite plaine près du pont de Neuilly et que l'on nommait la plaine des Sablons.

Il possédait une grande et belle maison à Paris—maintenant celle du Sacré-Cœur—attenant à un splendide jardin de trois où quatre arpents, où s'élevaient des serres chaudes, remplies de plantes rares. Il avait une grande magnificence de livrée, de chevaux, de table, et faisait avec largesse les honneurs de Paris. Propriétaire de loges aux principaux spectacles, il n'y allait jamais lui-même, mais elles étaient toujours occupées par des étrangères de distinction, surtout par des Anglaises, qu'il préférait à toutes les autres et qu'il choisissait parmi les plus considérables. On regardait comme un honneur particulier d'être reçu chez lui.

Il ne donnait pas de bals, mais des concerts toutes les fois que quelque chanteur étranger ou un grand musicien passait à Paris. Il accueillait toutes les distinctions, et cela avec des manières nobles, un grand air et une aisance sans pareille dans toute cette magnificence, élément inséparable de sa personne. Un jour, parlant à mon oncle, avec cette sorte de grasseyement qui était la belle façon de parler dans la jeunesse de Louis XV, il lui dit: «Monsieur l'arechevêque»—les maréchaux de France ne donnaient pas le *Monseigneur* aux évêques—«si j'avais le malheur de perdre Mme la maréchale de Biron, je prierais Mlle Dillon de prendre mon nom et de me permettre de déposer ma fortune à ses pieds.» Or, ce malheur, il s'en serait consolé facilement, ne l'a pas atteint. Sa femme, dont il vivait séparé depuis cinquante ans pour quelque méfait que j'ai toujours ignoré, lui a survécu et a péri sur l'échafaud, avec sa nièce, la duchesse de Biron.

M. le maréchal de Biron mourut en 1787 ou 1788. Rien ne fut si beau que son enterrement. Ce fut la dernière splendeur de la monarchie.

On lui donna pour successeur au régiment des gardes, au lieu du duc de Biron, son neveu, que le régiment désirait, le duc du Châtelet, qui se rendit impopulaire dès les premiers moments de ses fonctions, en voulant brusquement remettre en vigueur la discipline militaire, fort négligée dans ce corps. Beaucoup de soldats ne logeaient pas même aux quartiers et ne paraissaient aux casernes que lorsqu'ils étaient de service. Ce relâchement dans la discipline leur donnait la facilité de se lier avec les gens de la bourgeoisie et du peuple, et c'est ce qui les rendit si facilement révolutionnaires dès qu'on voulut les corrompre. M. du Châtelet, d'un caractère dur et brouillon, ne considéra le régiment des gardes françaises que comme un régiment ordinaire qu'il fallait informer. Il se rendit odieux tout d'abord, et les révolutionnais en profitèrent.

III

Mon mariage avec Adrien de Laval manqua, parce que le maréchal de Laval, son grand-père, fit choix pour son petit-fils de sa cousine, Mlle de Luxembourg. Il l'épousa alors qu'elle était presque une enfant et que lui-même avait dix-huit ans à peine. Je le regrettai à cause du nom. Depuis, m'étant liée avec Adrien de Laval d'une amitié très fidèle qui a duré jusqu'à sa mort, il m'a souvent répété combien il avait été affligé de ne m'avoir pas épousée. Je ne lui ai pas répondu la vérité qui était que tout en nous convenant très bien comme amis, nous n'étions cependant nullement faits l'un pour l'autre.

Ma grand'mère me proposa le vicomte de Fleury, dont je ne voulus pas. Sa réputation était mauvaise; il n'avait ni esprit ni distinction; il était de la branche cadette d'une maison sans grand renom. Je le refusai.

Le prétendant qui suivit fut Espérance de l'Aigle, que j'avais beaucoup vu dans notre enfance à l'un et à l'autre. Je ne le trouvais pas d'un nom qui me semblât assez illustre. Ma décision fut peu raisonnable peut-être. C'était, en effet, un très bon sujet, qui avait un intérieur fort agréable; il était lié avec les Rochechouart, que je devais retrouver en entrant dans le monde; enfin nous appartenions l'un et l'autre à la même société. La terre de son père, Tracy, était à 6 ou 7 lieues de Hautefontaine. Ma grand'mère ne voulait plus aller à Hautefontaine et elle aurait consenti sans doute à me céder en partie; cette propriété, à me donner au moins la faculté de l'habiter. Tout était donc avantage dans cette union, dont on ne me parlait qu'en bien, et cependant je la repoussai.

Les mariages sont écrits dans le ciel. J'avais en tête M. de La Tour du Pin[30]. On m'en disait du mal. Je ne l'avais jamais vu. Je savais qu'il était petit et laid, qu'il avait contracté des dettes, joué, etc., toutes choses qui m'auraient à l'instant éloignée de tout autre. Et pourtant ma résolution était prise: je disais à Sheldon que je n'épouserais que lui. Il me raisonnait sans fin sur ce qu'il appelait ma manie, mais ne me persuadait pas.

Au mois de novembre 1786, nous allions partir pour le Languedoc, lorsqu'un matin ma grand'mère me dit: «Ce M. de Gouvernet revient encore avec ses propositions de mariage. Mme de Monconseil, sa grand'mère, nous fait circonvenir de tous les côtés. Son père est commandant de province et sera maréchal de France. C'est un homme qui jouit de la plus grande considération dans le militaire. Son cousin, l'archevêque d'Auch[31], presse beaucoup votre oncle. Mme de Blot, sa cousine, nous en fait parler tours les jours par son neveu, l'abbé de Chauvigny,» depuis évêque de Lombez.—«La reine elle-même le désire, car la princesse d'Hénin, fille de Mme de Monconseil, lui en a parlé. Pensez-y et décidez-vous.» À quoi je répondis sans hésiter: «*Je suis toute décidée. Je ne demande pas mieux.*»

Ma grand'mère fut stupéfaite. Elle espérait, je crois, que je le refuserais. Elle ne pouvait concevoir comment je le préférais à M. de L'Aigle. En vérité, je n'aurais su le dire moi-même. C'était un instinct, un entraînement venant d'en-Haut. Dieu m'avait destinée à lui! Et depuis cette parole, échappée comme malgré moi de ma bouche, à seize ans, j'ai senti que je lui appartenais, que ma vie était son bien. Je bénis le ciel de ma décision, en écrivant ces lignes, si soixante-et-onze ans, après avoir été sa compagne pendant cinquante années. Dans les fortunes les plus diverses, dans toutes les extrémités du bien et du mal, jamais la pensée ne m'est venue que j'eusse été plus heureuse avec un autre. J'ai remercié Dieu tous les jours du mari qu'il m'avait donné, et, maintenant que je le pleure sans cesse, j'implore comme unique et dernière faveur d'aller le rejoindre là où nous ne serons plus séparés.

Nous partîmes pour Montpellier sans qu'on eût parlé de nouveau de ce mariage. Cette année-là, Sheldon nous accompagnait, et je le questionnais à tous moments, quand nous étions seuls, sur M. de Gouvernet. Aucune proposition officielle n'avait été encore faite. Ma grand'mère ne m'en disait plus mot. Au contraire, elle semblait voir avec plaisir que lord John Russell, frère du duc de Bedford, vînt presque tous les soirs chez nous avec lord Gower, depuis duc de Sutherland. Je connaissais trop bien le terrible caractère de ma grand'mère pour ne pas savoir que la moindre difficulté qui l'aurait heurtée lui ferait rompre tous les engagements les mieux conclus. Elle aurait résisté au roi lui-même. Quand elle était montée, il n'y avait rien dont elle ne fût capable en fait de violence. Quoique fort inquiète et tourmentée, je n'osais cependant parler de rien, si ce n'est à Sheldon, qui avait pour moi le dévouement et l'attachement d'un frère.

L'abbé de Chauvigny servait d'intermédiaire entre Mme de Monconseil et, mon oncle. Comme de raison, il ne me parlait jamais de cette affaire, ni moi pas davantage, dans les conversations que nous avions ensemble et que je recherchais parce qu'il avait beaucoup d'esprit. Etant un soir dans le salon, il tournait entre ses doigts l'enveloppe d'une lettre dont je venais de lui voir remettre le contenu à mon oncle. Il regardait le cachet et en admirait la gravure. Je tendis machinalement la main pour le voir, mais il retint l'enveloppe dans la sienne en me regardant fixement, et me dit: «Non. Pas encore.» Je compris tout de suite que c'était une lettre de Mme de Monconseil, ou du moins de quelqu'un qui parlait de mon mariage. L'abbé s'amusa malignement de ma rougeur et de mon trouble, et nous ne nous parlâmes plus de la soirée.

Le lendemain matin, ma grand'mère m'annonça que mon oncle avait reçu une lettre charmante de Mme de Monconseil: qu'elle désirait extrêmement mon mariage avec son petit-fils, pour qui elle avait la plus vive tendresse; qu'elle ferait tout pour le faire réussir; mais qu'elle ne jouissait pas d'un grand crédit sur son gendre, le comte de La Tour du Pin, avec qui elle avait eu des démêlés fort désagréables. Ce fut alors que j'appris que Mme de La Tour du Pin, fille de Mme de Monconseil, aînée de quinze ans de la princesse d'Hénin, sa sœur, avait eu la plus mauvaise conduite. Elle était enfermée dans un couvent d'où elle ne sortait presque jamais depuis vingt ans. Son mari lui payait une modique pension, mais ne la voyait pas. Ils n'étaient pas séparés juridiquement. On avait voulu éviter le scandale d'une enquête légale par égard pour sa sœur, qui venait d'épouser à quinze ans le prince d'Hénin, frère cadet du prince de Chimay, et en considération aussi de sa fille[32], sœur aînée de trois ans de M. de Gouvernet, placée en pension dans un couvent à Paris. Je parlerai plus loin de cette charmante personne.

Mme la marquise de Monconseil, fille du marquis de Curzay, avait alors quatre-vingt-cinq ans. On m'a souvent dit que, même à cet âge, elle était encore belle. M. de Monconseil l'épousa fort jeune. Il était militaire, comme presque tous les gentilshommes à cette époque. Il avait eu une jeunesse très dissipée, très vive, et avait été page de Louis XIV. Il racontait qu'éclairant un soir ce monarque, comme il sortait de chez Mme de Maintenon, il avait mis, avec les deux flambeaux qu'il tenait allumés dans une seule main, selon l'usage d'alors…, il avait mis, dis-je, le feu à la perruque du roi. En contant cette histoire à sa fille, soixante-dix ans après, il était repris d'une peur telle qu'il en tremblait.

M. de Monconseil avait fait toutes les guerres de la fin du règne de Louis XIV, et celles de Louis XV. Sa femme, belle, spirituelle et intrigante, avait beaucoup servi à sa fortune. Je crois qu'ils s'étaient mutuellement pardonné beaucoup d'erreurs. Ils vivaient souvent loin, l'un de l'autre. M. de Monconseil, lieutenant général de très bonne heure, était commandant de la Haute-Alsace et résidait toujours à Colmar. Il venait rarement à Paris, où sa femme demeurait la plupart du temps et où elle soignait ses intérêts avec une grande suite. J'ai entendu dire qu'elle n'avait jamais laissé passer un courrier sans lui écrire des lettres très courtes, mais pleines de choses intéressantes, et comme il n'y avait pas alors de gazettes, les correspondances particulières acquéraient le plus grand prix. Combien il est à regretter que de semblables recueils aient été détruits!

M. de Monconseil, à l'âge de quarante ans, par une circonstance que je regrette vivement de ne pas savoir, quitta le service et se retira dans sa terre de Tesson, en Saintonge. Il s'y établit et n'en sortit plus jusqu'à l'âge de quatre-vingt-dix ans qu'il y mourut, après une vie édifiante et admirable, laissant des établissements de charité bien plus considérables qu'on n'aurait pu l'attendre de sa fortune, qui, quoique fort aisée, n'était pas immense. Il possédait une belle maison à Saintes, où il passait trois mois d'hiver. Le reste de l'année, il habitait Tesson, créé par lui et dont il avait planté le parc et les jardins. Il allait rarement à Paris voir sa femme, qui y avait une bonne et agréable maison. Grâce à ses instances, son gendre, M. de La Tour du Pin, avait permis que Mme de La Tour du Pin sortît de son couvent de loin en loin pour s'installer pendant quelques mois à Tesson auprès de son père. Mais cela n'est arrivé que deux ou trois fois en quarante-cinq ans.

Mme de Monconseil alla dans une seule occasion, je crois, voir son mari. Ce voyage lui parut si long qu'elle ne fut pas tentée de le recommencer. Ils n'en étaient pas moins dans les meilleurs termes ensemble, et Mme de Monconseil, très attentive à tenir son mari au courant de tous les intérêts et de toutes les nouvelles, lui écrivait régulièrement, comme je l'ai dit, tous les courriers.

M. de Monconseil aima beaucoup son petit-fils, qui se rendait souvent à Tesson et en revenait toujours la bourse pleine. Ses visites à son grand-père lui valaient un bien plus précieux encore que l'argent qu'il lui donnait: c'étaient les bons principes de gentilhomme chevaleresque, les lois de l'honneur qu'il gravait dans son jeune cœur et qui ne se sont jamais effacés.

IV

Le dernier voyage que je fis à Montpellier eut donc lieu de 1786 à 1787. Il fut fort brillant pour moi.

Par une intrigue dont les causes et les détails échappent aujourd'hui à ma mémoire, M. de Calonne, alors contrôleur général et puissamment protégé par la reine, avait obtenu que l'on déplaçât M. de Saint-Priest, intendant de Languedoc, et avait donné cet emploi à M. de Balinvilliers, mari de sa nièce. Ce changement déplut beaucoup dans la province. La famille des Saint-Priest était extrêmement considérée et aimée. Tout le monde les regrettait. Les nouveaux venus cherchèrent à plaire par la dépense et la splendeur. Ils firent construire dans leur jardin, par des ouvriers venus de Paris et même de l'établissement appelé *des Plaisirs du roi ou des Menus*[33], une belle salle de bal où ils réunirent toutes les sociétés de Montpellier, bourgeoises et autres. C'est la première fois que ce mélange, qu'on nomma *une fusion*, fut essayé. Mme Riban, femme du célèbre parfumeur, dont chacun avait un pot de pommade ou un flacon d'odeur sur sa table, y parut dans tout l'éclat de sa beauté. D'autres notabilités de la bourgeoisie s'y firent remarquer; au grand scandale des vieilles présidentes de la cour des comptes, le seul tribunal que nous eussions à Montpellier.

Ces dames me rappellent une d'entre elles que je voyais avec intérêt: c'était la présidente Claris, belle et grande personne pâle et délicate, qui pouvait avoir alors quarante-cinq ou cinquante ans. Son mari, laid comme un singe, beaucoup plus âgé que sa femme, avait été d'une jalousie telle à cause de sa beauté, qu'il la tint enfermée pendant quatorze ans sans la laisser sortir ni voir à personne, si bien que la rumeur se répandit que l'infortunée était folle, bruit sans fondement aucun, heureusement pour la pauvre présidente. Elle savait dessiner et même graver, et j'ai vu un cabinet octogone dont elle avait fait son occupation et son plaisir pendant les années de sa captivité. Il se trouvait dans une tourelle au coin de la maison. La boiserie, d'abord peinte en blanc de doreur, avait été recouverte d'un vernis brun très délicat et très uni; puis, sur cette boiserie ainsi préparée, elle avait dessiné au burin des paysages avec des figures, des sujets, des animaux, aussi fins que la plus belle gravure, et qui se détachaient en blanc sur le fond brun. C'était un ouvrage merveilleux de patience et de talent. On disait que l'exécution de ce travail lui avait fait mal à la poitrine, en raison de la nécessité de souffler constamment sur les poussières produites par le burin en enlevant le vernis. Je crois bien plutôt que sa santé s'était détruite parce qu'elle n'avait jamais pris l'air ni fait aucun exercice pendant tant d'années.

Je rencontrais aussi chez M. de Périgord Mlle de Comnène[34], dont la famille venait d'être reconnue par le Parlement de Toulouse. Elle fut depuis mère de Mme d'Abrantès, qui parle à tous moments de sa beauté dans ses Mémoires. Mais c'est une illusion filiale, car si elle eût été belle, j'en aurais conservé le souvenir, ce que je n'ai pas fait. Son nom seul est resté historiquement dans ma tête.

CHAPITRE V

I. Convocation des notables.—Retour à Paris.—Mort de Mme de Monconseil.—II. Demande en mariage de M. de Gouvernet agréée.— Préliminaires.—Visite de Mme d'Hénin.—La signature des articles.— Toilette le jour des fiançailles.—La politesse de cette époque.—La politique.—Les quatre frères de Lameth.—*Les faiseurs.*—III. Premiers bonheurs.—La reine et Mme de Duras.—Scène de violence de Mme de Rothe évitée.—Le contrat.—IV. Le comte et la comtesse de La Tour du Pin.—Deux visites.—Chez la reine.—V. À Montfermeil.—Le trousseau et la corbeille.—Appartement de la mariée.

I

On n'aura pas de peine à croire que j'avais un désir très vif de retourner à Paris, où mon sort devait se décider. Nous nous mîmes en route plus tôt même que je ne le pensais. Mon oncle m'avait promis de passer cette année par Marseille et Toulon en revenant à Paris. Cette excursion n'aurait fait durer le voyage que quelques jours de plus et m'aurait permis de voir des choses bien curieuses que je désirais beaucoup connaître. Nous serions restés un jour, au lieu de huit, chez un vieil évêque de Nevers, qui m'ennuyait beaucoup, et le voyage ainsi n'aurait pas été plus long.

Je me réjouissais donc de cette combinaison, lorsqu'arriva un courrier avec la nouvelle de la convocation de la première assemblée des notables. Mon oncle en faisait partie. Il fallut repartir le lendemain de la clôture des États pour retourner à Paris et renoncer de voir Marseille et Toulon. Je date de ce jour la Révolution. Elle commença pour moi par une vive contrariété. Elle a fait mieux que cela par la suite.

Mon oncle, se sentant un peu souffrant, voulut coucher à Fontainebleau, pour ne pas arriver trop fatigué à Paris et pouvoir aller le lendemain matin à Versailles. Nous trouvions toujours la maison préparée comme si on ne l'avait pas quittée. Fatigués ou non, il fallait que les gens fussent à leurs places, habillés, poudrés et tenus comme à l'ordinaire. Je faisais de même; et arrivées à deux heures, ma grand'mère et moi, nous paraissions à trois dans le salon pour nous mettre à table, sans prêter attention aux 210 lieues que nous venions de parcourir.

Le soir, il vint des visites. La première fut un vieux comte de Bentheim, gros Allemand, dont la femme, qu'on nommait *la Souveraine*, était amie de ma grand'mère. Après les lieux communs sur la mauvaise saison, la fatigue et les chemins, mon oncle dit au comte: «Eh! bien, monsieur le comte, quelles nouvelles à Paris?»—Oh! répond le gros Allemand, il y en a une pour la société: Mme de Monconseil est morte.» L'effet que me fit ce peu de paroles ne saurait se peindre. Je pâlis, et mon oncle, craignant que mon émotion ne me trahît, dit que j'étais fatiguée et qu'il valait mieux que je me retirasse, ce que je fis à l'instant. Mais lorsque je pris la main de mon oncle pour la baiser, comme je faisais tous les soirs, il me dit en anglais que cela ne dérangerait rien à nos projets.

Pendant quelques jours, on s'entretint uniquement de cette mort de Mme de Monconseil, de la douleur de sa fille, Mme d'Hénin, qui demeurait avec elle, de celle de M. de Gouvernet, qui l'avait soignée d'une manière admirable. Je devais écouter tout cela d'un air indifférent, quoique je fusse vivement intéressée. Heureusement je pouvais en parler avec ma cousine, Charlotte Jerningham, qui venait de quitter le couvent des Ursulines de la rue Saint-Jacques, où elle avait passé trois ans sans en sortir une seule fois. Sa mère était venue la chercher à Paris, mais elles restèrent jusqu'après mon mariage.

II

M. de Gouvernet, en l'absence de son père pour le moment éloigné de Paris, s'empressa de faire savoir à mon oncle que la perte de sa grand'mère n'influait en rien sur le désir qu'il avait de lui appartenir, et qu'il sollicitait la permission de le voir en particulier. Il vint en effet un soir, et mon oncle fut fort satisfait de ses manières. M. de Gouvernet insista pour être autorisé à aller informer de vive voix et personnellement son père que la demande de la main de Mlle Dillon, qu'il se proposait de faire, serait agréée par elle et par ma grand'mère, et, sur la réponse affirmative de mon grand-oncle, il prit congé de lui. J'entre dans tous ces détails pour peindre les mœurs de la haute société dans ce temps-là, si éloigné de celui où j'écris. Mon oncle monta chez ma grand'mère, j'étais seule avec elle, et il m'embrassa en me disant: «Bonsoir, madame de Gouvernet.»

Quelques, jours s'écoulèrent, et avant que la semaine fût passée, on vint un soir dire à mon oncle que M. de Gouvernet l'attendait dans son cabinet. «Mais cela n'est pas possible», s'écria-t-il. Rien n'était plus vrai néanmoins. Il avait été au Bouilh, avait parlé à son père; lui avait fait écrire la lettre de demande, avait pris ses instructions sur toutes choses, était remonté dans sa voiture et était revenu à Paris. Cet empressement me parut du meilleur goût. Il fut convenu qu'il viendrait le lendemain matin chez ma grand'mère, mais qu'il ne me verrait qu'après les articles signés, comme c'était l'usage alors, à moins d'une rencontre fortuite, chose peu probable, puisque je ne sortais jamais à pied, que je n'allais dans aucune promenade publique ni au spectacle.

Ce lendemain mémorable, je me mis derrière un rideau, et je vis descendre M. de Gouvernet d'un fort joli cabriolet attelé d'un beau cheval gris très fougueux. Si l'on veut bien se souvenir que je n'avais pas encore dix-sept ans, on concevra que cette arrivée me plut davantage que s'il fût venu dans un bon carrosse, escorté de son laquais qui lui eût présenté le bras pour en sortir. En deux sauts, il fut au haut de l'escalier. Il était en costume du matin fort soigné: un frac noir, ou gris fer très foncé, nuance imposée par son grand deuil; un col militaire et un chapeau de même, chapeau porté pour ainsi dire exclusivement par les colonels, parce qu'il était de très bon air d'afficher ce grade élevé avec un visage jeune. Je ne le trouvais pas laid, comme on me l'avait annoncé. Sa tournure assurée, son air décidé me plurent au premier coup d'œil. J'étais placée de manière à le voir lorsqu'il entra chez ma grand'mère. Elle lui tendit la main, qu'il baisa d'un air fort respectueux. Je ne pouvais entendre les paroles qu'ils échangeaient et je tâchais de me les imaginer. Il resta un quart d'heure; et on convint de signer les articles, aussitôt qu'ils auraient été rédigés par les notaires, afin de permettre à M. de Gouvernet de venir tous les jours chez mon oncle.

Cela ne fut terminé qu'au bout de huit jours. Mais auparavant, Mme d'Hénin fit une visite à ma grand'mère. Elle me demanda; je m'y attendis. J'avais une telle peur de cette belle dame, si élégante et si imposante, qui allait m'examiner des pieds à la tête, que je pouvais à peine me tenir sur mes jambes en entrant dans la chambre, et qu'à la lettre je ne voyais pas où j'allais. Elle se leva, me prit la main et m'embrassa. Puis, avec cette hardiesse des dames de son temps, elle m'éloigna d'elle à la longueur de son bras, en s'écriant: «Ah! la belle taille! Elle est charmante. Mon neveu est bien heureux!» J'étais au supplice. Elle se rassit, et me fit beaucoup de questions auxquelles je suis sûre de n'avoir répondu que des bêtises. En s'en allant, elle m'embrassa encore, et me fit deux ou trois beaux compliments sur le plaisir qu'elle aurait à me mener dans le monde.

Cette visite eut lieu, je crois, la veille du jour où l'on signa les articles. Il n'était pas d'usage que la demoiselle assistât à la lecture de cet acte préparatoire, que signaient seuls les parents et les notaires. Mais, ceux-ci sortis, on me fit entrer. Ma grand'mère vint à la porte me prendre par la main et je traversai le salon plus morte que vive. Je sentais tous les regards fixés sur moi, et surtout ceux de M. de Gouvernet, que je prenais bien soin de ne pas regarder. On me mit à côté de Mme d'Hénin et de ma tante lady Jerningham, qui prenait pitié de mon embarras.

Ma toilette était très simple. J'avais conjuré ma grand'mère de la laisser à mon choix. On portait alors des robes lacées par derrière qui marquaient beaucoup la taille, et que l'on nommait des *fourreaux*. J'en avais une de gaze blanche, sans aucun ornement, et une ceinture gros bleu de beau ruban avec des bouts effilés en soie brillante, qui venait d'Angleterre. On trouva que j'étais mise à peindre. On regarda mes cheveux, que j'avais très beaux. Un tel examen était insoutenable en présence du *haut et puissant seigneur futur époux*, comme on l'avait nommé vingt fois de suite en lisant les articles.

À partir de ce moment, M. de Gouvernet venait tous les jours dîner ou passer l'après-dîner, ou souper, soit à Paris, soit à Versailles, mon oncle, depuis le commencement de l'assemblée des notables, étant établi dans cette ville.

Ma grand'mère et moi nous restâmes à Paris. Tous les jours de la semaine nous partions à une heure et demie pour Versailles. Nous y arrivions pour dîner à trois heures. Mon oncle n'était presque jamais sorti du bureau dont il faisait partie, celui, il me semble, présidé par Monsieur, frère du roi, depuis Louis XVIII. Il paraissait au moment de se mettre à table et amenait avec lui quelques personnes. M. de Gouvernet venait de Paris et dînait chaque jour avec nous. Il était en habit habillé avec l'épée au côté, car on n'avait pas encore adopté l'usage d'être en frac et en chapeau rond à dîner, surtout à Versailles. Jamais un homme comme il faut, n'aurait voulu y être vu autrement qu'avec son épée et habillé, à moins qu'il ne fût sur le point de monter à cheval ou de partir pour Paris dans son cabriolet. Il prenait soin alors de descendre dans les cours par les petits escaliers, et de ne passer, ni dans les appartements, ni dans les galeries, ni dans les salles des gardes. On n'avait pas encore perdu le respect. Il eût été du plus mauvais goût de manquer, je ne dis pas à l'étiquette, mais à la moindre nuance de politesse que l'on observait strictement dans la société.

Pendant cette assemblée des notables, qui m'ennuyait mortellement, la politique formait l'objet unique de toutes les conversations. Chaque personne qui entrait dans le salon avait un moyen infaillible à développer pour combler le déficit des finances et réformer les abus qu'on avait laissé s'introduire dans l'État. Mon oncle voulait que toute la France fût gouvernée par des États, comme le Languedoc. M. de Gouvernet se mêlait souvent à ces discussions avec esprit et vivacité, et j'aimais à l'entendre parler.

Il avait présenté à mon oncle son beau-frère, le marquis de Lameth, et deux des frères de celui-ci: Charles, qu'on nommait alors *Malo*—le maréchal de Duras, dont il était le filleul, portait également ce nom breton, parce qu'il avait été tenu sur les fonts par les États de Bretagne, et le lui avait donné— et Alexandre, chevalier de Malte et ami de M. de Gouvernet. Je connus plus tard seulement le quatrième frère, Théodore, qui a survécu à tous les autres.

Le marquis de Lameth était un bel homme de trente ans, grand, bien fait; sérieux et même sévère dans son maintien. Il vivait presque toujours à la campagne, dans son beau château d'Hénencourt, près d'Amiens, qu'il venait d'arranger, ou dans son régiment, celui de la Couronne. C'était un bon militaire, de ceux que l'on nommait alors des *faiseurs*, c'est-à-dire qui s'occupaient avec une grande exactitude de la discipline, veillaient à l'exécution des ordonnances avec une scrupuleuse ponctualité, ne se familiarisaient pas avec leurs inférieurs, et avaient une idée juste de leurs devoirs. M. de Gouvernet était de ce nombre. Il n'occupait encore que l'emploi de colonel en second du régiment de Royal-Comtois. Ce fut au moment de son mariage seulement qu'on lui donna le régiment de Royal-Vaisseaux, qui lui causa beaucoup d'ennuis, comme je le dirai par la suite.

III

Je crois me rappeler que cette assemblée des notables prit fin vers le milieu d'avril. Elle me fatiguait de toutes manières ainsi que M. de Gouvernet, que sa galanterie ou un sentiment plus tendre amenait tous les jours à Versailles. Nous avions trouvé le moyen de causer beaucoup ensemble et de nous convaincre de plus en plus que nous étions faits l'un pour l'autre. Souvent nous avons reparlé avec bonheur du charme de ces premières conversations, où nous essayions mutuellement de nous pénétrer et de nous connaître, où chacun étudiait les opinions, les goûts de l'autre, et dont nous sortions toujours également satisfaits. Que de projets agréables nous formions pour notre vie future, et dont aucun ne s'est réalisé! Nous étions trop heureux du temps présent pour prévoir les orages que nous aurions à affronter, et cependant nous avions le sentiment profond que, si graves que fussent les coups qui pourraient nous frapper ensemble, nous trouverions dans une affection partagée la force de les supporter sans faiblesse.

C'est une époque de ma vie dont je retrace les souvenirs avec délices. Tout était brillant dans le tableau qui se déroulait devant nos yeux. Nous trouvions l'un dans l'autre ce qui répondait à nos espérances intimes, et, outre le bonheur réciproque qui semblait nous être ainsi assuré, nous apercevions devant nous la fortune, une belle et grande existence, un noble avenir, enfin tout ce qui pouvait flatter l'ambition d'un homme et les goûts d'une femme.

M. de Gouvernet n'avait pas encore bien démêlé le caractère de ma grand'mère. Il en était resté aux impressions de Mme d'Hénin, elle-même renseignée uniquement à cet égard par les on-dit du monde, car elle n'était entrée au palais de la reine qu'après la mort de ma mère.

Ah! que les choses tristes s'oublient vite à la Cour! La reine avait pleuré ma mère pendant vingt-quatre heures, puis, le surlendemain de sa mort, elle témoigna le désir d'aller à la Comédie-Française. La duchesse de Duras, de semaine ce jour-là, lui dit: «Votre Majesté ferait mieux d'aller à l'Opéra, car en passant devant Saint-Sulpice, elle rencontrerait l'enterrement de Mme Dillon.» La souveraine sentit la leçon et resta à Versailles. La duchesse de Duras, née Noailles, personne de la vertu la plus éminente, en imposait à la reine. Elle avait beaucoup aimé ma mère, a reporté ensuite sur moi cette bienveillance et m'a toujours protégée.

M. de Gouvernet était donc encore dans l'ignorance du caractère, de ma grand'mère, aussi dissimulée que violente et vindicative. Des haines s'emparaient d'elle que rien ne pouvait amortir. Mon père comptait parmi ceux qu'elle détestait le plus. Elle ne lui pardonnait pas de s'être remarié, et ma belle-mère était l'objet de ses plus vifs ressentiments. Elle ne soupçonnait pas qu'il existât la moindre intimité entre mon père, ma belle-mère et M. de Gouvernet. Un soir que nous nous trouvions seuls dans le salon, à Versailles, et qu'elle était, je ne puis me souvenir pour quel motif, de très méchante humeur, genre d'humeur qui se manifestait toujours par une promenade incessante de long en large dans le fond de la chambre, elle se mit à parler du mariage de mon père et de l'époque où il avait eu lieu. Elle le fixait à plusieurs mois plus tard que celui où il avait été célébré à Paris. M. de Gouvernet, étonné de l'acharnement avec lequel elle voulait méconnaître le moment précis de cette union, ouvrit la bouche pour dire: «Mais, madame, personne…» Je pressentis qu'il allait ajouter: «Personne ne le sait mieux que moi, puisque j'ai été le témoin de M. Dillon.» Ma frayeur fut grande. Heureusement ma grand'mère, à ce moment de sa promenade, nous tournait le dos. J'en profitai instinctivement pour saisir brusquement le bras de M. de Gouvernet, qui, tout surpris, me regarda. Voyant que je mettais un doigt sur mes lèvres et remarquant l'anxiété de mon visage, il se tut. Ma grand'mère se retourna et lui dit: «Eh! bien, monsieur!…» Mais il n'ajouta rien et la laissa continuer. Très désireux de savoir la cause de mon émotion, il profita du premier moment où il put me le demander, et je tâchai, tout en ménageant ma grand'mère, de le mettre au courant des sujets qu'il ne fallait pas traiter avec elle. Toutefois cette circonstance le mit sur la voie des inconvénients de son caractère, et, connaissant la vivacité du sien, il pressentit que nous ne resterions pas longtemps ensemble, ce qui arriva en effet.

Enfin l'assemblée des notables prit fin. Nous retournâmes, ou, pour mieux dire, mon oncle retourna à Paris, et le jour de la signature du contrat fut fixé aux premiers jours de mai. Cette cérémonie se fit avec toute la solennité d'usage. Les parents, les témoins, les notaires, les toilettes, tout était très convenable. Je ne saurais plus décrire ma toilette, mais je pense qu'elle devait être rose ou bleue, car on réservait la robe blanche pour le jour du mariage. Mmes de La Tour du Pin, d'Hénin, de Lameth, étaient en noir, à cause du deuil de leur mère et grand'mère.

IV

J'avais fait connaissance, peu de jours auparavant, avec mon futur beau-père. C'était un petit homme tout droit, fort bien fait, et qui avait été beau dans sa jeunesse. Il avait conservé les plus admirables dents que l'on pût voir, de beaux yeux, un air assuré et un charmant sourire, expression vivante de sa belle âme et de son extrême bonté. Il ne m'en imposait pas, et je faisais mon possible pour lui plaire. Homme de mœurs simples, scrupuleusement occupé des devoirs que lui imposait sa place de commandant des provinces de

Saintonge, Poitou et pays d Aunis, il occupait tous les moments qu'il avait de libre à bâtir et à planter au Bouilh, son séjour de prédilection. Séparé de sa femme, il n'avait pas d'établissement à Paris, où il ne venait qu'en passant, pour faire sa cour au roi et conférer avec les ministres des affaires publiques. Il n'était pas ambitieux; son fils trouvait même qu'il ne l'était pas assez et qu'il se tenait trop à l'écart pour son mérite. C'était un caractère antique, du temps de saint Louis. Il avait servi dans la guerre de Sept Ans comme colonel d'un régiment composé de l'élite de tous les autres, et qu'on nommait *les Grenadiers de France*. Il s'était fort distingué, et ses grades, jusqu'à celui qu'il occupait, lui avaient été donnés sans qu'il les eût sollicités. Son désintéressement déconcertait l'esprit d'intrigue de sa belle-mère, Mme de Monconseil. Celle-ci ne l'aimait pas. Elle l'avait trouvé plus sévère qu'elle ne l'aurait voulu envers sa femme, dont les désordres avaient été si publics que, tout en étant le plus doux des hommes, il s'était vu forcé d'user de rigueur. Très juste et très vertueux, il avait estimé avec raison devoir la retirer d'un monde où elle donnait de si scandaleux exemples. Mme de La Tour du Pin avait été autorisée par lui à paraître quelquefois chez son père, et, à l'occasion du mariage de son fils, M. de La Tour du Pin voulut bien aussi qu'elle fût présente. Elle éprouva un grand plaisir à se retrouver, parée, dans un beau salon. M. de Gouvernet et Mme de Lameth lui témoignaient beaucoup d'égards et de respects.

Le contrat signé, je lui fis visite, accompagnée de ma grand'mère, ainsi qu'à Mme d'Hénin. Cette dernière visite fut celle qui m'intimida le plus. Mme d'Hénin était un peu malade. Elle avait des crachements de sang très violents, premiers symptômes, je crois, de l'anévrisme dont elle est morte trente-sept ans plus tard. Je connaissais, par M. de Gouvernet, les allures de la société de sa tante, dans laquelle je devais être admise sous ses auspices, et tout ce qu'il m'en avait dit me causait une terreur extrême. Plus tard, je me livrerai au plaisir de décrire cette société, la plus distinguée de Paris. Pour le moment, ces détails m'éloigneraient trop du sujet actuel: celui de mon mariage. Mais avant de le continuer, je parlerai d'une autre visite où j'eus tout lieu d'être mécontente de moi-même et de ma sotte timidité.

La reine, qui approuvait mon mariage, exprima le désir de me voir. Elle annonçait hautement la protection qu'elle voulait bien m'accorder, et pria mon oncle de m'amener chez elle avec Mme d'Hénin, qui m'en imposait déjà extrêmement. J'étais très timide, et lorsque cette disposition, qui rend si gauche, s'emparait de moi, elle me frappait comme d'immobilité: mes jambes ne me portaient plus, mes membres étaient en catalepsie. J'avais beau me raisonner, essayer de me vaincre, tout était inutile. Outre cette espèce de poltronnerie, probablement semblable à celle qui paralyse le soldat qui se déshonore dans une bataille, une autre particularité de mon caractère, qui a duré toute ma vie, c'est l'horreur insurmontable que j'ai toujours éprouvée pour la fausseté et pour l'expression de sentiments que l'on ne ressent pas. J'avais l'intuition que la reine allait jouer une scène d'attendrissement, et je savais qu'elle n'avait regretté ma mère qu'un seul jour. Mon cœur tout entier se révoltait à la seule pensée de l'obligation où j'allais me trouver de jouer, dans mon intérêt, un rôle dans cette scène combinée. Tout en traversant les appartements pour me rendre dans cette chambre à coucher où je suis entrée si souvent depuis, Mme d'Hénin, fort maladroitement, me répétait d'être *bien aimable* avec la reine, de ne pas être froide, que la reine serait très émue, etc., recommandations qui ne faisaient qu'accroître mon embarras.

Je me trouvai en présence de la reine sans savoir comment j'étais entrée. Elle m'embrassa et je lui baisai la main. Elle me fit asseoir à côté d'elle et m'adressa mille questions sur mon éducation, sur mes talents, etc.; mais, malgré l'effort prodigieux que je faisais, je restais sans voix pour répondre. Enfin, voyant de grosses larmes couler de mes yeux, mon embarras finit par l'apitoyer et elle causa avec mon oncle et Mme d'Hénin. Ma timidité laissa dans l'esprit de la reine une mauvaise impression qui ne s'est peut-être jamais effacée complètement. J'ai eu lieu de regretter vivement depuis que, m'ayant mal jugée sans doute alors, elle ne crut pas devoir mettre mon dévouement à l'épreuve, dans une circonstance où, ma jeunesse aidant, et j'ose dire grâce à mon courage, les destinées de la France auraient peut-être été changées.

V

Nous allâmes à Montfermeil vers le 8 ou 10 du mois de mai 1787. Comme il était d'étiquette que le futur ne couchât pas sous le même toit que la demoiselle qu'il allait épouser, M. de Gouvernet venait tous les jours de Paris pour dîner, et il restait jusqu'après souper. La veille du 21 mai, il coucha au château de Montfermeil, que ses aimables maîtres avaient mis à la disposition de mes parents. Plusieurs hommes y trouvèrent asile, et les femmes furent établies dans les appartements de la charmante maison[35] de ma grand'mère. On m'installa moi-même dans un délicieux appartement, parfaitement meublé, tapissé d'un superbe tissu ou toile de coton de l'Inde, fond chamois, parsemé d'arbres et de branchages chargés de fleurs, de fruits et d'oiseaux, le tout doublé d'une belle étoffe de soie verte.

On y avait réuni dans de vastes armoires, le beau trousseau que m'avait offert ma grand'mère et dont le prix s'élevait à 45.000 francs. Il n'était composé que de linge, de dentelles et de robes de mousseline. Il n'y avait pas une seule robe de soie. La corbeille, que m'avait donnée M. de Gouvernet, comprenait des bijoux, des rubans en pièces, des fleurs, des plumes, des gants, des blondes, des étoffes—on ne portait pas alors de shawls[36]—plusieurs chapeaux et bonnets habillés, des mantelets en gaze noire ou blanche ornés de blonde.

Mme d'Hénin m'avait fait cadeau d'une charmante table à thé garnie d'un service: théière, sucrier, etc., en vermeil, avec toute la porcelaine venant de Sèvres. C'est l'objet qui m'a causé le plus de plaisir. Il avait, je crois, coûté 6.000 francs. M. l'abbé de Gouvernet, oncle de M. de Gouvernet, m'offrit un beau nécessaire de voyage qui avait sa place dans ma voiture de campagne; mon grand-père[37], une belle paire de boucles d'oreilles de 10.000 francs.

En arrivant dans ce joli appartement, je trouvai une charmante table jardinière au milieu de ma chambre, contenant les plantes les plus rares, et des vases remplis de fleurs. Dans le petit cabinet à côté, où je me tenais habituellement, on avait placé une petite bibliothèque garnie de livres anglais, entre autres la jolie collection in-18 des poètes anglais en 70 volumes, et de livres italiens. De belles gravures anglaises bien encadrées ornaient le reste du cabinet. Tout cela venait de M. de Gouvernet, et je lui en témoignai une vive reconnaissance.

Je ne raconte toute cette splendeur et toute cette élégance que pour faire contraste avec la suite de mon récit. Si j'ai montré quelque résignation dans la mauvaise fortune, ce n'est pas en effet que je n'eusse connu et apprécié tout le prix de la vie à laquelle j'étais destinée. J'avais tous les goûts qui résultaient de la certitude d'avoir une belle fortune. Cependant mon imagination se portait souvent vers le malheur et la ruine, et si, à cette époque, j'avais écrit un roman, la vie de mon héroïne aurait été traversée de beaucoup des événements qui se sont réalisés ensuite dans la mienne.

CHAPITRE VI

I. Un mariage dans la haute société à la fin du XVIIIe siècle.—La bénédiction nuptiale.—Les nœuds d'épée, les dragonnes, les glands pour chapeaux d'évêque, les éventails.—La toilette de la mariée.—Les tables des domestiques et des paysans.—II. Présentation à la reine.—Répétition chez le maître à danser.—Toilette de présentation.—Les accolades.—Heureuse absence du duc d'Orléans.—III. La cour du dimanche.—Un *shake hands*[38].—Les petites jalousies de femme de la reine.—Portrait du roi.—Le cortège pour la messe.—L'art de marcher à Versailles.—La messe.—Les *traîneuses*.—Le dîner royal.—Les tabourets.—Les audiences des princes et des princesses.—Le jeu du roi.—La quête pour les pauvres.—L'esprit de mécontentement à cette époque.—IV. Mauvaise humeur de Mme de Rothe à propos des divertissements de sa petite-fille.—Son attitude hostile.—Bruits de guerre en Hollande.

I

Je voudrais pouvoir peindre les mœurs du temps de ma jeunesse, dont beaucoup de détails s'effacent dans mon souvenir, et, à l'occasion de ce mariage dans la haute société, présenter ces personnages, hommes et femmes, graves et pourtant aimables, gracieux, conservant l'envie de plaire sous leurs cheveux blancs, chacun selon la place qu'il occupait dans le monde.

Le jour de mon mariage, on se réunit dans le salon à midi. La société se composait, de mon côté, de ma grand'mère[39], de mon grand-oncle[40], de ma tante lady Jerningham, de son mari[41], de sa fille[42] et de son fils aîné[43], maintenant lord Stafford; de MM. Sheldon, de leur frère aîné, M. Constable, mon premier témoin, et du chevalier Jerningham[44], ami de mère et le mien, mon second témoin. C'était toute ma famille. Les invités comprenaient tous les ministres, l'archevêque de Paris, celui de Toulouse, quelques évêques du Languedoc présents à Paris; M. de Lally-Tollendal, dont je parlerai plus loin, et plusieurs autres personnes dont je ne me rappelle pas les noms.

La famille de M. de Gouvernet se composait de son père et de sa mère; de son oncle, l'abbé de Gouvernet, chanoine du chapitre noble de Mâcon; de sa sœur, la marquise de Lameth, de son mari et des frères[45] de celui-ci; de Mme d'Hénin, sa tante; de M. le chevalier de Coigny et de M. le comte de Valence, ses témoins; de la comtesse de Blot et de nombre d'autres personnages, en tout cinquante ou soixante personnes.

On traversa la cour pour aller à la chapelle. Je marchais la première, donnant la main à mon cousin, le jeune Jerningham. Ma grand'mère venait ensuite avec M. de Gouvernet, et le reste suivait, je ne sais comment. On trouva à l'autel mon oncle et monseigneur l'archevêque de Paris, M. de Juigné. Le curé de Montfermeil, M. de Riencourt, bon gentilhomme de Picardie, dit une messe basse, et mon oncle, avec la permission de l'archevêque de Paris qui l'assistait, nous donna la bénédiction nuptiale, après avoir prononcé un très joli discours, débité de cette belle voix vibrante qui allait au cœur. Le poêle fut tenu par le jeune Alfred de Lameth[46], âgé de sept ans, et par mon cousin Jerningham, qui en avait seize, et à qui je donnai une belle épée en rentrant au salon.

Toutes les femmes m'embrassèrent par ordre de parenté et d'âge. Après quoi un valet de chambre apporta une grande corbeille remplie de nœuds d'épée, de dragonnes, d'éventails et de cordons de chapeaux d'évêque, verts et or, destinés à être distribués aux assistants. Cet usage était fort dispendieux. Les nœuds d'épée, faits des plus beaux rubans, coûtaient 25 ou 30 francs pièce; les dragonnes militaires en or, ainsi que les cordons de chapeaux d'évêque auxquels on joignait les glands de ceinture, 50 francs, et les éventails des femmes, de différents prix, de 25 à 100 francs.

N'omettons pas la toilette de la mariée. Elle était fort simple. J'avais une robe de crêpe blanc ornée d'une belle garniture de point de Bruxelles et les barbes pendantes—on portait alors un bonnet et pas de voile;—un bouquet de fleurs d'oranger sur la tête et un autre au côté. Pour le dîner, je mis une belle toque, rehaussée de plumes blanches, et sur laquelle était attaché le bouquet de fleurs d'oranger.

On causa, on s'ennuya, jusqu'au dîner, qui eut lieu à 4 heures. On alla ensuite faire le tour des tables dressées dans la cour pour les gens et les paysans. Il y en avait une de cent couverts pour les gens de livrée, et la diversité de couleur des habits et des galons offrait un effet très pittoresque. Les paysans et les ouvriers, une table leur avait été aussi réservée, burent de bon cœur à ma santé. J'étais fort populaire parmi ces gens; tous me témoignaient beaucoup de confiance. Plusieurs m'avaient vue naître. Je m'étais dans maintes circonstances occupée de leurs intérêts, de leurs désirs; bien des fois j'avais excusé leurs fautes, ou adouci ma grand'mère dans ses mécontentements qui étaient fréquents et souvent injustes. Ils me souhaitèrent du bonheur dans l'union que je venais de contracter. Leurs vœux me touchèrent plus que les compliments du salon. Dans la soirée, un joli concert termina la journée.

II

Le lendemain, la plupart des convives de la veille nous quittèrent. J'avais pris un élégant petit deuil, ayant encore un mois à porter celui de Mme de Monconseil. Mme d'Hénin nous fit part du désir de la reine que ma présentation eût lieu le dimanche suivant. Je m'étais mariée un lundi, et ce fut le mardi que ma tante prévint ma grand'mère qui n'avait pas été consultée. Mme d'Hénin ajouta que je devais l'accompagner à Paris le jeudi matin pour prendre deux leçons de *révérences* de mon maître à danser, essayer mon habit de présentation et aller voir Mme la marquise de La Tour du Pin[47] qui, seule de son nom, ma belle-mère n'allant, plus à la Cour, devait me présenter.

Ma grand'mère reçut cette notification, qui n'admettait pas d'observation, avec un air fort courroucé. Elle comprit que son empire était fini, que je lui échappais sans retour. Elle frémit de rage à la pensée que la reine allait désormais disposer de moi, et que Mme d'Hénin de son côté, appelée à me mener dans le monde, déciderait de ma conduite. Elle n'osa pas, toutefois, témoigner son mécontentement; elle se contint devant les personnes de ma nouvelle famille, mais il me fut aisé de voir quels orages s'amoncelaient contre moi. Aussi, pendant toute cette journée, évitai-je de me trouver seule avec elle.

Je partis donc le lendemain pour Paris en compagnie de ma tante, Mme d'Hénin, et je passai les deux matinées suivantes avec M. Huart, mon maître à danser. On ne saurait rien imaginer de plus ridicule que cette, répétition de la présentation. M. Huart, gros homme, coiffé admirablement et poudré à blanc, avec un jupon bouffant, représentait la reine et se tenait debout au fond du salon. Il me dictait ce que je devais faire, tantôt personnifiant la dame qui me présentait, tantôt retournant à la place de la reine pour figurer le moment où, ôtant mon gant et m'inclinant pour baiser le bas de sa robe, elle faisait le mouvement de m'en empêcher. Rien n'était oublié ou négligé dans cette répétition qui se renouvela pendant trois ou quatre heures de suite. J'avais un grand habit, le grand panier, le bas et le haut du corps, vêtus d'une robe du matin, et les cheveux simplement relevés. C'était une véritable comédie.

Le dimanche matin, après la messe, ma présentation eut lieu J'étais en *grand corps*, c'est-à-dire avec un corset fait exprès, sans épaulettes, lacé par derrière, mais assez étroit pour que la laçure, large de quatre doigts par en bas, laissât voir une chemise de la plus fine batiste à travers laquelle on aurait aisément distingué une peau qui n'eût pas été blanche. Cette chemise avait des manches de trois doigts de haut seulement, pas d'épaulettes, de manière à laisser l'épaule nue. La naissance du bras était recouverte de trois ou quatre rangs de blonde ou de dentelle tombant jusqu'au coude. La gorge était entièrement découverte. Sept ou huit rangs de gros diamants que la reine avait voulu me prêter cachaient en partie la mienne. Le devant du corset était comme lacé par des rangs de diamants. J'en avais encore sur la tête une quantité, soit en épis, soit en aigrettes.

Grâce aux bonnes leçons de M. Huart, je me tirai fort bien de mes trois révérences. J'ôtai et je remis mon gant sans trop de gaucherie. J'allai ensuite recevoir l'accolade du roi et des princes, ses frères[48], de M. le duc de Penthièvre[49], de MM. les princes de Condé, de Bourbon[50] et d'Enghien[51]. Par un bonheur dont j'ai mille fois remercié le ciel, M. le duc d'Orléans n'était pas à Versailles le jour de ma présentation, et j'ai évité ainsi d'être embrassée par ce monstre. Souvent depuis cependant je l'ai vu, et même chez lui, aux soupers du Palais-Royal.

C'était une journée fort embarrassante et fatigante que celle de la présentation. On était sûre d'attirer les regards de toute la Cour, de passer à l'examen de toutes les malveillances. On devenait le sujet de toutes les conversations de la journée, et quand on retournait le soir au jeu, à 7 heures ou à 9 heures, mon souvenir est incertain quant à l'heure exacte, tous les yeux se fixaient sur vous.

Mon habit de présentation était très beau: tout blanc, à cause de mon petit deuil, garni seulement de quelques belles pierres de jaïet mêlées aux diamants que la reine m'avait prêtés; la jupe entièrement brodée en perles et en argent.

Le dimanche suivant, je retournai à Versailles, encore en deuil, et dès lors j'y allai presque tous les huit jours avec ma tante. Bien que la reine eût décidé que j'exercerais au bout de deux ans seulement ma place de dame du palais, j'étais dès lors considérée comme telle. J'entrais donc désormais dans sa chambre avec le service, le dimanche.

III

Il est peut-être intéressant de décrire le cérémonial de la cour du dimanche où brillait alors la malheureuse reine, car les étiquettes étant changées, ces détails sont entrés dans le domaine de l'histoire. Les femmes se rendaient, quelques minutes avant midi, dans le salon qui précédait la chambre de la reine. On ne s'asseyait pas, à l'exception des dames âgées, fort respectées alors, et des jeunes femmes soupçonnées d'être grosses. Il y avait toujours au moins quarante personnes, et souvent beaucoup plus. Quelquefois nous étions très pressées les unes contre les autres, à cause de ces grands paniers qui tenaient beaucoup de place. Ordinairement, Mme la princesse de Lamballe, surintendante de la maison, arrivait et entrait immédiatement dans la chambre à coucher où la reine faisait sa toilette. Le plus souvent elle était arrivée avant que Sa Majesté la commençât. Mme la princesse de Chimay, belle-sœur de ma tante d'Hénin, et Mme la comtesse d'Ossun, l'une dame d'honneur et l'autre dame d'atours, étaient aussi entrées dans la chambre. Au bout de quelques minutes, un huissier s'avançait à la porte de la chambre et appelait à haute voix: «Le service!» Alors les dames du palais de semaine, au nombre de quatre, celles venues pour faire leur cour dans l'intervalle de leurs semaines, ce qui était de coutume constante, et les jeunes dames appelées à faire, plus tard partie du service du palais, comme la comtesse de Maillé, née

Fitz-James, la comtesse Mathieu de Montmorency et moi, entraient également. Aussitôt que la reine nous avait dit bonjour à toutes individuellement avec beaucoup de grâce et de bienveillance, on ouvrait la porte, et tout le monde était introduit. On se rangeait à droite et à gauche de l'appartement, de manière que la porte restât libre et qu'il n'y eût personne dans le milieu de la chambre. Bien des fois, quand il y avait beaucoup de dames, on était sur deux ou trois rangs. Mais les premières arrivées se retiraient adroitement vers la porte du salon de jeu, par où la reine devait passer pour aller à la messe. Dans ce salon étaient admis souvent quelques hommes privilégiés, déjà reçus en audience particulière auparavant ou qui présentaient des étrangers.

Ce fut ainsi qu'un jour la reine, s'étant retournée à l'improviste pour dire un mot à quelqu'un, me vit, dans le coin de la porte, donnant un *shake hands*[52] au duc de Dorset, ambassadeur d'Angleterre. Elle ne connaissait pas ce signe de bienveillance anglais, qui la fit beaucoup rire; et comme les plaisanteries ne meurent pas à la cour, elle n'a jamais cessé de répéter au duc, quand nous étions là tous les deux, ce qui arrivait très souvent: «Avez-vous bien *shake hands* avec Mme de Gouvernet?»

Cette malheureuse princesse conservait encore alors quelques petites jalousies de femme. Elle avait un très beau teint et beaucoup d'éclat, et se montrait un peu jalouse de celles des jeunes femmes qui apportaient au grand jour de midi un teint de dix-sept ans, plus éclatant que le sien. Le mien était du nombre. Un jour, en passant dans la porte, la duchesse de Duras, qui me protégeait beaucoup, me dit à l'oreille: «Ne vous mettez pas en face des fenêtres.» Je compris la recommandation, et me le tint pour dit à l'avenir. Ce qui n'empêchait pas la reine de m'adresser quelquefois des mots presque piquants sur mon goût pour les couleurs brillantes, et pour les coquelicots et les scabieuses brunes que je portais souvent. Cependant elle se montrait généralement très aimable à mon égard, et me faisait de ces compliments à brûle-pourpoint que les princes ont l'habitude de lancer aux jeunes personnes d'un bout de la chambre à l'autre, de manière à les faire rougir jusqu'au blanc des yeux.

Continuons notre détail sur l'audience du dimanche matin. Elle se prolongeait jusqu'à midi quarante minutes. La porte s'ouvrait alors et l'huissier annonçait: «Le roi!» La reine, toujours vêtue d'un habit de cour, s'avançait vers lui avec un air charmant, bienveillant et respectueux. Le roi faisait des signes de tête à droite et à gauche, parlait à quelques femmes qu'il connaissait, mais jamais aux jeunes. Il avait la vue si basse qu'il ne reconnaissait personne à trois pas. C'était un gros homme, de cinq pieds six à sept pouces de taille, avec les épaules hautes, ayant la plus mauvaise tournure qu'on pût voir, l'air d'un paysan marchant en se dandinant à la suite de sa charrue, rien de hautain ni de royal dans le maintien. Toujours embarrassé de son épée, ne sachant que faire de son chapeau, il était très magnifique dans ses habits, dont à vrai dire il ne s'occupait guère, car il prenait celui qu'on lui donnait sans seulement le regarder. Le sien était toujours en étoffe de saison, très brodé, orné de l'étoile du Saint-Esprit en diamants. Il ne portait pas le cordon par-dessus l'habit, excepté le jour de sa fête, les jours de gala et de grande cérémonie.

À une heure moins un quart, on se mettait en mouvement pour aller à la messe. Le premier gentilhomme de la chambre d'année, le capitaine des gardes de quartier et plusieurs autres officiers des gardes ou grandes charges prenaient les devants, le capitaine des gardes le plus près du roi. Puis venaient le roi et la reine marchant l'un à côté de l'autre, et assez lentement pour dire un mot en passant aux nombreux courtisans qui faisaient la haie tout le long de la galerie. Souvent la reine parlait à des étrangères qui lui avaient été présentées en particulier, à des artistes, à des gens de lettres. Un signe de tête ou un sourire gracieux était compté et ménagé avec discernement. Derrière, venaient les dames selon leur rang. Les jeunes cherchaient à se placer aux ailes du bataillon, car on était quatre ou cinq de front, et celles d'entre elles qu'on disait être *à la mode* et dont j'avais l'honneur de faire partie, prenaient grand soin de marcher assez près de la haie pour recueillir les jolies choses qui leur étaient adressées bien bas au passage.

C'était un grand art que de savoir marcher dans ce vaste appartement sans accrocher la longue queue de la robe de la dame qui vous précédait. Il ne fallait pas lever les pieds une seule fois, mais les glisser sur le parquet, toujours très luisant, jusqu'à ce qu'on eût traversé le salon d'Hercule. Après quoi on jetait son bas de robe sur un côté de son panier, et, après avoir été vue de son laquais qui attendait avec un grand sac de velours rouge crépines d'or, on se précipitait dans les travées de droite et de gauche de la chapelle, de manière à tâcher d'être le plus près possible de la tribune où étaient le roi, la reine, et les princesses qui les avaient rejoints, soit à la chapelle, soit dans le salon de jeu. Mme Elisabeth[53] était toujours là, et quelquefois Madame[54]. Votre laquais déposait le sac devant vous; on prenait son livre dans lequel on ne lisait guère, car avant qu'on ne se fût placé, qu'on eût rangé la queue de sa robe et qu'on eût fouillé dans cet immense sac, la messe était déjà à l'Évangile.

Celle-ci finie, la reine faisait une profonde révérence au roi et l'on se remettait en marche dans l'ordre même où l'on était venu. Seulement le roi ou la reine s'arrêtaient alors plus longtemps à parler à quelques personnes. On retournait dans la chambre de la reine, et les habituées restaient dans le salon de jeu, en attendant qu'on passât au dîner, ce qui arrivait quand le roi et la reine s'étaient entretenus pendant un quart d'heure avec les dames venues de Paris. Nous autres, jeunes impertinentes, nous nommions ces dernières *les traîneuses*, parce qu'elles avaient les jupes de leurs grands habits plus longues et qu'on ne leur voyait pas la cheville du pied.

On servait le dîner dans le premier salon, où se trouvaient une petite table rectangulaire avec deux couverts, et deux grands fauteuils verts placés l'un à côté de l'autre, se touchant, et dont les dos étaient assez hauts pour cacher entièrement les personnes qui les occupaient. La nappe tombait à terre tout autour de la table. La reine se mettait à la gauche du roi. Ils tournaient le dos à la cheminée, et en avant à dix pieds étaient placés, disposés en cercle, une rangée de tabourets sur lesquels s'asseyaient les duchesses, princesses ou grandes charges ayant le privilège du *tabouret*. Derrière elles se tenaient les autres femmes, le visage tourné vers le roi et la reine. Le roi mangeait de bon appétit, mais la reine n'ôtait pas ses gants et ne déployait pas sa serviette, en quoi elle avait grand tort. Lorsque le roi avait bu, on s'en allait après avoir fait la révérence. Aucune obligation ne retenait plus les dames venues pour faire leur cour.

Beaucoup de personnes qui, sans être *présentées*, étaient pourtant connues du roi et de la reine, et pour lesquelles Leurs Majestés étaient fort affables, restaient jusqu'à la fin du dîner. Il en était de même ordinairement pour les hommes de la maison du roi.

Alors commença une véritable course pour aller faire sa cour aux princes et aux princesses de la famille royale, qui dînaient beaucoup plus tard. C'était à qui arriverait le plus vite. On allait chez Monsieur[55]—depuis Louis XVIII,—chez M. le comte d'Artois, chez Mme Elisabeth, chez Mesdames[56], tantes du roi, et même chez le petit dauphin[57], quand il eut son gouverneur, le duc d'Harcourt. Ces visites duraient chacune trois ou quatre minutes seulement, car les salons des princes étaient si petits qu'ils se trouvaient dans la nécessité de congédier les premières venues pour faire place aux autres.

L'audience de M. le comte d'Artois était celle qui plaisait le plus aux jeunes femmes! Il était jeune lui-même, et avait cette charmante tournure qu'il a conservée toute sa vie. On tenait beaucoup à lui plaire, car c'était un brevet de célébrité. Il était sur un ton de familiarité avec ma tante, et l'appelait *chère princesse* quand elle entrait.

On regagnait ses appartements assez fatiguée, et comme on devait aller le soir au jeu, à 7 heures, on se tenait tranquille dans sa chambre pour ne pas déranger sa coiffure, surtout quand on avait été coiffée par Léonard, le plus fameux des coiffeurs. Le dîner chez soi avait lieu à 3 heures. C'était à cette époque l'heure élégante. On causait après dîner jusqu'à 6 heures, et quelques hommes intimes venaient vous raconter les nouvelles, les caquets ou les intrigues appris par eux dans la matinée. Puis on remettait le grand habit, et on retournait dans le même salon du palais où on s'était tenu le matin. Mais on y trouvait alors également des hommes.

Il fallait être arrivé avant que 7 heures n'eussent sonné, car la reine entrait avant que le timbre de la pendule ne frappât. Elle trouvait près de sa porte un des deux curés de Versailles qui lui remettait une bourse, et elle faisait la quête à chacun, hommes et femmes, en disant: *Pour les pauvres, s'il vous plaît.* Les femmes avaient chacune leur écu de six francs dans la main et les hommes leur louis. La reine percevait ce petit impôt charitable suivie du curé, qui rapportait souvent jusqu'à cent louis à ses pauvres, et jamais moins de cinquante.

J'ai entendu souvent des jeunes gens, parmi les plus dépensiers, se plaindre indécemment d'être forcés à cette charité, tandis qu'ils ne regardaient pas à risquer au jeu une somme cent fois plus forte ou à dépenser le matin inutilement bien davantage.

Mais il était de bon ton de se plaindre de tout. On était ennuyé, fatigué d'aller faire sa cour. Les officiers des gardes du corps de quartier, qui logeaient tous au château, se lamentaient de l'obligation d'être toute la journée en uniforme. Les dames du palais de semaine ne pouvaient se passer de venir souper à Paris deux ou trois fois dans les huit jours de leur service à Versailles. Il était du meilleur air de se plaindre des devoirs qu'on avait à remplir envers la cour, tout en profitant et en abusant même souvent des avantages que procuraient les places. Tous les liens se relâchaient, et c'étaient, hélas! les hautes classes qui donnaient l'exemple. Les évêques ne résidaient pas dans leurs diocèses et prenaient tous les prétextes pour venir à Paris. Les colonels, qui n'étaient astreints qu'à quatre mois de présence à leur régiment, n'y seraient pas restés cinq minutes de plus. Sans qu'on s'en fût rendu compte, un esprit de révolte régnait dans toutes les classes.

IV

M. le maréchal de Ségur, ministre de la guerre, qui avait assisté à mon mariage, accorda un mois de congé à mon mari. Aussi, au lieu de partir pour Saint-Omer, où son régiment tenait garnison, il resta avec moi à Montfermeil.

C'est là, qu'à l'occasion du goût que j'avais pour l'équitation et les équipages, il commença à voir clair dans le caractère de ma grand'mère. Mme de Montfermeil, que je voyais très souvent, me proposa de l'accompagner à cheval. Gomme elle avait un cheval très sage et que ceux de M. de Gouvernet étaient trop vifs, elle m'offrit de mettre le sien à ma disposition. En ayant parlé à ma grand'mère, celle-ci en montra beaucoup d'humeur, humeur qui se tourna en un vif mécontentement contre moi, quand elle sut que, devançant mes désirs, mon mari m'avait donné un charmant habit de cheval et qu'il souhaitait que je l'accompagnasse dans ses promenades. Mon oncle, de son côté, qui ne montait plus à cheval lui-même, s'était occupé de me faire dresser par son écuyer un superbe cheval gris acheté en Angleterre. Il me l'avait offert, ainsi qu'une jolie petite voiture, du modèle appelé aujourd'hui *tilbury*, et je conduisais moi-même cet attelage dans les belles allées de la forêt de Bondy. Ma cousine, Mme Sheldon, installée pour l'été chez nous, sortait habituellement en voiture avec moi. Nous allions parfois toutes deux, dans le tilbury, assister aux chasses de M. le marquis de Polignac, oncle du duc, qui avait à ses ordres l'équipage de M. le comte d'Artois et chassait au printemps dans la forêt basse.

Pendant le mois de congé que M. de Gouvernet passa à Montfermeil, il m'emmena souvent suivre les chasses à cheval. Tous ces amusements de jeunesse déplaisaient souverainement à ma grand'mère dont les dispositions s'aigrissaient chaque jour davantage. Je vis clairement qu'elle commençait à prendre pour M. de Gouvernet une de ces aversions, qui lui étaient propres, et je prévis que nous ne pourrions prolonger longtemps la vie commune.

Elle ne se sentait pas encore suffisamment à l'aise avec mon mari pour oser attaquer de front ceux qu'il aimait; mais, dès qu'il avait quitté la chambre, elle commençait à mal parler de ma tante d'Hénin et de toute sa société, dénonçait le désagrément d'avoir chez soi des jeunes gens quand on vieillissait, les ennuis qui en étaient la conséquence, se complaisait enfin dans une foule de propos pénibles et désobligeants. M. de la Tour du Pin, de son côté, me voyant toujours revenir dans ma chambre avec les yeux rouges, insistait pour connaître les motifs de mon trouble. Je refusais, autant que possible, de les lui expliquer, mais il ne fut pas longtemps sans les deviner. En interrogeant sa tante, qui avait été compagne de ma mère au palais, et plusieurs autres de ses contemporains, il connut bientôt l'attitude répréhensible envers sa fille, que le public reprochait à Mme de Rothe, et dont la reine avait parlé ouvertement. Il résolut dès lors de ne pas souffrir qu'elle en agît de même avec moi, et cette pensée une fois fixée dans son esprit, je vécus dans la crainte continuelle que, son extrême vivacité prenant le dessus, il n'éclatât dans quelque manifestation trop vive.

Il se contint cependant jusqu'au jour du retour à son régiment, qui eut lieu à la fin de juin. Je le vis partir avec un vif chagrin, et je restai à Montfermeil avec mes parents, en butte à la méchante humeur de ma grand'mère et dominée par la crainte de scènes journalières. Ainsi, lorsque ma tante m'écrivait de la rejoindre à Paris, pour raccompagner à Versailles ou me mener dans le monde, je ne savais comment m'y prendre pour annoncer que je devais m'absenter pendant deux ou trois jours. Après tant d'années, les petits détails de cet esclavage et de ce tourment perpétuel m'échappent. N'ayant pas conservé les lettres que j'écrivais à mon mari et que j'ai brûlées dans des circonstances que nous étions loin de prévoir alors, je me souviens seulement, dans leur ensemble, des chagrins dont j'étais abreuvée chaque jour et du désir que j'éprouvais de m'y dérober. Je prévoyais, en effet, que le caractère de ma grand'mère rendrait impossible notre séjour dans la maison de mon oncle. La tendresse que ce dernier me témoignait lui portait ombrage. Elle craignait aussi que mon mari, pour lequel l'archevêque avait conçu beaucoup de goût, ne prît de l'empire sur lui. Dès l'époque de mon mariage, elle résolut donc de s'établir de nouveau à Hautefontaine avec mon oncle pour le soustraire plus sûrement au *danger* des sentiments d'affection qui pourraient l'entraîner vers nous.

M. de la Tour du Pin vint passer huit jours à Montfermeil vers le milieu d'août, M. le maréchal de Ségur ayant consenti à cette escapade, à la condition qu'il ne se montrerait pas à Paris. Les colonels en garnison dans les Flandres étaient alors menacés de passer plusieurs mois de l'automne et de l'hiver à leurs régiments, à cause des troubles de la Hollande, dans lesquels il semblait que nous devions intervenir, ce qui eût été bien heureux. Mais l'indécision du roi et la faiblesse du gouvernement ne permirent pas de prendre un parti, qui aurait pu peut-être, en donnant un dérivatif à l'opinion, détourner le cours des idées révolutionnaires en germe dans les têtes françaises.

CHAPITRE VII

I. La guerre civile en Hollande.—La princesse d'Orange.—Faiblesse du gouvernement français.—Abandon définitif des patriotes par la France.—Fâcheuse impression produite sur l'opinion publique.—II. Mme de La Tour du Pin à Hénencourt.—Excursion à Lille.—Un curé contemporain de Mme de Maintenon.—Retour à Montfermeil.—Une méprise.—III. Chez Mme d'Hénin.—Le rigorisme.—Les loges de la reine dans les théâtres.—La société de Mme d'Hénin.—Mme Necker et Mme de Staël.—La *secte des Économistes.*—Mme d'Hénin.—M. d'Hénin et Mlle Raucourt.—L'indifférence générale d'alors pour les mauvaises mœurs.—*Les princesses combinées.*—La princesse de Poix.—Mme de Lauzun, plus tard duchesse de Biron; son mari, sa bibliothèque.—La princesse de Bouillon; un cul-de-jatte.—Le prince de Salm-Salm.—Le chevalier de Coigny.—IV. Mme de La Tour du Pin dans la société.—Mme de Montesson et le duc d'Orléans.—Rupture de Mme de La Tour du Pin avec sa famille.

I

N'écrivant pas l'histoire, je ne remonterai pas aux causes des dissensions qui avaient divisé en deux partis les Provinces-Unies des Pays-Bas: les partisans de la maison d'Orange-Nassau et les patriotes. Les premiers désiraient pour le stathouder, comme premier officier de la République, un pouvoir supérieur à celui qu'il avait à exercer; les seconds voulaient restreindre ce pouvoir et le renfermer dans les bornes imposées par les de Witt et les Barneveld.

Le stathouder[58] était un homme entièrement nul. Mais sa femme, nièce du grand Frédéric et sœur du roi de Prusse[59] qui lui avait succédé, était une princesse ambitieuse. Elle voulait mettre une couronne sur la tête de son mari et sur la sienne. L'aristocratie de la Gueldre et des provinces d'Over-Yssel et d'Utrecht voyait avec peine les richesses des négociants de la Hollande. La princesse d'Orange provoquait ou, tout au moins, soutenait ces mécontentements. Elle était assurée de l'appui de l'Angleterre et de la Prusse, et ne craignait guère l'intervention de la France, malgré l'opinion très prononcée de notre ambassadeur, le comte de Saint-Priest, qui ne cessait de demander à sa faible cour de soutenir le parti patriote, comme étant le parti *conservateur.* La princesse d'Orange, poussée par la Prusse, qui avait fait rassembler des troupes à Wesel, suscita une insurrection à Amsterdam et à La Haye. Le stathouder fut insulté par de prétendus patriotes, et ses partisans exercèrent des représailles. L'ambassade de France fut pillée, et M. de Saint-Priest se retira dans les Pays-Bas autrichiens. Les patriotes d'Amsterdam prirent alors les armes. Pour que les Prussiens eussent un prétexte d'intervenir, la princesse d'Orange simula une crainte qu'elle ne ressentait nullement, et partit de La Haye ouvertement pour se retirer sur le territoire prussien, à Wesel. Les patriotes eurent la maladresse de tomber dans le piège. La princesse, feignant d'ignorer qu'ils avaient leurs avant-postes sur la route d'Utrecht, prit cette route, dans l'espoir qu'elle serait arrêtée. Cette démarche audacieuse lui réussit au delà de ses espérances, tille fut prise et conduite prisonnière à Amsterdam. Aussitôt les orangistes coururent aux armes et appelèrent les Prussiens à leur secours. Ceux-ci marchèrent sur-le-champ et vinrent jusqu'à La Haye. Leur route fut marquée par l'incendie et le pillage de tout ce qui appartenait au parti patriote. C'est en vain que M. de Saint-Priest envoya courrier sur courrier à Versailles pour que son gouvernement fît entrer des troupes en Hollande et qu'il n'abandonnât pas le parti qu'il avait encouragé jusqu'alors; c'est inutilement que M. Esterhazy, appelé à commander le corps d'armée qu'on avait promis aux patriotes, vint à Versailles implorer l'appui de la reine. Rien ne put vaincre l'indécision du roi et la faiblesse de son ministère.

On lira la chose en longueur. M. Esterhazy, que la reine traitait en ami et nommait «mon frère», conservant l'espoir qu'elle parviendrait à obtenir l'intervention du gouvernement français en faveur de nos alliés, envoya M. de La Tour du Pin à Anvers pour convenir, avec M. de Saint-Priest, des dispositions à adopter si l'on faisait marcher des troupes.

Mais cet ambassadeur connaissait trop bien son gouvernement pour en rien attendre de généreux ou de décisif. Nous abandonnâmes donc indignement les patriotes hollandais à leur malheureux sort. On se contenta de rappeler la légation, ou seulement l'ambassadeur, en laissant un chargé d'affaires, qui fut autorisé à porter la cocarde orange, sous prétexte qu'il serait insulté s'il sortait de chez lui sans que lui ou ses gens en fussent décorés. M. d'Osmond, nommé ministre à La Haye, eut ordre de ne pas songer à rejoindre son poste.

Beaucoup de patriotes hollandais se retirèrent en France, où ils ne manquèrent pas de répandre leur juste mécontentement. Leurs plaintes furent accueillies avec intérêt par tous ceux qui, déjà mécontents du gouvernement, entrevoyaient l'espoir de l'améliorer. C'est ainsi que beaucoup de bons Français furent entraînés par le désir, très patriotique alors, de voir s'opérer des changements qui semblaient nécessaires à tous les hommes réfléchis et bien pensants.

II

Ma belle-sœur, Mme de Lameth, pour qui j'avais conçu la plus tendre amitié, avait été retenue à Paris, par la maladie de son fils cadet qui avait été à la mort, jusqu'au mois d'octobre 1787. Comme les colonels de la division de M. Esterhazy avaient ordre de rester à leurs régiments et que, par conséquent, M. de La Tour du Pin, subissant le même sort, ne pouvait revenir, ma belle-sœur me proposa, le 1er octobre, de l'accompagner à la campagne. Son frère pourrait alors nous y rejoindre, puisque son régiment était en garnison à Saint-Omer, à une petite journée d'Hénencourt, situé entre Amiens et Arras. La difficulté était de faire agréer ce voyage à ma grand'mère qui, depuis l'absence de mon mari, avait repris toute son autorité sur moi. Je ne trouvais pas le courage de me charger de la proposition, ma belle-sœur encore moins. Nous imaginâmes alors de faire adresser la demande par mon mari lui-même. Je guettai le moment où ma grand'mère recevrait la lettre, pensant bien qu'elle n'oserait refuser et déterminée à ne pas rester un moment après avoir obtenu son consentement, dans la crainte des scènes qui suivraient.

Au jour marqué, la lettre arriva, et ma grand'mère me demanda brusquement, sans préambule: «Quand partez-vous?» À quoi je répondis en tremblant que ma belle-sœur m'attendait. Nous partîmes effectivement ensemble, nos femmes de chambre dans ma voiture, Mme de Lameth, ses deux enfants et moi dans la sienne.

J'ai conservé le plus doux souvenir de ce voyage. Accoutumée à la contrainte dans laquelle le terrible caractère de ma grand'mère tenait tous les habitants de Montfermeil, il me sembla que mon existence s'était transformée lorsque je me vis entre mon mari et son aimable sœur. Ils étaient l'un et l'autre extrêmement gais et spirituels. Nous allâmes à Lille voir le marquis de Lameth, mon beau-frère, qui y était avec son régiment de la Couronne. Jamais je ne me suis autant amusée que pendant ce petit voyage. Je visitai avec mon mari tous les établissements militaires et publics. J'acquis beaucoup d'idées nouvelles, qui se fixèrent dans ma mémoire pour n'en plus sortir; et avec l'habitude que j'avais contractée en Languedoc, et que j'ai conservée depuis, de questionner les gens sur leur spécialité, je classai dans mon esprit tous les détails d'une ville de guerre, et bien d'autres connaissances sur l'agriculture du pays, la filature du lin, son emploi, etc., etc. Ma tête m'a toujours paru avoir de l'analogie avec la galerie où l'on garde, à Rome, les vingt mille nuances avec lesquelles se font les tableaux en mosaïque, et lorsque j'ai besoin d'un souvenir, je retrouve encore très bien, malgré mon grand âge, la case où je dois l'aller chercher.

Nous revînmes à Hénencourt où nous trouvâmes le bon curé, âgé de quatre-vingt-dix ans, qui demeurait au château. Il avait dit sa première messe devant Mme de Maintenon et se rappelait parfaitement tous les détails de Saint-Cyr. J'avais moi-même visité cet admirable établissement, dans mon enfance, avec Mme Élisabeth, qui avait la bonté de me prendre avec elle à la promenade ou à la chasse, lorsque j'étais avec ma mère à Versailles.

La permission de revenir à Paris ayant été donnée aux colonels, lorsqu'il fut décidé que la France abandonnait les patriotes hollandais à leur malheureux sort, nous reprîmes, mon mari et moi, la route de Montfermeil, ma belle-sœur devant rester à la campagne jusqu'au commencement de l'hiver. Il était alors d'usage élégant que les colonels voyageassent en redingote uniforme avec leurs deux épaulettes, et les femmes en très élégant habit de cheval, la jupe moins longue, cependant, que celle avec laquelle on montait à cheval. Il fallait que cet habillement, y compris le chapeau, arrivât de Londres, car la fureur des modes anglaises était alors poussée à l'excès. J'avais donc l'air aussi anglais que possible, ce qui fut cause d'une singulière méprise.

Ma femme de chambre était partie pour Paris dans une autre voiture, et notre courrier avait pris beaucoup d'avance. Nous voyagions, mon mari et moi, dans une jolie chaise de poste. Elle se brisa en face de l'avenue du parc d'une vieille Mme de Nantouillet, qui se promenait en voiture sur la grande route avec plusieurs autres dames jeunes et jolies. Comme nous sortions de notre voiture cassée, la vue de ce jeune colonel en compagnie d'une très jeune anglaise fit naître dans l'esprit de la bonne dame un soupçon fort injuste contre moi. Elle n'en offrit pas moins de nous mener au Bourget, situé à un quart de lieue seulement, et où nous dîmes qu'une voiture nous attendait. Quoiqu'elle n'en crût pas un mot, elle renvoya toutefois sa jeune société à pied au château pour nous conduire au Bourget dans sa voiture; mais, pendant le trajet, elle ne parla qu'à M. de La Tour du Pin, affectant de croire que je ne parlais pas français. Arrivée devant la poste, lorsqu'elle vit un beau landeau, attelé de six chevaux, avec des gens galonnés à la livrée de mon oncle l'archevêque, elle tomba dans des confusions qui me donnèrent une prodigieuse envie de rire. Je la remerciai de mon mieux; mais la pauvre dame ne put empêcher cette historiette de parvenir, par son fils, jusqu'à Versailles, où l'on avait encore le temps de penser aux choses plaisantes.

III

Bientôt après, je me trouvai grosse, ce qui nous empêcha d'accompagner mon oncle et ma grand'mère à Montpellier, comme nous nous l'étions promis, puis de revenir de là par Bordeaux et le Bouilh pour y voir mon beau-père. Il fut arrangé que pendant l'absence de mes parents, nous irions demeurer chez notre tante, Mme d'Hénin. Comme elle me menait dans le monde, cela était plus agréable et plus commode. Il n'était pas d'usage alors qu'une jeune femme parût seule dans le monde, la première année de son mariage. Lorsqu'on sortait le matin pour aller chez ses jeunes amies ou chez des marchands, on prenait une femme de chambre avec soi dans sa voiture. Certaines vieilles dames poussaient même le rigorisme jusqu'à blâmer qu'on allât, avec son mari, se promener aux Champs-Élysées ou aux Tuileries, et voulaient, dans ce cas, qu'on fût suivie d'un laquais en livrée. Mon mari trouvait la coutume insupportable, et nous ne nous sommes jamais soumis à cette étiquette.

Une fois établis chez ma tante, où nous nous trouvions bien plus heureux et plus tranquilles que chez ma grand'mère, nous allâmes presque chaque jour au spectacle. Il finissait alors d'assez bonne heure pour qu'on pût ensuite souper dehors. Ma tante et moi avions la permission d'occuper les loges de la reine. C'était une faveur qu'elle n'accordait qu'à six ou huit femmes des plus jeunes de son palais. Elle en avait à l'Opéra, à la Comédie-Française et au théâtre alors nommé la Comédie-Italienne, où l'on jouait l'opéra-comique en français. Nous n'avions qu'à lire le *Journal de Paris* pour décider de notre choix entre les différents théâtres.

Ces loges, toutes trois aux premières d'avant-scène, étaient meublées comme des salons très élégants. Un grand cabinet, bien chauffé et éclairé, les précédait. On y trouvait une toilette toute montée, garnie des objets nécessaires pour refaire sa coiffure si elle était dérangée, une table à écrire, etc. Un escalier communiquait avec une antichambre où restaient les gens. À l'entrée se tenait un portier à la livrée du roi. On n'attendait pas un moment sa voiture. Le plus souvent on arrivait à la Comédie-Italienne pour la première pièce, qui était toujours la meilleure, et à l'Opéra pour le ballet. Je ne rapporte ces détails assez futiles que pour établir leur contraste avec ma position actuelle, alors qu'à l'âge de soixante et onze ans je suis obligée de me refuser une mauvaise chaise à porteur de quarante sols pour aller le dimanche à la messe quand il pleut.

Puisque me voici établie chez ma tante, c'est le moment de parler de sa société, la plus élégante et considérée de Paris, et par laquelle je fus adoptée dès mon premier hiver dans le monde. Elle se composait de quatre femmes très distinguées, liées ensemble dès leur jeunesse par une amitié qui, à leurs yeux, représentait comme une sorte de religion, peut-être, hélas! la seule qu'elles eussent. Elles se soutenaient, se défendaient les unes les autres, adoptaient leurs liaisons mutuelles, les opinions, les goûts, les idées de chacune; protégeaient, envers et contre tous, les jeunes femmes qui se liaient à quelqu'une d'entre elles. Considérables par leurs existences et leur rang dans le monde, Mme d'Hénin, la princesse de Poix, née Beauvau; la duchesse de Biron, qui venait de perdre sa grand'mère, la maréchale de Luxembourg, et la princesse de Bouillon, née princesse de Hesse-Rothenbourg, étaient ce qu'on nommait alors des esprits forts, des philosophes. Voltaire, Rousseau, d'Alembert, Condorcet, Suard, etc., ne faisaient pas partie de cette société, mais leurs principes et leurs idées étaient acceptés avec empressement, et plusieurs hommes, amis de ces dames, fréquentaient ce cénacle de gens de lettres, à cette époque complètement séparé de la haute classe des gens de la cour.

Le ministère de M. Necker fut ce qui contribua le plus à mêler les classes diverses qui s'étaient tenues éloignées l'une de l'autre jusqu'alors. Mme Necker, Genevoise pédante et prétentieuse, amena au contrôle général, quand elle s'y établit avec son mari, tous les admirateurs de son esprit et... de son cuisinier. Mme de Staël, sa fille, appelée par son rang d'ambassadrice à vivre dans la société de la cour, attira de son côté chez M. Necker toutes les personnes ayant des prétentions à l'esprit. Ma tante et ses amies furent du nombre. M. le maréchal de Beauvau, père de Mme de Poix, était ami de M. Necker. Sa femme était un des *grands juges* de la société de Paris, il fallait en être reçue et approuvée pour acquérir quelque distinction. Elle attirait chez elle, tout en les protégeant avec assez de hauteur, toute la tourbe des anciens partisans de M. Turgot, qu'on nommait *la secte des Économistes*.

Mais revenons à ma tante. Mme d'Hénin avait trente-huit ans lorsque je me mariai. Elle avait épousé, à quinze ans, le prince d'Hénin, frère cadet du prince de Chimay, qui n'en avait que dix-sept. On les admira comme le plus beau couple qui eût jamais paru à la cour. Mme d'Hénin eut la petite vérole la seconde année de son mariage, et cette maladie, dont on ne connaissait pas bien alors le traitement, laissa sur son visage une humeur qui ne se guérit jamais.

Cependant elle était encore très belle lorsque je la connus, avait de beaux cheveux, des yeux charmants, des dents comme des perles, une taille superbe, l'air supérieurement noble. Son contrat de mariage avait établi le régime de la séparation de biens, et jusqu'à la mort de sa mère elle vécut avec elle. M. d'Hénin, tout en ayant un appartement dans la maison de Mme de Monconseil, et quoiqu'il ne fût pas séparé juridiquement de sa femme, vivait néanmoins de son côté, comme cela se voyait trop souvent à la honte des bonnes mœurs, avec une actrice de la Comédie-Française, Mlle Raucourt, qui le ruinait.

La cour justifiait par son indifférence ces sortes de liaisons. On en riait, comme d'une chose toute simple. La première fois que j'allai à Longchamp avec ma tante, nous croisâmes plusieurs fois, dans la file des voitures, celle de cette actrice, absolument semblable à la voiture dans laquelle nous étions nous-mêmes. Chevaux, harnais, habillement des gens, tout était si parfaitement pareil, qu'il semblait que nous nous vissions passer dans un miroir. Lorsque la société est assez corrompue pour que tout paraisse naturel et qu'on ne se choque plus de rien, comment s'étonner des excès auxquels les basses classes, ayant de si mauvais exemples devant les yeux, ont pu se porter. Le peuple n'a pas de nuances dans ses sentiments, et dès qu'on lui donne sujet à mépriser et à haïr ce qui est au-dessus de lui, c'est sans se réfréner qu'il se livre à ses impressions.

Les femmes de la haute société se distinguaient par l'audace avec laquelle elles affichaient leurs amours. Ces intrigues étaient connues presque aussitôt que formées, et quand elles étaient durables, elles acquéraient une sorte de considération. Dans la société des *princesses combinées*, comme on les appelait, il y avait pourtant des exceptions à ces coutumes blâmables. Mme de Poix, contrefaite, boiteuse, impotente une grande partie de l'année, n'avait jamais été accusée d'aucune intrigue. Elle avait encore, lorsque je la connus, un charmant visage, quoique âgée de quarante ans. C'était la plus aimable personne du monde.

Mme de Lauzun, nommée ensuite la duchesse de Biron quand mourut le maréchal de ce nom, mon respectable adorateur, était un ange de douceur et de bonté. Après la mort de la maréchale de Luxembourg, sa grand'mère, avec qui elle demeurait, et qui tenait la plus grande maison de Paris, elle avait acheté un hôtel rue de Bourbon, donnant sur la rivière, et l'avait arrangé avec une simple élégance, proportionnée à sa belle fortune aussi bien qu'à la modestie de son caractère. Elle y habitait seule, car son mari, à l'exemple de M. d'Hénin, vivait avec une actrice de la Comédie-Française. Depuis la mort de ma mère, dont l'amitié et l'heureuse influence le retenaient dans la bonne compagnie, il s'était mêlé aux habitués du duc d'Orléans—Égalité—qui corrompait tout ce qui l'approchait.

La duchesse de Lauzun avait une bibliothèque très curieuse et beaucoup de manuscrits de Rousseau, entre autres celui de *La Nouvelle Héloïse*, tout entier écrit de sa main, ainsi qu'une quantité de lettres et de billets de lui à Mme de Luxembourg. Je me rappelle particulièrement la lettre qu'il lui écrivit pour expliquer l'envoi de ses enfants aux *Enfants trouvés* et pour justifier une si inconcevable résolution. Les sophismes qu'il produit à l'appui de cette action barbare, sont mêlés aux phrases les plus sensibles et les plus compatissantes sur le malheur que Mme de Luxembourg venait d'éprouver en perdant… son chien. Je crois que tous ces manuscrits précieux, ainsi que toutes les éditions rares de cette collection, ont été portés à la Bibliothèque du roi, après la mort funeste de Mme de Biron.

Mme la princesse de Bouillon avait été mariée très jeune au dernier duc de Bouillon, qui était imbécile et cul-de-jatte. Elle vivait avec lui à l'hôtel de Bouillon, sur le quai Malaquais. On ne le voyait jamais, comme de raison, et il restait toujours dans son appartement, en compagnie des personnes qui le soignaient. Cependant on l'apportait tous les jours pour dîner avec sa femme, et j'ai vu quelquefois leurs deux couverts mis en face l'un de l'autre. Grâce au ciel, je n'ai jamais eu le malheur de rencontrer ce paquet humain informe porté sur les bras de ses gens. L'été, il s'installait chez lui, à Navarre, dans ce beau lieu qui a appartenu depuis à l'impératrice Joséphine. Mais Mme de Bouillon, je crois, y allait peu ou point.

C'était une personne de prodigieusement d'esprit et d'agrément, et, à mon gré, ce que j'ai connu de plus distingué. À aucun moment elle n'avait été jolie. Elle était d'une excessive maigreur, presque un squelette, avait le visage allemand, plat, avec un nez retroussé, de vilaines dents, des cheveux jaunes.

Grande et dégingandée, elle se blottissait dans le coin d'un canapé, retroussait ses jambes sous elle, croisait ses longs bras décharnés sous son mantelet, et de cet assemblage d'ossements sans chair il sortait tant d'esprit, des idées si originales, une conversation si amusante, que l'on était entraîné et enchanté. Sa bonté pour moi était fort grande, ce dont je me sentais très fière. Elle permettait à mes dix-huit ans d'aller écouter ses quarante ans, comme si nous eussions été du même âge. Le grand intérêt que je prenais à sa conversation lui plaisait. Elle disait à ma tante: «La petite Gouvernet est venue s'amuser de moi ce matin.» Je n'ignorais pas qu'à 2 heures moins un quart il fallait se sauver, de peur de rencontrer son cul-de-jatte, chose qui l'aurait désespérée, car depuis vingt ans et plus qu'elle avait ce spectacle sous les yeux, elle n'y était pas encore accoutumée.

Pourtant cette laide et spirituelle princesse avait eu un ou plusieurs amants. Elle élevait même une petite fille, qui lui ressemblait à frapper, ainsi qu'au prince Emmanuel de Salm-Salm. Celui-ci passait pour l'amant qu'elle avait adopté pour la vie, mais certes il était alors seulement son ami. Homme de grande taille, aussi maigre que sa maîtresse, il m'a toujours paru insipide. On le disait instruit. Je le veux croire, mais il enfouissait ses trésors, et l'on ne se rappelait jamais rien de sa conversation.

Le chevalier de Coigny, frère du duc[60] premier écuyer du roi, était reconnu, jusqu'à mon mariage, pour être l'amant de ma tante, ou du moins il en avait la réputation. À supposer même qu'il l'eût jamais été, il y avait assurément bien longtemps que le titre seul lui en restait, car un autre attachement le liait alors à Mme de Monsauge, veuve d'un fermier général, et mère de la charmante comtesse Étienne de Durfort. Il l'a épousée depuis.

J'aimais beaucoup ce gros chevalier, de nature gaie et aimable. Comme il avait cinquante ans, je causais avec lui le plus que je pouvais. Il me disait mille anecdotes que je retenais et qui amuseraient peut-être si je les racontais. Destinée à vivre dans le plus grand monde et à la cour, j'écoutais ses récits avec intérêt, car la connaissance des temps passés m'était très utile.

IV

Les gens de l'âge du chevalier de Coigny, du comte de Thiard, du duc de Guines, figuraient au nombre de mes amis, sensibles qu'ils étaient au plaisir que je témoignais à causer avec eux. La société de ma tante avait décidé que je devais être une femme *à la mode*. De mon côté, j'avais résolu, chose très facile, puisque j'aimais passionnément mon mari, de ne jamais écouter, d'un jeune homme, une conversation qui ne me conviendrait pas. Je les traitais sans austérité, sans pruderie, mais avec cette sorte de familiarité qui déconcerte la coquetterie. Archambault de Périgord disait: «Mme de

Gouvernet est insupportable; elle se comporte avec tous les jeunes gens comme s'ils étaient ses frères.»

Les femmes ne devenaient pas mes ennemies. Ne portant envie à personne, je faisais valoir leurs avantages, leur esprit, leurs toilettes, jusqu'à impatienter ma tante qui, malgré la supériorité de son esprit, avait eu beaucoup de petites jalousies dans sa jeunesse, et les recommençait, maintenant pour moi.

Je savais aussi combien il était important de se concilier les vieilles femme», alors toutes-puissantes. Ma grand'mère s'en était fait des ennemies avant de quitter le monde, ou pour mieux dire, après que le monde l'eût abandonnée. C'était pour moi un désavantage que d'avoir été élevée par elle. Il me fallait remonter le torrent auprès de beaucoup de personnes qui avaient aimé ma mère, et aux yeux desquelles la protection de ma grand'mère constituait un grief, presque un tort.

J'avais renoué mon amitié d'enfance avec mes amies de Rochechouart. Leur société était toute différente de celle de ma tante, mais elle ne désapprouvait pas que je la cultivasse. Je voyais aussi les personnes amies de ma belle-sœur, qui, tout en fréquentant comme moi l'entourage de ma tante, avait quelques relations distinctes des siennes.

Une maison où nous allions toutes, et où on me recevait avec la plus affectueuse familiarité, était celle de Mme de Montesson. Elle aimait M. de La Tour du Pin comme un fils. Installé chez elle depuis la mort de Mme de Monconseil, il y était resté jusqu'à son mariage. Elle m'avait accueillie avec une bonté extrême, et je m'étais liée d'amitié avec sa nièce[61], fille de Mme de Genlis, Mme de Valence, plus âgée que moi de trois ans, et considérée alors comme le modèle des jeunes femmes. Elle était prête d'accoucher de son second enfant, ayant perdu le premier.

Les méchants prétendaient que Mme de Montesson, entraînée par une passion très vive pour M. de Valence, l'avait décidé à épouser sa nièce, afin d'avoir un prétexte de se dévouer entièrement à lui. Je ne sais pas ce qu'il en faut croire. Elle aurait pu être sa mère, mais on ne peut nier que son empire sur Mme de Montesson était tel qu'il fut cause de sa ruine, par les mauvais arrangements qu'il lui conseilla dans l'administration de la belle fortune qu'elle tenait de M. le duc d'Orléans[62].

Il est de notoriété qu'elle était la femme très légitime de ce prince, et qu'elle avait été mariée par l'archevêque de Toulouse, Loménie, en présence du curé de Saint-Eustache, et dans son église, à Paris. Le roi ne voulut pas reconnaître le mariage et Mme de Montesson cessa d'aller à la cour. M. le duc d'Orléans quitta son habitation du Palais-Royal pour s'établir dans une maison, rue de Provence, communiquant avec celle que venait d'acheter Mme de Montesson, dans la Chaussée-d'Antin. On abattit toutes les séparations intérieures, et les deux jardins furent réunis en un seul. M. le duc d'Orléans conserva toutefois son entrée sur la rue de Provence, avec un suisse à sa livrée, et Mme de Montesson la sienne avec son suisse particulier en livrée grise; mais les cours restèrent communes.

Lorsque j'entrai dans le monde, Mme de Montesson venait de quitter son deuil de veuve, pendant lequel elle s'était retirée au couvent de l'Assomption, la cour ne lui ayant pas permis de le porter publiquement et de mettre ses gens en noir. Sa maison avait bonne réputation. Elle voyait la meilleure compagnie de Paris et la plus distinguée, depuis les plus vieilles femmes jusqu'aux plus jeunes. Elle ne donnait plus alors ni fêtes ni spectacles, comme du vivant du duc d'Orléans, ce que je regrettais beaucoup. Elle m'adopta tout de suite comme si j'eusse été sa fille et, grâce à son grand usage du monde, sa conversation et ses conseils me furent fort utiles. Je n'aurais pas craint de la consulter sur quelque intérêt que ce fût, et j'étais assurée de trouver en elle un défenseur, si quelqu'un m'avait attaquée. Il ne se passait presque pas de jours sans que je visse Mme de Valence, et souvent Mme de Montesson me retenait à dîner, quand l'heure était déjà avancée. D'autre fois elle m'envoyait dire de revenir dîner avec elle, et cela sans façon, dans ma toilette du matin.

J'avais donc pris mon essor pendant ce séjour que je fis chez Mme d'Hénin. Mes parents ayant prolongé leur séjour en Languedoc, lorsqu'ils revinrent, vers le mois de février 1788, je me trouvai à mon tour dans l'impossibilité de quitter ma tante pour aller les rejoindre.

Une fausse couche m'alita. Elle fut provoquée par trop de sang, je crois; peut-être n'était-elle que la conséquence d'une imprudence que je commis à Versailles. Un dimanche soir, passant dans la galerie, j'entendis sonner 9 heures. Dans la crainte que la reine ne fût déjà entrée, je me mis à courir, heurtant mon panier aux portes en passant, ce qui me secoua fort. Sur le moment, je ne ressentis aucune incommodité et revins à Paris; mais, deux jours après, je tombai malade. Cet accident me fut doublement pénible, et par le chagrin personnel qu'il me causa, et par la déception, comme je le savais, que mon excellent beau-père en devait éprouver.

Ma grand'mère me fit visite en arrivant à Paris. J'étais encore retenue dans mon lit par une extrême faiblesse; mais elle feignit de croire que c'était un jeu joué pour rester chez ma tante. Bientôt, par nos conversations, elle apprit mes succès dans le monde, le bon accueil que je recevais d'un grand nombre de personnes qu'elle détestait, la prévenance et l'amabilité que me témoignaient les amis de ma mère. Elle en conçut un dépit mortel, et dès ce moment, je l'imagine, elle résolut de saisir le premier motif qui se présenterait pour nous obliger à quitter la maison de mon oncle. Je retournai néanmoins à l'hôtel Dillon. On m'y avait arrangé un charmant appartement dans les mansardes, auquel on accédait, malheureusement, par un petit escalier vilain et tortueux, qui passait près du cabinet de toilette de ma grand'mère.

Le souvenir de la suite des circonstances qui amenèrent la rupture avec mes parents ne m'est pas resté. La haine indomptable de ma grand'mère pour M. de La Tour du Pin, une jalousie effrénée motivée par le goût que mon oncle lui témoignait, la crainte que ce dernier ne se laissât aller à parler de ses affaires à mon mari, et par conséquent à divulguer celles de ma grand'mère et tous les engagements qu'elle avait pris pour lui, furent, pour la plus grande partie, la cause de cette catastrophe dans notre intérieur. Après plusieurs mois de conflits répétés, ma grand'mère, poussée et excitée par de mauvais conseillers, nous signifia de sortir de chez elle. Malgré mes larmes, malgré l'intervention de mon oncle l'archevêque, dont nous avions su gagner l'affection, mais qui craignait trop ma grand'mère pour oser lui résister, nous dûmes quitter l'hôtel Dillon pour n'y plus rentrer, vers le mois de juin 1788.

Ma tante nous recueillit chez elle avec une grande bonté. Ce fut avec un profond chagrin cependant, malgré tous les tourments que m'infligeait le caractère de ma grand'mère, que je me séparai de mes parents. La société se partagea dans son opinion. Les uns m'attribuèrent des torts imaginaires. Les anciens amis de ma mère me défendirent avec chaleur. La reine fut du nombre. M. de La Tour du Pin, pas plus que moi, n'échappa aux attaques. On l'accusa de violence, de précipitation, etc. Enfin cette époque fut une des plus pénibles de ma vie. J'ai connu alors mon premier réel chagrin et le souvenir m'en cause une peine très vive encore, quoique je ne me reproche aucun tort qui l'ait pu provoquer.

CHAPITRE VIII

I

1788.—Ma tante, Mme d'Hénin, nous recueillit dans sa maison de la rue de
Verneuil. Elle me logea au rez-de-chaussée, qui donnait sur un petit jardin
excessivement triste. Nous ne voulions pas lui être à charge. Une cuisinière à
notre service nourrissait nos gens et préparait nos repas quand ma tante dînait
dehors ou était de semaine.

Ma bonne Marguerite, qui ne m'avait jamais quittée, résista aux offres, à
toutes les avances et même aux prières de ma grand'mère pour
m'accompagner. J'avais pour cette excellente fille une tendresse extrême et
ma confiance en elle était sans bornes. Quoique ne sachant ni lire ni écrire,
elle était capable du dévouement le plus absolu, et elle avait, comme je crois
l'avoir déjà dit, un jugement d'une justesse surprenante sur les caractères et
les personnes. Elle m'a été bien utile. Je n'aurais su me passer de ses soins.
Rien ne pouvait les remplacer.

Nous allâmes passer l'été de 1788 à Passy, dans une maison que Mme d'Hénin
louait de concert avec Mmes de Poix, de Bouillon et de Biron. Ma tante et
moi y étions à demeure. Ces dames y venaient tour à tour. Je commençais

une grossesse et je me ménageais beaucoup, dans la crainte d'un nouvel accident. Cependant je continuai à me rendre à Versailles jusqu'au jour où je fus grosse de trois mois. Après cette époque il n'était pas d'usage d'aller à la cour.

La reine avait la bonté de me dispenser de l'accompagner à la messe, craignant que je ne glissasse sur le parquet en marchant un peu vite. Je restais dans sa chambre pendant qu'on était à la chapelle, et je connus ainsi tous les détails du service des femmes de garde-robe. Il consistait à faire le lit, à emporter les vestiges de toilette, à essuyer les tables et les meubles. Ce qui paraîtrait bien singulier dans les mœurs actuelles, les femmes de garde-robe ouvraient d'abord les immenses rideaux doubles qui entouraient le lit, puis ôtaient les draps et les oreillers que l'on jetait dans d'immenses corbeilles doublées de taffetas vert. Alors quatre valets en livrée venaient retourner les matelas, que des femmes n'auraient pas eu la force de remuer. Après quoi, ils se retiraient, et quatre femmes venaient mettre des draps blancs et arranger les couvertures. Le tout était fait en cinq minutes, et quoique la messe ne durât pas, aller et retour compris, plus de vingt-cinq à trente minutes, je restais encore seule un assez long moment, installée dans un fauteuil près de la fenêtre. Quand il y avait beaucoup de monde, la reine, toujours prévenante, me disait en passant d'aller m'asseoir dans le salon de jeu, pour m'épargner la fatigue de rester trop longtemps sur mes jambes.

Ces précautions m'empêchèrent d'assister à la réception des ambassadeurs de Tippoo-Saïb, qui se fit avec beaucoup de splendeur. Ils venaient demander l'appui de la France contre les Anglais. Mais nous ne leur donnâmes que des paroles, comme nous avions fait aux Hollandais. Ces trois Indiens restèrent plusieurs mois à Paris, aux frais du roi, voitures partout dans un carrosse à six chevaux. Je les ai vus très souvent à l'Opéra et dans les autres lieux publics. Ils étaient tous de ce beau sang hindou brun clair, avaient des barbes blanches qui leur descendaient à la ceinture, et portaient de très riches costumes. À l'Opéra, une belle loge aux premières leur était réservée. Assis dans de grands fauteuils, ils mettaient souvent leurs pieds, chaussés de babouches jaunes, sur le bourrelet de la loge, à la grande joie du public qui, pourtant, ne le trouvait pas mauvais.

II

M. de La Tour du Pin venait d'être nommé colonel du régiment de Royal-Vaisseaux. Ce corps était très indiscipliné, non pas par la conduite des soldats et des sous-officiers, qui était excellente, mais par l'attitude des officiers, gâtés par leur précédent colonel, M. d'Ossun, mari de la dame d'atours de la reine. Lorsque mon mari, d'une grande sévérité sur la discipline, arriva à son régiment, il trouva que ces messieurs, quoiqu'ils se vantassent d'avoir vingt-deux chevaliers de Malte parmi eux, ne faisaient pas leur service. Ayant constaté qu'aux exercices journaliers le régiment était commandé par les sous-officiers et par le lieutenant-colonel, M. de Kergaradec, M. de La Tour du Pin déclara, qu'allant lui-même chaque jour à l'exercice, au soleil levant, il entendait que tous les officiers y fussent aussi présents. Cet ordre déchaîna des fureurs inouïes. Un camp devait être formé cette année à Saint-Omer sous le commandement de M. le prince de Condé. On désigna le régiment de Royal-Vaisseaux comme régiment de modèle, afin de mettre à exécution de nouvelles ordonnances de tactique qui venaient de paraître. Cette distinction, loin de flatter les officiers, comme cela aurait dû être, les mécontenta, parce qu'elle les obligeait à renoncer aux habitudes de paresse et de négligence qu'on leur avait laissé prendre. Ils ne craignirent pas la honte de se coaliser pour résister à toutes les objurgations de leur chef. Punitions, arrêts, prison, rien ne put les déterminer à remplir leurs devoirs. La résolution fut même prise par les officiers de ne voir leur colonel que lorsqu'ils ne pourraient s'en dispenser officiellement. Toutes les invitations à dîner qu'il leur envoya furent déclinées. C'était presque une révolte ouverte. L'été se passa ainsi. Le camp se forma, et le régiment s'y rendit. La première manœuvre, qu'il devait exécuter comme modèle, alla mal. M. de La Tour du Pin était furieux. Il rendit compte à M. le prince de Condé du mauvais esprit du régiment, ou plutôt du corps d'officiers. Le prince déclara que si, à la première manœuvre, les officiers ne faisaient pas mieux, il les enverrait tous aux arrêts, pour tout le temps de la durée du camp, et que les sous-officiers commanderaient les compagnies. Cette menace fit effet. De plus, à la sortie du camp, l'inspecteur, le duc de Guines, laissa savoir qu'il n'y aurait pour les officiers de Royal-Vaisseaux aucune récompense, ni croix de Saint-Louis, ni semestre, et que le colonel resterait l'hiver à la garnison. Ces messieurs se soumirent alors, firent des excuses à M. de La Tour du Pin, et depuis ce temps se conduisirent bien. Malheureusement ils avaient donné un mauvais exemple, qui ne fut que trop suivi un an après.

III

Pendant que ces choses se passaient à Saint-Omer, je vivais très agréablement à Passy avec ma tante et une ou deux de ses amies. J'allais souvent à Paris, et aussi passer quelque temps à Berny, chez Mme de Montesson, toujours pleine de bontés pour moi. J'y rencontrais très fréquemment le vieux prince Henri de Prusse, frère du grand Frédéric. C'était un homme de beaucoup de capacité militaire et littéraire, grand admirateur de tous les philosophes que son frère avait attirés à sa cour, et particulièrement de Voltaire. Il connaissait notre littérature mieux qu'aucun Français. Il savait par cœur toutes nos pièces de théâtre, et en répétait les tirades avec le plus effroyable accent allemand qu'on pût entendre, et une fausseté d'intonation si ridicule que nous avions bien de la peine à nous empêcher de rire.

Un jour, dans l'automne, Mme de Montesson ayant mis la conversation sur Zaïre[63], le prince aussitôt de proposer d'en jouer les principales scènes, ayant étudié, dit-il, de façon toute particulière, le personnage d'Orosmane. Aussitôt on distribue les rôles. Le prince Henri fera le sultan[64]; Mme de Montesson, avec, ses cinquante-cinq ans, représentera Zaïre; M. de La Tour du Pin, qui disait les vers comme le meilleur acteur, sera Nérestan; et l'on commence. Les fauteuils sont disposés comme les sièges au théâtre et tous les flambeaux du château sont rassemblés pour former la rampe. J'étais la seule spectatrice avec quelques jeunes personnes, parentes ou protégées de Mme de Montesson, car Mme de Valence jouait le rôle de Fatime, et M. de Valence celui de Lusignan. Le prince ne nous fit pas grâce d'un vers. Au dénouement, n'ayant sous la main aucun objet pour se tuer, on lui passa un couteau à couper les brochures, et on avança un canapé sur lequel il se laissa tomber pour mourir. Jamais je n'ai rien vu d'aussi ridicule que cette représentation, dont le prince fut néanmoins parfaitement satisfait.

On réunissait pour lui plaire des littérateurs distingués: Suard, Marmontel, Delille, qui lisait les différents épisodes de son poème de l'Imagination, encore à l'état de manuscrit; Elzéar de Sabran, âgé de douze ans seulement, qui récitait déjà des fables de sa composition. Tout cela charmait ce bon prince. Il n'avait contre lui que son laid visage et son accent allemand, chose d'autant plus singulière qu'il ignorait complètement sa langue et parlait parfaitement le français.

IV

N'écrivant pas l'histoire de la Révolution, je ne parlerai, pas de toutes les conversations, des contestations, des disputes même que la différence des opinions occasionnaient dans la société. Pour mes dix-huit ans, ces discussions étaient fort ennuyeuses, et je tâchais de m'en distraire en allant le plus souvent possible dans une charmante maison, où m'attiraient des liaisons d'enfance qui avaient repris une grande intimité, à dater surtout du jour où j'avais dû quitter mes parents. L'hôtel de Rochechouart était une de ces maisons patriarcales que l'on ne verra plus et où se mêlaient sans gêne, sans ennui, sans exigence, plusieurs générations.

Mme de Courteille, veuve très riche, avait marié sa fille unique au comte de Rochechouart. Elle habitait avec sa fille, son gendre et leurs deux filles, une belle et vaste maison bâtie par eux dans la rue de Grenelle. Mme de Rochechouart était l'amie intime de ma mère, et j'avais passé mon enfance avec ses deux filles, plus âgées que moi de deux à quatre ans. L'aînée avait épousé, à quinze ans, le duc de Piennes, depuis duc d'Aumont. C'était une aimable personne, agréable de figure sans être précisément jolie. M. de Piennes, amant avoué et déclaré, selon l'usage de la haute société d'alors, de Mme de Reuilly, rendait sa femme très malheureuse. Elle l'aimait et se consumait du chagrin causé par ses mauvais procédés, tout en essayant de le cacher soigneusement et sans jamais proférer une plainte. Il possédait les plus beaux chevaux de Paris, mais jamais elle ne pouvait s'en servir. Bien souvent je la menais dans ma voiture de remise, et, en nous promenant aux Champs-Élysées, nous rencontrions dans son phaéton le duc de Piennes avec Mme de Reuilly. La pauvre duchesse détournait les yeux, et nous n'aurions eu garde de parler de ce que nous avions bien vu toutes les deux. Cependant ce ménage si mal assorti avait deux enfants, deux garçons, dont le cadet, le seul qui soit encore en vie, était albinos. Ses cheveux, ses sourcils et ses cils étaient comme de la soie blanche; ses yeux, bleu clair et rouges, pareils à ceux d'un lapin angora. Il ne pouvait supporter la lumière, et on lui mettait une petite visière de taffetas vert, qu'il n'a cessé de porter pendant son enfance. L'aîné avait une charmante figure et était fort spirituel. Il a été tué en Crimée.

C'est avec la seconde sœur Rochechouart, Rosalie, que j'étais le plus liée. On l'avait mariée à douze ans et un jour avec le petit-fils du maréchal de Richelieu, le comte de Chinon, qui n'en avait que quinze. À cette époque, elle était encore petite fille, gentille, mais maigre et fort délicate; lui, un jeune garçon désagréable, pédant, et que, dans nos bals d'enfants, nous ne pouvions souffrir. Le mariage avait été célébré avant la mort de ma mère, et j'y avais assisté. Aussitôt après le dîner, qui eut lieu à l'hôtel de Richelieu, et où toutes les générations étaient représentées, depuis celle du maréchal, dont le premier mariage datait du règne de Louis XIV, jusqu'à celle des amies de la mariée, petites filles de mon âge, le marié s'en fut avec son gouverneur voyager dans toute l'Europe. Parti ainsi en 1782, au commencement de l'année, il ne revint en France que dans l'hiver de 1788 à 1789. Il était devenu alors un beau et grand jeune homme, et un excellent sujet.

On se réjouissait de son arrivée à l'hôtel de Rochechouart; mais sa pauvre femme était loin de partager cette joie. Devenue complètement bossue à quatorze ans en se formant, elle se doutait, hélas! que son mari aurait horreur de cette difformité. Elle ne s'illusionna pas au point de croire que son talent de musicienne, sa voix angélique, son instruction étendue, son caractère adorable et son esprit élevé pourraient faire oublier à ce mari, un inconnu presque, une telle infirmité. Elle comprit que son visage agréable, sa physionomie spirituelle, ses beaux cheveux, ses dents nacrées comme des perles ne suffiraient pas à compenser une taille contrefaite.

Le pauvre jeune homme, pour comble d'infortune, devait trouver, à son retour, deux sœurs, nées du second mariage de son père, toutes deux aussi disgraciées de la nature que sa femme. L'une est devenue depuis Mme de

Montcalm, l'autre Mme de Jumilhac. Ce trio de bossues lui fit prendre la France en horreur.

Aux premiers indices de la Révolution naissante il émigra, se rendit en Russie et s'acquit beaucoup de gloire dans la guerre des Russes contre les Turcs, au cours de laquelle il servit comme volontaire dans l'armée de l'impératrice Catherine II, avec MM. de Damas et de Langeron. Il assista à la prise d'Ismaïl et s'y distingua fort. Après la mort de son grand-père et de son père, il fut nommé premier gentilhomme de la Chambre.

Rentré en Fiance sous le Consulat, il repartit bientôt pour la Russie, dont il n'est revenu qu'à la Restauration, après avoir été plusieurs années durant gouverneur d'Odessa.

M. de Richelieu passa près d'un an à Paris, et pendant cet hiver de 1788 à 1789, l'hôtel de Rochechouart fut une des plus agréables maisons de Paris. On y donna très souvent des soirées musicales qui nécessitaient des répétitions plus agréables que la soirée elle-même.

V

Au mois de décembre, j'eus une couche affreuse, dont je fus sur le point de mourir. Après vingt-quatre heures de grandes douleurs, je mis au monde un enfant, mort étranglé en naissant. Je ne le sus pas sur le moment, car j'avais perdu connaissance, et deux heures après la fièvre puerpérale, qui régnait alors à Paris sur les femmes accouchées, me mettait à l'agonie.

Quoique soignée par les premières célébrités médicales de cette époque, M. Baudelocque, accoucheur, et M. Barthez, médecin, leur science ne m'eût pas sauvée de la mort. Ma bonne Marguerite les entendit se dire l'un à l'autre: «Il ne vaudra pas la peine de revenir, puisqu'elle sera morte avant deux heures.» Effrayée, elle en avertit un chirurgien nommé Couad, qui était fort attaché à M. de La Tour du Pin. Ce chirurgien proposa à mon mari d'essayer de me sauver par un remède violent, que mes dix-huit ans me donneraient la force de supporter; mais, ajouta-t-il, il n'y avait pas un moment à perdre. M. de La Tour du Pin, désespéré, consentit à tout. On m'administra d'abord une forte dose d'ipécacuana, dont l'effet me fit reprendre connaissance. Puis d'autres remèdes que j'ignore me furent donnés, et le soir, j'étais hors de danger. Et cela malgré la condamnation des grands médecins qui, après s'être retirés, se vantèrent de m'avoir sauvée. Je restai longtemps très faible et accablée par la tristesse d'avoir perdu mon enfant, une petite fille. Aucun soin ne me manqua. Auprès de moi se relayaient, pour me tenir compagnie, soit mes amies, soit les amies de ma tante, et, vers la fin de l'hiver, je reprenais ma vie dans le monde et retournai faire de la musique à l'hôtel de Rochechouart.

Ces séances musicales étaient fort distinguées. Elles avaient lieu une fois la semaine, mais les morceaux d'ensemble étaient répétés plusieurs fois auparavant. Au piano se tenait Mme Mongeroux, célèbre pianiste du temps; un chanteur de l'Opéra italien avait l'emploi de ténor; Mandini, autre Italien, celui de *basso*; Mme de Richelieu était la *prima donna*; moi, le contralto; M. de Duras, le baryton; les chœurs étaient chantés par d'autres bons amateurs. Viotti accompagnait de son violon. Nous exécutions ainsi les finales les plus difficiles. Personne n'épargnait sa peine, et Viotti était d'une sévérité excessive. Nous avions encore pour juge, les jours de répétition, M. de Rochechouart, musicien dans l'âme, et qui ne laissait passer aucune faute sans la relever.

L'heure du dîner nous surprenait souvent au milieu d'un finale. Au son de la cloche, chacun prenait son chapeau; alors entrait Mme de Rochechouart en disant qu'il y avait assez à dîner pour tout le monde. On restait, et après le dîner la répétition reprenait. Ce n'était plus une matinée, mais à proprement parler une journée musicale.

À la soirée du jour de l'exécution, assistaient toujours cinquante personnes de tous les âges. Mme de Courteille se tenait dans son cabinet jouant au trictrac avec ses vieilles amies. De temps en temps, elles venaient dans le salon de musique voir ce qu'on nommait la belle jeunesse.

Eloignée maintenant du monde, je ne puis juger par moi-même de la société actuelle. Si j'en crois ce qu'on raconte, j'ai lieu de douter qu'il existe aujourd'hui, dans les relations, cette aisance, cette harmonie, ce bon ton, cette absence de toute prétention qui régnaient alors dans les grandes maisons de Paris. Là se mêlaient, la plupart du temps, trois générations, sans se gêner, sans se nuire. À l'époque où j'écris, ces réunions, où tous les âges se confondaient, sont choses du passé, paraît-il, et, comme le regrettait M. de Talleyrand, les vieilles dames ne vont plus dans le monde.

Il me semble que ce fut vers le printemps de cette année que le duc de Dorset, ambassadeur d'Angleterre, fit place à lord Gower et à sa charmante femme, lady Sutherland. Avant de quitter Paris, il donna un beau bal. Le souper, organisé par petites tables, eut lieu dans une galerie tout entière garnie de feuillages. Au bas des billets d'invitation, il avait mis fort cavalièrement ces mots: Les dames seront en blanc. Cette sorte d'ordre me déplut. Je protestai en me commandant une charmante robe de crêpe bleu, ornée de fleurs de la même couleur. Mes gants étaient garnis de rubans bleus, mon éventail de nuance semblable. Dans ma coiffure, arrangée par Léonard, se trouvaient des plumes bleues. Cette petite folie eut son succès. On ne manqua pas de me répéter à satiété: Oiseau bleu, couleur du temps. Le duc de Dorset lui-même s'amusa de la plaisanterie en disant que les Irlandais avaient mauvaise tête.

VI

Au milieu de ces plaisirs, on approchait du mois de mai 1789, et nous aurions pu dire, comme dans *Tancrède:*

… Tous ces cris d'allégresse
Vont bientôt se changer en des cris de tristesse[65].

On marchait vers le précipice en riant, en dansant. Les gens graves se contentaient de parler de la destruction de tous les abus. La France, disaient-ils, allait se régénérer. Le mot de *Révolution* n'était pas proféré. Celui assez osé pour le prononcer aurait passé pour un fou. Dans la haute société, cette sécurité mensongère séduisait les esprits sages, désireux de voir le terme des abus et la fin de la dilapidation des deniers publics. C'est ce qui explique comment tant de gens honnêtes et purs, et parmi eux le roi lui-même, le premier à partager leurs illusions, espéraient, à ce moment, qu'on allait entrer dans un âge d'or.

Maintenant qu'une longue vie a permis que je visse se dérouler devant moi tous ces événements, je reste confondue du profond aveuglement du malheureux roi et de ses ministres. Il est certain que le duc d'Orléans avait commencé ses menées ténébreuses bien avant les États-Généraux. Cependant le cahier qu'il avait envoyé dans les différents bailliages où il avait des propriétés, semblait inspiré par le patriotisme et témoignait de bonnes intentions. Le cahier fut porté par plusieurs personnes de la société, chargées de le représenter dans les assemblées de la noblesse des bailliages. Ces représentants pouvaient être nommés députés aux États-Généraux. M. de La Tour du Pin alla à Nemours avec le vicomte de Noailles, frère du prince de Poix; mais M. de Noailles l'emporta sur mon mari, qui échoua aussi à Grenoble, où il avait été représenter son père. Ce dernier fut élu en Saintonge.

Je me rappelle que, par une sorte de pressentiment, je fus très satisfaite que M. de La Tour du Pin n'eût pas été nommé membre d'une Assemblée qui nous a été si funeste. Ma satisfaction provenait tout simplement du profond ennui que me causaient les interminables conversations politiques auxquelles j'assistais tous les jours. Les habitués de la société de ma tante, ma tante elle-même, ne tarissaient pas sur les moyens à employer pour réformer les abus, amener une meilleure répartition des impôts. On insistait surtout sur la nécessité de calquer la nouvelle constitution de la France sur celle de l'Angleterre, que bien peu de personnes connaissaient. M. de Lally[66] lui-même, malgré sa prétention de la savoir à fond, en ignorait les détails; et cependant il passait pour un oracle. La puissance de sa parole charmait les dames, qui l'écoutaient avec délices. Ma tante en avait la tête tournée, et ne doutait pas de ses succès aux États-Généraux.

Il venait d'être élu député à l'Assemblée de la noblesse à Paris. J'avais assisté à une des premières réunions de cette Assemblée. Nous étions vingt ou trente femmes cachées derrière les rideaux des tribunes ménagées dans les fenêtres de la salle. Un incident remarquable attira l'attention sur M. de Lally. À la nomination du bureau, les deux premiers noms qui sortirent de l'urne du scrutin, pour être sociétaires de l'Assemblée, furent ceux de M. de Lally et de M. d'Eprémesnil, président au parlement de Paris. Or, ce M. d'Eprémesnil avait été le rapporteur de la funeste affaire qui avait fait monter le général de Lally[67] sur l'échafaud en 1766. Devant les différentes cours où M. de Lally, son fils, s'était présenté pour obtenir la réhabilitation de la mémoire de son père et la cassation de l'arrêt, M. d'Eprémesnil avait plaidé contre lui et agi de toutes façons pour faire maintenir la condamnation, et cela avec un acharnement si furieux qu'une haine profonde s'était déclarée entre les deux hommes. C'était le feu et l'eau. Aussi, lorsqu'on proclama ces deux secrétaires et qu'ils quittèrent leurs places au fond de la salle pour aller s'asseoir côte à côte au bureau, un murmure d'intérêt très marqué pour M. de Lally se fit entendre. On l'applaudit avec transport quand, dans quelques brèves paroles adressées à l'Assemblée pour la remercier de sa nomination, il indiqua que tous les dissentiments particuliers devaient disparaître devant l'intérêt public.

La nomination du président fit aussi grande sensation. À cette haute fonction fut appelé M. de Clermont-Tonnerre, jeune homme aussi distingué par sa charmante figure et son éloquence que par les rares qualités de son esprit et de son caractère. Il prononça un beau discours, certainement improvisé, puisqu'il ne devait pas s'attendre à être appelé à la présidence d'une Assemblée dont il était le plus jeune membre. Sa belle figure, son discours, son éloquence produisirent sur la jeune et belle princesse Lubomirska, assise à côté de moi, un effet qui devait lui être fatal. Dès ce moment, naquit en elle une passion folle pour M. de Clermont-Tonnerre. Elle ne voulut plus quitter Paris et devint ainsi une des premières victimes de la Terreur.

Vers le commencement du printemps de 1789, succédant au terrible hiver qui avait été si dur aux pauvres, le duc d'Orléans—Égalité—était très populaire à Paris. Il avait vendu, l'année précédente, une grande partie des tableaux de la belle galerie du palais, et on rapportait généralement que les 8 millions provenant de cette vente avaient été consacrés à soulager les misères du peuple pendant l'hiver rigoureux qui venait de s'écouler. Par contre, on ne disait rien, à tort ou à raison, des charités des princes de la famille royale, de celles du roi et de la reine. Cette malheureuse princesse était tout entière livrée à la famille Polignac. Elle ne venait plus au spectacle à Paris. Le peuple ne voyait jamais ni elle, ni ses enfants. Le roi, de son côté, ne se laissait jamais apercevoir. Enfermé à Versailles ou chassant dans les bois environnants, il ne soupçonnait rien, ne prévoyait rien, ne croyait à rien.

La reine détestait le duc d'Orléans, qui avait mal parlé d'elle. Il souhaitait le mariage de son fils, le duc de Chartres, avec Madame Royale. Mais le comte d'Artois, depuis Charles X, prétendait aussi à la main de cette princesse pour son fils, le duc d'Angoulême, parti que préférait la reine. La demande du duc d'Orléans fut donc écartée, et il en conçut un dépit mortel. Ses séjours à Versailles étaient peu fréquents, et je ne me rappelle pas l'avoir jamais rencontré chez la reine à l'heure où les princes y venaient, c'est-à-dire un moment avant la messe. Comme, d'un autre côté, on ne le trouvait jamais dans son appartement à Versailles, je ne lui avais pas été présentée officiellement. Aussi était-ce sa plaisanterie habituelle avec Mme d'Hénin, quand il me rencontrait avec elle chez Mme de Montesson, de lui demander mon nom. Cela ne m'empêchait pas d'assister aux soupers du Palais-Royal, qui furent assez brillants cet hiver.

J'étais à celui qui fut donné pour inaugurer la belle argenterie que le duc d'Orléans avait commandée à Arthur, le grand orfèvre de l'époque. Si je m'en rapporte à mes souvenirs, elle me parut trop légère et trop anglaise de forme, mais c'était la mode. Il fallait que tout fût copié sur nos voisins, depuis la Constitution jusqu'aux chevaux et aux voitures. Certains jeunes gens même, tels que Charles de Noailles et autres affectaient l'accent anglais en parlant français et étudiaient, pour les adopter, les façons gauches, la manière de marcher, toutes les apparences extérieures d'un Anglais. Ils m'enviaient comme un bonheur de provoquer souvent, dans les lieux publics, cette exclamation: «Voilà une Anglaise!»

VII

Puisque j'ai parlé de M. de Lally au moment où il devint un homme marquant, il est bon que je fasse connaître son origine, ainsi que la singularité de cette bâtardise de père en fils, qui ne s'est peut-être jamais rencontrée dans aucune autre famille.

Gérard Lally, arrière-grand-père du Lally dont je parle, était un pauvre petit gentilhomme irlandais, qui s'était rangé dans le parti de Jacques II. Je crois qu'il était originaire des terrés de mon arrière-grand-oncle, lord Dillon[68], père du Dillon[69] mort sans héritiers mâles et dont la fille unique[70] épousa mon grand-oncle Charles[71]. Ceux-ci moururent sans enfants en laissant à mon grand-père[72] leur héritage.

La fille de mon arrière-grand-oncle lord Dillon se laissa séduire par Gérard Lally, qui était probablement aimable et beau. Un fils étant né de leurs relations, lord Dillon exigea que Gérard Lally épousât sa fille et légitimât l'enfant: premier cas de bâtardise.

Le fils naturel de Gérard Lally se distingua dans les troubles et les guerres de Jacques II, qui le fit baronet et lui permit de lever des troupes dans les terres de son aïeul. Il accompagna Jacques II en France et mourut, si je ne me trompe, à Saint-Germain. Quoiqu'il ne se fût jamais marié, il laissa cependant, lui aussi, un fils naturel qu'il eut d'une dame de Normandie dont je n'ai jamais su le nom: second cas de bâtardise.

La force prodigieuse de ce Lally, créé baronet par Jacques II sous le nom de sir Gérard Lally, était légendaire, et j'ai entendu citer de lui des prouesses extraordinaires. Un jour, à l'armée, son régiment refusa le pain de munition comme étant de mauvaise qualité. Sir Gérard Lally le fait ranger en bataille, puis il se présente seul devant la compagnie de grenadiers, un morceau de pain dans une main, un pistolet dans l'autre. Il commence par mordre dans le pain, dont il avale une bouchée, et le tend ensuite au premier grenadier. Celui-ci le refuse. Lally le vise au cœur, tire et l'étend mort à ses pieds. Il présente alors le morceau de pain au second grenadier. Le soldat, atterré, le prend, et depuis il ne fut plus question de mutinerie.

L'enfant naturel de sir Gérard Lally devint le général de Lally, condamné à la peine de mort et exécuté en 1766, réhabilité en 1781.

À douze ans, il commença à faire la guerre, se distingua dans toutes celles du règne de Louis XV, et accompagna le prince Charles-Édouard dans sa glorieuse campagne de 1745, qui devait aboutir à la malheureuse défaite de Culloden, en 1746.

On disait qu'à son retour en France, il était tombé très amoureux de ma grand'mère. Ce qui est certain, c'est que la plus tendre amitié le liait à Mlle Mary Dillon, sœur aînée de mon grand-oncle, l'archevêque de Narbonne. Mlle Mary Dillon ne s'est pas mariée et mourut, très âgée, à Saint-Germain-en-Laye, en 1786.

Elle resta brouillée pendant très longtemps avec son frère l'archevêque. Cette brouille, provoquée à l'origine, par des dissentiments d'intérêts, s'était perpétuée à la suite de la fâcheuse intervention de Mme de Rothe, ma grand'mère, qui craignait l'influence de Mlle Dillon, qu'elle détestait, sur l'archevêque. Aussi n'ai-je vu Mlle Dillon que l'année avant sa mort. Elle s'était alors réconciliée avec mon grand-oncle, et nous allâmes souvent la voir à Saint-Germain.

Mais revenons aux Lally et au troisième cas de bâtardise, à laquelle ils semblaient être condamnés. Avant l'envoi du général de Lally dans l'Inde comme gouverneur des possessions françaises, il avait eu une intrigue amoureuse avec une comtesse de Maulde, née Saluces, femme d'un seigneur flamand des environs d'Arras ou de Saint-Omer et tante des Saluces avec lesquels nous fûmes en relation à Bordeaux. Il en avait eu un garçon et le faisait élever sous un nom supposé au collège des jésuites, à Paris. Un événement dramatique, appelé à exercer une influence déterminante sur les destinées de l'enfant, devait être la conséquence de son séjour dans cet établissement.

Mlle Mary Dillon, grande amie, comme je viens de le dire, du général de Lally, était dans la confidence de son intrigue avec la comtesse de Maulde et s'occupait de l'enfant, qui ignorait son origine et le nom de son père. Après l'exécution du général de Lally, un officier irlandais, nommé Drumgold, chargé par Mlle Dillon des détails pécuniaires de la pension du jeune homme, alla le voir. Les jésuites avaient joué un très funeste rôle dans le procès et la condamnation de M. de Lally. Aussi M. Drumgold, qui avait partagé, avec tous les Irlandais au service de France, la parfaite conviction qu'il avait été condamné injustement, arriva au collège profondément ému et troublé par une répugnance extrême à dire au jeune garçon, qui ignorait sa naissance, qu'on allait le transférer dans une autre institution. Mais il ne se trouva pas plutôt seul avec lui, que cet enfant de douze ans se mit à lui parler de l'exécution de M. de Lally, qui avait eu lieu la veille, l'approuvant et développant avec une éloquence précoce tous les arguments qu'on avait fait valoir autour de lui, dans son collège, pour la justifier. M. Drumgold, impuissant à se contenir en entendant un pareil langage sortir de la bouche du fils même de celui qui avait été exécuté, s'écria: «Malheureux, il était ton père!» À ces mots, le jeune de Lally s'affaissa évanoui et resta plusieurs heures sans connaissance. Une maladie grave dont il fut à la mort se déclara, et c'est pendant sa convalescence qu'il résolut de faire casser l'arrêt et de se consacrer à la réhabilitation de la mémoire de son père. Depuis ce moment, toutes ses lectures, toutes ses études, toutes ses pensées tendirent à ce but.

Le général de Lally avait reconnu son fils dans son testament. Celui-ci prit son nom et, à dix-huit ans, il commença ses plaidoiries et composa des mémoires qui passer, à juste titre, comme des modèles de raisonnement et d'éloquence en ce genre pour réhabiliter son père. Pendant vingt ans ce fut son unique occupation, sa seule pensée. Ayant recueilli très peu de fortune de l'héritage de son père, il demeurait avec Mlle Dillon à Saint-Germain, et était fort protégé par le maréchal de Noailles et le maréchal de Beauvau, tous deux amis de Mlle Dillon. Lorsqu'en 1785 mon grand-oncle se réconcilia avec sa sœur, nous vîmes chez elle, à Saint-Germain, M. de Lally, que je ne connaissais pas. Il était alors âgé de trente-cinq ans, avait une très belle figure, mais un air efféminé qui ne me plaisait pas. Après avoir plaidé lui-même dans trois parlements, il venait de gagner son procès, au cours duquel il avait acquis une grande renommée d'éloquence et une considération bien méritée pour la constance qu'il avait mise à poursuivre le succès sa cause. Il ne serait que juste d'attribuer une grande partie de l'honneur de sa conduite à Mlle Dillon. Personne d'un esprit distingué, d'un caractère très supérieur, elle avait pris sur M. de Lally un empire absolu et s'était entièrement dévouée à ses intérêts dans la solitude où vivait à Saint-Germain. Il la perdit en 1786, et elle lui laissa tout ce dont elle put disposer et qui n'était que du mobilier. De plus, elle avait fait en sorte qu'il eût la survivance de l'appartement qu'elle occupait à Saint-Germain et qui était celui que Louis XIV avait donné à son père, lorsqu'il arriva dans ce château avec Jacques II. Elle y était née, ainsi que dix frères ou sœurs, dont l'archevêque de Narbonne était le cadet. Mon père regretta vivement, quand il revint des Iles, qu'on eût disposé de ce logement, berceau de sa famille en France. M. de Lally eût montré plus de délicatesse en n'acceptant pas, parmi les objets qui lui furent laissés, beaucoup de souvenirs de famille sans valeur pour lui, mais que nous estimions à un haut prix, mon père et moi, en raison de leur provenance.

CHAPITRE IX

1789.—I. Mme de Genlis et le pavillon du couvent de Belle-Chasse.—
L'éducation des jeunes princes d'Orléans.—Paméla.—Henriette de Sercey.—
Une fille de Mme de Genlis.—Curieuse origine de Mme Lafarge.—II.
Courses de chevaux à Vincennes.—Premiers rassemblements populaires.—
Incendie des magasins de Réveillon.—Une action charitable.—III.
Installation à Versailles.—Séance d'ouverture des États-Généraux: attitude
du roi et de la reine.—Mirabeau.—Le discours de M. Necker.—La faiblesse
de la Cour.—Le départ de M. Necker.—IV. Le 14 juillet 1789: comment
Mme de La Tour du Pin apprend la nouvelle de l'insurrection; ses premières
conséquences.—V. Retour de Mme de La Tour du Pin à Paris.—Les eaux de
Forges.—Le 28 juillet: effroi jeté ce jour-là dans toutes les populations.—M.
et Mme de La Tour du Pin rassurent celle de Forges.—Mme de La Tour du
Pin est prise pour la reine à Gaillefontaine.—La population armée.

I

1789.—L'hiver de 1789, froid et désastreux pour le peuple, n'en fut pas moins
animé de plaisirs, de spectacles et de bals.

Dans ce temps-là, les circonstances m'amenèrent à faire une connaissance
assez curieuse. Mme de Genlis, *gouverneur*[73] des jeunes princes d'Orléans[74]
et de Mademoiselle[75], habitait avec celle-ci, au couvent de Belle-Chasse, un
pavillon bâti à cet effet et qui donnait, au bout de la rue de Belle-Chasse, dans
la rue Saint-Dominique. Ce pavillon, fort petit; se composait d'un rez-de-
chaussée où l'on accédait immédiatement de la rue, après avoir monté
quelques marches couvertes par un auvent sous lequel les voitures pouvaient
pénétrer quand le cocher n'était pas maladroit. Au pied de l'escalier on
trouvait une tourière ou portière qui ouvrait la grille. Un vestibule où restaient
les domestiques servait d'antichambre. On était censé alors être dans le
couvent. Mme de Genlis occupait ce pavillon, qui n'était pas si grand que la
maison de Sainte-Luce[76], à Lausanne, avec Mlle d'Orléans, alors âgée de
treize ans. Elle avait avec elle Paméla, depuis lady Edward Fitz-Gerald dont
je parlerai plus bas, et Henriette de Sercey, toutes deux élevées avec la
princesse. Les princes, dont l'éducation lui était également confiée, ne
couchaient pas dans le pavillon. Ils y venaient le matin de très bonne heure,
s'en allaient le soir après le souper avec leur sous-gouverneur et couchaient
au Palais-Royal. Comme je les avais souvent rencontrés et que j'étais fort amie
de Mme de Valence, fille de Mme de Genlis, Mme de Montesson m'invitait
à venir chez elle quand les jeunes princes y étaient. Mme de Genlis se prit
pour moi d'une belle passion et voulut que je fisse partie des petites soirées

dansantes qui eurent lieu, une fois la semaine, pendant cet hiver. Elles se terminaient toujours avant 11 heures et n'étaient pas suivies d'un souper.

Le duc de Chartres commençait à aller dans le monde, c'est-à-dire qu'il assistait quelquefois aux soupers du Palais-Royal. Il était entré au service militaire et avait le cordon bleu. C'était un gros garçon, parfaitement gauche et disgracieux, avec des joues pâles et pendantes, l'air sournois, sérieux et timide. On le disait instruit et même savant. Mais, dans ce temps de frivolité et d'insouciance, il suffisait de peu de chose pour jeter de la poudre aux yeux. Il serait injuste de prétendre, cependant, que le système d'éducation de Mme de Genlis, tout singulier qu'il pût paraître au monde d'alors, n'eût pas, au milieu de beaucoup de choses affectées et ridicules, un bon côté, surtout quand on le comparait à celui adopté par le duc de Sérent[77], gouverneur des enfants de M. le comte d'Artois, pour ses deux élèves, que l'on ne voyait jamais et qui demeuraient aussi étrangers à la France que s'ils devaient régner en Chine. Les princes d'Orléans, au contraire, consacraient leurs promenades et leurs récréations à tout ce qui pouvait les instruire. Métiers, machines, bibliothèques, cabinets particuliers, monuments publics, arts, rien ne leur était étranger. Ils s'instruisaient en s'amusant. On les rendait populaires, et les événements ont montré que celui des trois qui a survécu en a tiré profit. Dans le temps dont je parle, les deux cadets étaient encore des enfants. J'ai assisté plusieurs fois à leur souper, les jours de petite soirée dansante. Quant aux autres invités, ils allaient souper chez eux ou chez des amis, car il n'était jamais question de manger, à Belle-Chasse, ou de boire autre chose qu'un verre d'eau. Ce repas des princes était d'une frugalité extrême, on peut même dire exagérée. Mme de Genlis n'y participait pas, et Henriette de Sercey et Paméla trouvaient charmant d'étendre leur soupe d'un grand verre d'eau, puis d'y casser des morceaux de pain sec.

À un bal que Mme de Montesson donna aux jeunes princes et où j'étais particulièrement bien mise et fort admirée, elle proposa au jeune duc de Chartres de danser avec moi. Il s'en défendit fort; on dit même qu'il pleura. Il n'a pas fait tant de façons pour prendre la couronne.

Puisque j'ai cité le nom de Paméla, parlons un peu de son origine. Mme de Genlis laissait entendre qu'elle avait recueilli l'enfant en Angleterre, mais personne ne doutait qu'elle ne fût sa fille et celle de M. le duc d'Orléans— Égalité.—Chose singulière, cependant, j'ai des raisons de croire que l'assertion de Mme de Genlis était la vérité. Ma tante, lady Jerningham, avait connu intimement, dans le Shropshire, où son mari avait de grandes terres, un *clergyman*[78], également en relation avec Mme de Genlis. Un jour, ce *clergyman*, étant à sa cure, reçut de Mme de Genlis une lettre dans laquelle elle lui disait: «que, pour des raisons particulières et extrêmement importantes, elle désirait se charger de l'éducation d'une enfant de cinq à six ans, d'une petite fille, dont elle lui faisait la description et lui donnait le signalement le plus détaillé. Une grosse somme était destinée aux parents de l'enfant, à condition du secret le plus absolu. Ils ne devaient pas même savoir le nom de la personne à qui l'on confiait l'éducation de cette enfant, qui en recevrait une entièrement supérieure à son état, et était destinée à une fortune élevée.»

Le curé trouva l'enfant telle que Mme de Genlis en avait donné la description et l'envoya dans le lieu qui lui avait été indiqué, à Londres. Lady Jerningham ne doutait pas que cette enfant ne fût Paméla. On ne pouvait rien voir de plus délicieux que sa figure, à quinze ans qu'elle avait lorsque je la connus. Son visage n'avait pas un défaut, ou même une imperfection. On eût dit celui de la plus jeune des filles de Niobé. Tous ses mouvements étaient gracieux, son sourire angélique, ses dents d'un blanc perlé. À dix-huit ans, en 1792, elle tourna la tête à lord Edward Fitz-Gerald, cinquième fils du duc de Leinster, qui l'épousa et la mena en Irlande, où il était à la tête des insurgés—*United Irish Men*[79]. À la mort de son mari, elle revint sur le continent et s'établit à Hambourg, où elle épousa le consul américain, M. Pitcairn. Je reparlerai d'elle plus tard.

Sa compagne d'éducation, Henriette de Sercey, nièce de Mme de Genlis, était une grosse fille non dépourvue d'esprit et douée du mérite de n'être aucunement jalouse de Paméla. Elle ne l'aimait cependant pas, je crois, et prenait en pitié les petits soins dont l'entourait Mme de Genlis. Profitant avec assiduité de l'éducation qu'on lui donnait l'occasion d'acquérir, elle eut des connaissances et des talents distingués. Je tiens de Mme de Valence que Louis-Philippe, à dix-huit ans, en avait été amoureux, et qu'après la mort de son père, Égalité, il aurait voulu l'épouser; mais elle s'y refusa et épousa, à Hambourg en 1793, un négociant, M. Mathiesen. Après un an de mariage, ayant rencontré un jeune Suisse du nom de Finguerlin, qui faisait le commerce dans cette ville, ils provoquèrent assez de scandale pour que le vieux Mathiesen divorçât. Elle épousa alors son amant, Finguerlin, avec lequel elle a toujours bien vécu et dont elle eut plusieurs enfants. Mme de Genlis parle d'elle et de ses filles dans ses mémoires.

La singularité de cet intérieur, c'est que Mme de Genlis, qui avait réellement une fille d'Égalité, l'avait prise en haine dès son enfance, et lorsque sa fille légitime épousa M. de Valence, elle lui confia cette enfant, alors âgée de huit ou dix ans, sous le prétexte que son éducation servirait d'apprentissage à Mme de Valence pour celle qu'elle aurait à donner plus tard à ses propres enfants. Cette petite fille, qui passait pour une enfant trouvée, était, par conséquent sœur de Mme de Valence par sa mère, et sœur de Louis-Philippe par son père. Chaque jour je la rencontrais chez Mme de Valence. Elle était fort raisonnable et très taciturne. Je ne lui ai pas connu d'autre nom que celui d'Hermine. Mme de Valence la maria à un agent de change nommé Collard, qui avait acquis, on ne sait trop comment, une assez bonne fortune. Plusieurs filles naquirent de ce mariage. Toutes se sont bien établies. Une d'elles, Mme Cappelle, a eu pour fille la trop célèbre Mme Lafarge.

II

Au printemps de 1789, après un hiver qui avait été si cruel pour les pauvres et avant l'ouverture des États-Généraux, jamais on ne s'était montré aussi disposé à s'amuser, sans s'embarrasser autrement de la misère publique. Des courses eurent lieu à Vincennes, où les chevaux du duc d'Orléans coururent contre ceux du comte d'Artois. C'est en revenant de la dernière de ces courses avec Mme de Valence et dans sa voiture que, passant rue Saint-Antoine, nous tombâmes au milieu du premier rassemblement populaire de cette époque: celui où fut détruit l'établissement de papiers de tenture du respectable manufacturier Réveillon. J'eus longtemps après seulement l'explication de cette émeute, qui avait été payée.

Comme nous traversions le groupe de quatre cents ou cinq cents personnes qui encombraient la rue, la vue de la livrée d'Orléans portée par les gens de Mme de Valence, M. de Valence occupant l'emploi de premier écuyer de M. le duc d'Orléans, excita l'enthousiasme de cette canaille. Ils nous arrêtèrent un moment en criant: «Vive notre père! vive notre roi d'Orléans!» Je fis peu d'attention alors à ces exclamations. Elles me revinrent à l'esprit quelques mois plus tard, lorsque j'eus acquis la certitude des projets de ce misérable duc d'Orléans. Le mouvement populaire qui ruina Réveillon avait été combiné, je n'en doute pas, pour se défaire de ce brave homme, qui employait trois à quatre cents ouvriers et jouissait d'un grand crédit dans le faubourg Saint-Antoine.

Voici son histoire, comme, il la racontait lui-même. Etant très jeune, il travaillait, je ne sais plus à quel métier, dans ce faubourg où il avait toujours habité. Un jour, en se rendant à sa journée, il rencontra un pauvre père de famille, ouvrier comme lui, que l'on conduisait en prison pour mois de nourrice. Il se désespérait de laisser sa femme et ses enfants dans une affreuse misère, que sa détention allait aggraver. Réveillon, animé par le sentiment que la Providence lui avait procuré cette rencontre à dessein, court chez un brocanteur, vend ses outils, ses habits, tout ce qu'il possède, paye la dette et rend ce père à sa famille. «Depuis ce moment, disait-il, tout m'a réussi. J'ai fait fortune, je dirige quatre cents ouvriers et je puis faire la charité à mon aise.» C'était un homme simple, juste, adoré de ses ouvriers. Depuis le soir de ce jour funeste, où l'on brûla et détruisit toutes ses planches, ses machines et ses magasins, je ne sais ce qu'il est devenu.

III

Les élections terminées, chacun prit ses dispositions pour s'établir à Versailles. Tous les membres des États-Généraux cherchèrent des appartements dans la ville. Ceux d'entre eux qui étaient attachés à la cour transportèrent leurs maisons et leurs ménages dans les locaux qui leur étaient réservés au château. Ma tante y avait alors le sien, où je logeais avec elle. Il était situé très haut au-dessus de la galerie des Princes[80]. La chambre que j'occupais avait jour sur les toits, mais celle de ma tante donnait sur la terrasse et avait une très belle vue. Nous ne couchions dans ce logement que le samedi soir. M. de Poix, comme gouverneur de Versailles, disposait, à la Ménagerie[81], d'une charmante petite maison attenant à un joli jardin. Il la prêta à ma tante, qui s'y installa avec tous ses gens, son cuisinier, ses chevaux et les miens, c'est-à-dire mes chevaux de selle, et mon palefrenier anglais. Cette habitation était très agréable. Tout ce que l'on connaissait s'établissait à Versailles, et l'on attendait avec gaieté et sans inquiétude, du moins apparente, l'ouverture de cette assemblée qui devait régénérer la France. Quand je réfléchis maintenant à cet aveuglement, je ne le conçois possible que pour les gens jeunes comme je l'étais. Mais que les hommes d'affaires, que les ministres, que le roi lui-même en fussent atteints, la chose est inexplicable.

Je n'ai pas conservé le souvenir du motif pour lequel je n'accompagnai pas la reine avec toute sa maison à la procession qui eut lieu après la messe du Saint-Esprit. J'allai voir passer cette procession, qui traversa, comme c'était l'usage, la place d'Armes, pour se rendre d'une des paroisses de Versailles à l'autre[82]. Nous occupions, avec Mme de Poix, l'une des fenêtres de la grande écurie. La reine avait l'air triste et irrité. Etait-ce un pressentiment? M. de La Tour du Pin était si contrarié de n'avoir pas été élu député aux États-Généraux qu'il ne voulut même pas assister à la séance d'ouverture. Le spectacle était magnifique, et a été si souvent décrit dans les mémoires du temps que je n'en ferai pas le récit. Le roi portait le costume des cordons bleus tous les princes de même, avec cette différence que le sien était plus richement orné et très chargé de diamants. Ce bon prince n'avait aucune dignité dans la tournure. Il se tenait mal, se dandinait; ses mouvements étaient brusques et disgracieux, et sa vue, extrêmement basse, alors qu'il n'était pas d'usage de porter des lunettes, le faisait grimacer. Son discours, fort court, fut débité d'un ton assez résolu. La reine se faisait remarquer par sa grande dignité, mais on pouvait voir, au mouvement presque convulsif de son éventail, qu'elle était fort émue. Elle jetait souvent les yeux sur le côté de la salle où le tiers-état était assis, et avait l'air de chercher à démêler une figure parmi ce nombre d'hommes où elle avait déjà tant d'ennemis. Quelques minutes avant l'entrée du roi, il s'était passé une circonstance que j'ai vue de mes propres yeux avec tous ceux qui étaient présents, mais que je ne me rappelle pas avoir lue dans aucune des relations de cette mémorable séance.

Tout le monde sait que le marquis de Mirabeau, n'ayant pu se faire élire par l'assemblée de la noblesse de Provence, à cause de l'épouvantable réputation qu'il s'était justement acquise, avait été élu par le tiers-état. Il entra seul dans la salle et alla se placer vers le milieu des rangs de banquettes dépourvues de dossiers et disposées les unes derrière les autres. Un murmure fort bas—*un susurro*—mais général se fit entendre. Les députés déjà assis devant lui s'avancèrent d'un rang, ceux de derrière se reculèrent, ceux de côté s'écartèrent, et il resta seul au centre d'un vide très marqué. Un sourire de mépris passa sur son visage et il s'assit. Cette situation se prolongea pendant quelques minutes, puis, la foule des membres de l'assemblée augmentant, ce vide se combla peu à peu par le rapprochement forcé de ceux qui s'étaient d'abord écartés. La reine avait été probablement instruite de cet incident, qui a peut-être eu plus d'influence sur sa destinée qu'elle ne le soupçonnait alors, et c'est ce qui motivait les regards curieux qu'elle dirigeait du côté des députés du tiers-état.

Le discours de M. Necker, ministre des finances, me parut accablant d'ennui. Il dura plus de deux heures. Mes dix-neuf ans le trouvèrent éternel. Les femmes étaient assises sur des gradins assez larges. On n'avait aucun moyen de s'appuyer, si ce n'était sur les genoux de la personne placée au-dessus et derrière soi. La première travée avait été naturellement réservée aux femmes attachées à la cour et qui n'étaient pas de service. Cela les obligeait à conserver un maintien irréprochable et qui était très fatigant. Je crois n'avoir jamais éprouvé autant de lassitude que pendant ce discours de M. Necker, que ses partisans portèrent aux nues.

Toutes les phases du commencement de l'Assemblée constituante sont connues. L'histoire les rapporte, et je n'écris pas l'histoire. Mon mari rejoignit, le 1er juin, son régiment, ainsi que les autres colonels. Il était en garnison à Valenciennes, et, par conséquent, il ne fit pas partie des troupes qu'on rassembla aux portes de Paris, sous le commandement du maréchal de Broglie, et dont on ne se servit pas en temps opportun, par suite de cette fatale faiblesse qui se manifestait toujours au moment où la fermeté eût été nécessaire. La reine ne savait que montrer de l'humeur, sans jamais se décider à agir. Elle reculait. Il est vrai de dire aussi que ces empiétements sur l'autorité royale apparaissaient comme une chose si nouvelle que ni le roi ni la reine n'en discernaient le symptôme alarmant. La petite révolte pour les subsistances qui s'était produite au début du règne, et qu'on avait nommée la *guerre des farines*, leur paraissait le plus grand excès auquel le peuple pût se livrer.

On commençait bien à prévoir que l'Assemblée constituante entraînerait plus loin qu'on ne l'avait pensé d'abord, mais on croyait encore à la possibilité de réprimer facilement l'esprit d'innovation qui pénétrait partout, et lorsque le roi alla à l'Assemblée[83], le 23 juin, il ne doutait pas, pauvre prince! que sa présence ne fît rentrer sous terre les innovateurs. Quelqu'un serait-il venu lui dire que l'on corrompait son armée, que le régiment des gardes françaises tout entier était gagné, que l'on arrêtait à dessein les subsistances pour affamer Paris et pousser la population à la révolte, cette personne aurait passé pour un fou. Ah! il est bien aisé maintenant, cinquante ans après ces événements, et quand on a vu les conséquences de la faiblesse de la cour, de dire comment il aurait fallu agir! Mais à cette époque, alors qu'on ignorait même ce qu'était une révolution, prendre un parti ne paraissait pas chose s facile. Tel qui s'applaudissait, en juin 1789, d'avoir les idées d'un bon patriote, en a eu horreur trois mois plus vautier Rien n'était matériellement dérangé dans le réseau d'étiquettes qui enveloppait la cour. On discutait dans les salons, on commençait à échanger des mots piquants, mais c'était tout, et, pour ma part, je ressentais un grand ennui des conversations politiques. Chaque jour j'écrivais à mon mari les propos que j'avais recueillis. Ces lettres qui m'auraient été bien utiles pour rédiger mes souvenirs, je ne les ai pas conservées. Je trouverais sans doute aujourd'hui, si je les avais sous les yeux, qu'elles reproduisaient les caquets de la société qui m'entourait et où les femmes se faisaient l'écho des propos de leurs amis. Le premier événement qui commença à me paraître sérieux fut la sortie de M. Necker du ministère. Ce sont les conditions extraordinaires de ce départ, plutôt que ses conséquences, qui me frappèrent. J'avais été faire une visite au contrôle général la veille du jour où nous devions partir, ma tante et moi, pour aller chez M. le maréchal de Beauvau, dans sa maison de campagne du Val, au bout de la terrasse de Saint-Germain. Mme de Poix, sa fille, se trouvait là avec quelques personnes de la plus haute compagnie, tous de la *secte des philosophes*. Cette partie de plaisir ne souriait guère à mes dix-neuf ans. Mme la maréchale de Beauvau, sérieuse, pédante et peu indulgente, m'intimidait affreusement. Il fallait absolument lui plaire en tout, depuis la toilette jusqu'à la conversation. Charles de Noailles, fils de Mme de Poix, Amédée de Duras, son cousin, tous deux mes aînés d'un an, et moi, aurions aimé à aller un peu rire dans le jardin; mais la répartition des heures et des mouvements, la sévérité des convenances ne toléraient pas une telle infraction à la règle. Cependant, le soir, nous faisions de la musique, accompagnés par Mme de Poix, qui était excellente musicienne, et Mme la maréchale s'amusait à me voir faire tableau avec sa petite négresse Ourika. Je la prenais sur mes genoux, elle me passait les bras autour du col et appuyait son petit visage noir comme l'ébène, sur ma joue blanche. Mme de Beauvau ne se lassait pas de cette représentation, qui m'ennuyait extrêmement, parce que j'ai toujours eu horreur des choses factices.

Comme nous déjeunions dans un pavillon du jardin, un valet de chambre arriva fort troublé et demanda à M. le maréchal s'il savait où était M. Necker. Il ajoutait que la veille, en revenant du conseil, le ministre était monté en voiture avec Mme Necker, disant qu'ils allaient souper au Val; que depuis on ne l'avait pas revu et qu'on ne savait où le trouver; que cette nouvelle commençait à se répandre et qu'il se formait des groupes devant les fenêtres du contrôle général, à Versailles. Un palefrenier à cheval avait été envoyé dans tous les lieux où l'on supposait que M. et Mme Necker auraient pu se rendre, mais nulle part on ne signalait leur présence. Cette disparition inquiéta fort, et ma tante voulut retourner à Versailles, pour mieux dire, à la Ménagerie, où nous étions établies. En y arrivant, le mystère nous fut dévoilé. Les chevaux de M. Necker étaient rentrés à Versailles après avoir conduit leurs maîtres au Bourget. Là ceux-ci avaient pris la poste pour se rendre en Suisse en passant par les Pays-Bas. Son dessein, en quittant ainsi le ministère, était de se dérober aux témoignages de popularité que son départ n'aurait pas manqué de provoquer. J'ai entendu depuis blâmer cette démarche comme entachée d'un excès d'amour-propre; personnellement, je crois que M. Necker était de très bonne foi et que, prévoyant déjà d'ailleurs qu'on courait à une catastrophe, il ne voulait pas exciter le peuple, qui commençait à se faire craindre.

Mme de Montesson était à Paris et se proposait de partir pour Berny, où elle devait passer l'été. Aimant le monde comme elle l'aimait, elle eût sans doute préféré s'établir pour cette saison, à Versailles, alors le centre de la société et des affaires, et dont tendaient à se rapprocher tous ceux qui le pouvaient. Mais sa position envers la cour ne le lui permettait pas. D'un autre côté, le séjour de Paris, où l'on cherchait à provoquer de l'inquiétude pour les subsistances, un des moyens employés par les révolutionnaires pour soulever le peuple, n'était plus tenable. Berny étant peu éloigné de Versailles, où elle pouvait se rendre en deux heures par la route de Sceaux, elle prit le parti de s'y établir avec Mme de Valence, et m'engagea à y venir passer un mois ou six semaines.

IV

Je fis donc partir, le 13 juillet, mes chevaux de selle avec mon palefrenier anglais qui parlait à peine français, et lui ordonnai de passer par Paris pour se procurer quelques objets qui lui étaient nécessaires. Je cite cette petite circonstance comme preuve que l'on n'avait pas la moindre idée de ce qui devait arriver à Paris le lendemain. On parlait seulement de troubles partiels à la porte de quelques boulangers accusés par le peuple de falsifier la farine. La petite armée qui était rassemblée dans la plaine de Grenelle et au Champ de Marc rassurait la cour, et quoique la désertion y fût journalière, on ne s'en inquiétait pas.

Si l'on réfléchit que ma position personnelle me mettait à portée de tout savoir; que M. de Lally, membre influent de l'Assemblée, demeurait, avec ma tante et moi, dans la petite maison de la Ménagerie; que j'allais tous les jours souper à Versailles, chez Mme de Poix, dont le mari, capitaine des gardes, et membre de l'Assemblée, voyait le roi tous les soirs à son coucher ou à l'ordre, on sera bien surpris de ce que je vais conter.

Notre sécurité était si profonde que le 14 juillet à midi, ou même à une heure plus avancée de la journée, nous ne nous doutions, ni ma tante ni moi, qu'il y eût le moindre tumulte à Paris, et je montai dans ma voiture, avec une femme de chambre et un domestique sur le siège, pour m'en aller à Berny par la grande route de Sceaux qui traverse les bois de Verrières. Il est vrai que cette route,—celle de Versailles à Choisy-le-Roi,—ne rencontre aucun village et est fort solitaire. Je me rappelle encore que j'avais dîné de bonne heure à Versailles, de manière à arriver à Berny assez à temps pour être établie dans mon appartement avant le souper, servi à 9 heures à la campagne. Cette réflexion rend l'ignorance où nous étions encore plus extraordinaire. En arrivant à Berny, je fus surprise, après avoir pénétré dans la première cour, de ne voir aucun mouvement, de trouver les écuries désertes, les portes fermées; même solitude dans la cour du château. La concierge, qui me connaissait bien, entendant une voiture, s'avança sur le perron et s'écria d'un air troublé et effaré: «Eh! mon Dieu, madame! Madame n'est pas ici. Personne n'est sorti de Paris. On a tiré le canon de la Bastille. Il y a eu un massacre. Quitter la ville est impossible. Les portes sont barricadées et gardées par les gardes françaises, qui se sont révoltés avec le peuple.» L'on conçoit mon étonnement, plus grand encore que mon inquiétude. Mais comme, malgré mes dix-neuf ans les choses imprévues ne me déconcertaient guère, j'ordonnai, à la voiture de rebrousser chemin et me fis conduire à la poste aux chevaux de Berny, dont je connaissais le maître comme un brave homme, fort dévoué à Mme de Montesson et à ses amis. Je lui témoignai le désir de retourner à l'instant à Versailles. Il me confirma le récit de la concierge, qui n'était composé que de suppositions, puisque personne n'était sorti de Paris. Seulement on distinguait les couleurs de la ville arborées sur les barrières, et les sentinelles que l'on apercevait dans l'intérieur criaient: «Vive la nation!» et avaient une cocarde aux trois couleurs à leur chapeau.

Mon cocher de remise déclara qu'il ne retournerait à Versailles pour rien au monde. Je fis alors atteler quatre chevaux de poste menés par deux postillons dont le maître me répondit, comme étant des garçons déterminés, puis je reparti? pour Versailles au grand galop. J'y arrivai vers 11 heures. Ma tante avait eu la migraine. Elle était couchée. Elle n'avait pas été chez Mme de Poix. M. de Lally n'était pas revenu. Elle ne savait rien. En me voyant près de son lit, elle crut qu'elle, faisait un mauvais rêve ou que la tête m'avait tourné. Pour moi, j'avoue que le sort de mon palefrenier anglais et de mes trois chevaux m'inquiétait surtout. J'avais une crainte mortelle qu'ils n'eussent été offerts en holocauste à la nation.

Le lendemain matin, nous étions de bonne heure à Versailles. Ma tante alla aux nouvelles. Je me rendis, dans le même but, chez mon beau-père, où j'appris tout ce qui s'était passé: la prise de la Bastille; la révolte du régiment des gardes françaises; la mort de MM. de Launay et Flesselles, et de tant d'autres plus obscurs; la charge intempestive et inutile d'un escadron de Royal-Allemand, commandé par le prince de Lambesc, sur la place Louis XV. Le lendemain, une députation du peuple força M. de La Fayette de se mettre à la tête de la *garde nationale*, qui s'était instituée. Puis, peu de jours après, la nouvelle arriva que MM. Foulon et Bertier avaient également été massacrés. Le régiment des gardes chassa tous ceux de ses officiers qui ne voulurent pas adhérer à sa nouvelle organisation. Les sous-officiers prirent leurs places, et cette coupable insubordination, dont l'exemple fut depuis suivi par toute l'armée française, présenta néanmoins cet avantage pour Paris, qu'il y eut, au premier moment de l'insurrection, un corps organisé qui empêcha la lie du peuple de se livrer aux excès qui se seraient produits sans son intervention.

La petite armée de la plaine de Grenelle fut dissoute, les régiments, dont la désertion avait éclairci les rangs, importèrent dans les provinces où on les envoya en garnison le funeste esprit d'indiscipline qui leur avait été inculqué à Paris, et rien dans la suite ne put l'effacer.

V

Sept ou huit jours après le 14 juillet, M. de La Tour du Pin arriva en secret de sa garnison à Versailles, tant il était inquiet de son père et de moi. À Valenciennes, où son régiment était renfermé, les récits les plus mensongers et les plus contradictoires s'étaient succédé toutes les heures. Le ministre de la guerre, comte de Puységur[84], et le duc de Guines, son inspecteur, ne désapprouvèrent pas cette légère infraction, et un congé lui fut délivré, à la demande de son père, qui, dans ce temps où il prévoyait déjà une élévation que sa modestie l'empêchait de désirer, était bien aise de conserver son fils auprès de lui. Néanmoins, après la visite du roi à Paris, exigée par la Commune, et le retour de M. Necker, rappelé dans l'espoir de calmer les esprits, mon mari, qui n'était pas d'avis que son père acceptât le ministère de la guerre qu'on lui offrait, voulut s'éloigner de Versailles pour ne pas influer sur sa détermination.

On m'avait ordonné les eaux de Forges, en Normandie, pour me fortifier, car ma dernière couche, où j'avais été si malade, m'avait laissé une grande faiblesse dans les reins, et l'on craignait même que je n'eusse plus d'enfants, ce qui me mettait au désespoir. Nous allâmes donc à Forges, et le séjour d'un mois que nous y fîmes est un des moments de ma vie que je me rappelle avec le plus de bonheur. Ayant envoyé là-bas nos chevaux de selle, nous faisions, tous les jours, de longues promenades dans les beaux bois et le joli pays qui entourent cette petite ville. Nous avions emporté des livres en grande variété, et mon mari, lecteur infatigable, me lisait, tandis que je travaillais avec cette assiduité et ce goût pour les ouvrages des mains qui ne m'ont pas abandonnée encore, à l'âge avancé où je tâche de rassembler ces souvenirs. Il n'y avait pas de société à Forges, si ce n'est une femme agréable dont j'ai oublié le nom. Elle soupirait bien douloureusement en voyant l'union et le charme de notre ménage, tandis que son mari, qu'elle aimait à la passion, était dans sa garnison, au bout de la France, sans espoir d'obtenir de semestre avant dix-huit mois. Nous rencontrions souvent aussi, à cheval, un officier de je ne sais quel régiment. Il était du pays et, tout en nous indiquant les belles promenades à faire, nous racontait que sa grande ambition serait d'entrer dans les gardes du corps, sans se douter que ce désir devait être bientôt satisfait.

Le 28 juillet est l'un des jours de la Révolution où il arriva la chose la plus extraordinaire et qui a été la moins expliquée, puisque, pour la comprendre, il faudrait supposer qu'un immense réseau ait couvert la France, de manière qu'au même moment et par l'effet d'une même action, le trouble et la terreur fussent répandus dans chaque commune du royaume. Voici ce qui arriva à Forges ce jour-là, comme partout ailleurs, et ce dont j'ai été témoin oculaire. Nous occupions un modeste appartement à un premier étage très bas, donnant sur une petite place traversée par la grande route qui conduit à Neufchâtel et à Dieppe. Sept heures du matin sonnaient, et j'étais habillée et prête à monter à cheval, attendant mon mari, parti seul pour la fontaine ce jour-là, parce que, à la suite de je ne sais quelle circonstance, je n'avais pas voulu l'accompagner. Je me tenais debout devant la fenêtre, et je regardais la grande route, par laquelle il devait revenir, lorsque j'entendis arriver du côté opposé une foule de gens qui couraient et qui débouchèrent sur la place au-dessous de ma fenêtre—notre maison était située à un coin—en donnant des signes de crainte désespérés. Des femmes se lamentaient et pleuraient, des hommes en fureur, juraient, menaçaient, d'autres levaient les mains au ciel en criant: «Nous sommes perdus!» Au milieu d'eux, un homme à cheval les haranguait. Il était vêtu d'un mauvais habit vert, à l'apparence déchiré, et n'avait pas de chapeau. Son cheval gris-pommelé était couvert de sueur et portait sur la croupe plusieurs coupures qui saignaient un peu. S'arrêtant sous ma fenêtre, il recommença une sorte de discours sur le ton des charlatans parlant sur les places publiques, et disait «Ils seront ici dans trois heures, ils pillent tout à Gaillefontaine[85], ils mettent le feu aux granges, etc., etc.» Et, après ces deux ou trois phrases, il mit les éperons dans le ventre de son cheval et s'en alla du côté de Neufchâtel au grand galop.

Comme je ne suis pas peureuse, je descendis; je montai à cheval, et je me mis à parcourir au pas cette rue où affluaient peu à peu des gens qui croyaient que leur dernier jour était arrivé, leur parlant, tâchant de leur persuader qu'il n'y avait pas un mot de vrai dans tout ce qu'on leur avait dit; qu'il était impossible que les Autrichiens, dont cet imposteur venait de leur parler, et avec qui nous n'étions pas en guerre, fussent arrivés jusqu'au milieu de la Normandie sans que personne eût entendu parler de leur marche. Parvenue devant l'église, je trouvai le curé qui s'y rendait pour faire sonner le tocsin. À ce moment arriva à cheval M. de La Tour du Pin, que mon palefrenier avait été chercher à la fontaine, avec l'officier dont j'ai parlé plus haut. Ils me trouvèrent tenant, de dessus mon cheval, le collet de la soutane du curé, et lui représentant la folie d'effrayer son troupeau par le tocsin, au lieu de lui prouver, en unissant ses efforts aux miens, que ses craintes étaient chimériques. Alors mon mari, prenant la parole, dit à tous ces gens rassemblés que rien de ce qui leur avait été annoncé n'avait le moindre fondement; que, pour les rassurer, nous allions aller à Gaillefontaine et leur en apporter des nouvelles, mais qu'en attendant ils ne sonnassent pas le tocsin et rentrassent dans leurs maisons. Nous partîmes, en effet, au petit galop tous trois, suivis de mon palefrenier qui, depuis le 14 juillet où il s'était trouvé à Paris, croyait que les Français, dont il n'entendait pas la langue, étaient tous fous. Il s'approchait respectueusement de moi en soulevant son chapeau, et me disait: «*Please, milady, what are they all about?*[86]»

Au bout d'une heure, nous arrivâmes au bourg où nous devions trouver les Autrichiens. En descendant un chemin creux qui conduisait à la place, un homme armé d'un mauvais pistolet rouillé nous arrêta par les mots: «Qui vive!» puis, s'étant avancé au-devant de nous, il nous demanda si les Autrichiens n'étaient pas à Forges. Sur notre réponse négative, il nous mena sur la place en criant à toute la population qui y était rassemblée: «Ce n'est pas vrai! ce n'est pas vrai!» À ce moment un gros homme, espèce de bourgeois, s'étant approché de moi, poussa l'exclamation: «Eh! citoyen, c'est la reine!» Alors, de toutes parts, on s'écria qu'il fallait me mener à la commune, et quoique je ne fusse pas du tout effrayée de cette conjoncture, je l'étais beaucoup du danger que couraient une foule de femmes et d'enfants qui se jetaient dans les jambes de mon cheval, animal très vif. Heureusement, un garçon serrurier, étant sorti de sa boutique, vint me regarder, puis il se mit à rire comme un fou, en leur disant que la reine avait au moins deux fois l'âge de la jeune demoiselle et était deux fois aussi grosse, qu'il l'avait vue deux mois auparavant et que ce n'était pas elle. Cette assurance me rendit la liberté, et nous repartîmes aussitôt pour retourner à Forges, où déjà se répandait, le bruit que nous étions pris par l'ennemi. Nous retrouvâmes les hommes armés de tout ce qu'ils avaient pu se procurer et la garde nationale organisée. C'était là le but que l'on s'était proposé d'atteindre, et dans toute la France, au même jour et presque à la même heure, la population se trouva armée.

CHAPITRE X

I. M. de La Tour pu Pin père au ministère de la guerre.—Dîners officiels.—
Commencement de l'émigration.—La nuit du 4 août.—Ruine de la famille
de La Tour du Pin.—Train de maison du ministre de la guerre.—Mmes de
Montmorin et de Saint-Priest.—Le contrôle général et Mme de Staël.—II.
Organisation de la garde nationale de Versailles: son commandant en chef,
M. d'Estaing; son commandant en second, M. de La Tour du Pin; son major,
M. Berthier.—Une exécution publique.—La Saint-Louis en 1789.—La
bénédiction des drapeaux de la garde nationale à Notre-Dame de
Versailles.—La garde nationale de Paris et M. de Lafayette.—III. Le banquet
des gardes du corps au château.—Le Dauphin parcourt les tables.—Le bout
de ruban de Mme de Maillé.—IV. Journée du 5 octobre.—Le roi à la
chasse.—Paris marche sur Versailles.—Dispositions de défense.—Les
femmes de Paris à Versailles le 5 octobre.—Révolte de la garde nationale de
Versailles.—Projets de départ de la famille royale pour Rambouillet.—
Envahissement des ministères.—Hésitation du roi.—M. de Lafayette chez le
roi.—Le calme se rétablit.—V. Journée du 6 octobre.—Une bande armée
envahit le château.—Massacre des gardes du corps.—Tentative d'assassinat
contre la reine.—Présence du duc d'Orléans au milieu des insurgés.—Départ
de la famille royale pour Paris.—Le roi confie la garde du palais de Versailles
à M. de La Tour du Pin.—Santerre.—M. de La Tour du Pin se réfugie à Saint-
Germain.

I

Quelques jours après les événements que je viens de raconter, mon mari reçut
un courrier lui annonçant la nomination de son père au ministère de la guerre.
Nous repartîmes aussitôt pour Versailles. Alors commença ma vie publique.
Mon beau-père m'installa au département de la Guerre[87] et me mit à la tête
de sa maison pour en faire les honneurs, de concert avec ma belle-sœur,
également logée au ministère, mais qui, au bout de deux mois, devait nous
quitter. J'occupai le bel appartement du premier avec mon mari. J'avais été si
accoutumée, à Montpellier et à Paris, aux grands dîners, que ma nouvelle
situation ne m'embarrassait aucunement. D'ailleurs, je ne me mêlais de rien
que de faire les honneurs. Il y avait par semaine deux dîners de vingt-quatre
couverts, auxquels l'on priait tous les membres de l'Assemblée constituante,
à tour de rôle. Les femmes n'étaient jamais invitées. Mme de Lameth et moi
étions assises vis-à-vis l'une de l'autre, et nous prenions à côté de nous les
quatre personnages les plus considérables de la société, en observant de les
choisir toujours dans tous les partis. Tant qu'on a été à Versailles, les hommes
assistaient sans exception à ces dîners en habit habillé, et j'ai souvenir de M.

de Robespierre en habit vert pomme et supérieurement coiffé avec une forêt de cheveux blancs. Mirabeau seul ne vint pas chez nous et ne fut jamais invité. J'allais souvent souper dehors, soit chez mes collègues, soit chez les personnes établies à Versailles pendant le temps de l'Assemblée nationale, comme on la nommait.

Le jour même du 14 juillet[88], M. le comte d'Artois quitta la France avec ses enfants et se rendit à Turin chez son beau-père[89]. Plusieurs personnes de sa maison l'accompagnèrent, entre autres M. d'Hénin, son capitaine des gardes. La reine, craignant que quelque émotion populaire ne compromît la sûreté de la famille de Polignac, les engagea à quitter aussi la France. Mme de Polignac donna donc sa démission de gouvernante des enfants de France et emmena avec elle la duchesse de Gramont, sa fille. Je vis cette pauvre jeune femme la veille de son départ. Il y avait quinze jours seulement qu'elle était accouchée de son fils Agénor. Elle le laissa à son mari, qui était de quartier comme capitaine des gardes. J'ignore au juste pourquoi elle ne resta pas auprès de lui. Ne l'aimant pas, elle préféra sans doute suivre sa mère et emmener ses deux filles. Elle avait épousé le duc de Gramont à douze ans et un jour, et à vingt-deux ans elle était mère déjà de trois enfants. Je la quittai alors pour ne plus la revoir, et son souvenir m'a toujours été très doux, car son caractère était aussi angélique que sa figure. Son visage était divin, mais elle n'avait pas de taille, quoiqu'elle fût très droite. Aussi Mme de Bouillon avait coutume de dire qu'elle lui voyait des ailes sous le menton, comme aux chérubins.

Tout est de mode en France; celle de l'émigration commença alors. On se mit à lever de l'argent sur ses terres pour emporter une grosse somme. Ceux, en grand nombre, qui avaient des créanciers, envisagèrent ce moyen de leur échapper. Les plus jeunes y voyaient un motif de voyage tout trouvé, ou bien un prétexte d'aller rejoindre leurs amis et leur société. Personne ne se doutait encore des conséquences que cette résolution pouvait avoir.

Cependant la nuit du 4 août, qui détruisit les droits féodaux sur la motion du vicomte de Noailles, aurait dû prouver aux plus incrédules que l'Assemblée nationale n'en resterait pas à ce commencement de spoliation. Mon beau-père y fut ruiné, et nous ne nous sommes jamais relevés du coup porté à notre fortune dans cette séance de nuit, qui fut une véritable orgie d'iniquités. La terre de La Roche-Chalais, près de Coutras, était tout entière en cens et rentes ou en moulins; elle avait un passage de rivière, et le tout rapportait annuellement 30.000 francs, avec la seule charge de payer un régisseur pour recevoir les grains, qui se remettaient à jour marqué, ou que l'on pouvait payer en argent d'après la cote du marché. Cette espèce de propriété, qui instituait deux propriétaires pour le même fond, était fort en usage dans la partie sud-ouest de la France. On ne décréta pas d'abord la spoliation entière, on arrêta seulement à quel taux on pourrait se racheter. Mais, avant l'expiration du délai fixé pour le versement de la somme due, on décida que l'on ne payerait pas. En sorte que tout fut perdu.

Outre ces 30.000 francs de rentes de La Roche-Chalais, nous perdîmes le passage de Cubzac, sur la Dordogne, 12.000 francs; les rentes du Bouilh, d'Ambleville, de Tesson, de Cénevières, belle terre dans le Quercey, dont mon beau-père fut obligé de vendre le domaine l'année suivante. Voilà comment un trait de plume nous ruina. Depuis nous n'avons plus vécu que d'expédients, du produit de la vente de ce qui restait, du d'emplois dont les charges ont presque toujours été plus fortes que le revenu qu'ils procuraient. Et c'est ainsi que nous sommes descendus pendant de longues années, pas à pas, dans le fond de l'abîme où nous resterons jusqu'à la fin de notre vie.

À ce moment, je ne me doutais pas encore que ma grand'mère, retirée à Hautefontaine depuis six mois avec mon oncle l'archevêque, dût aussi me dépouiller entièrement de sa fortune, sur laquelle j'avais toute raison de compter. Je ne pouvais prévoir que mon oncle, qui n'avait pas été nommé aux États-Généraux, et dont le décret spoliateur n'entamait les revenus que de 5.000 ou 6.000 francs, qui jouissait encore de 420.000 francs de rentes sur les biens du clergé, dont il ne devait pas dépenser le quart, dans la retraite où il vivait, dût laisser, quand il sortirait de France l'année suivante, 1.800.000 francs de dettes, dans lesquelles la fortune de ma grand'mère se trouva compromise.

Toutes les conséquences de la ruine qui venait de nous atteindre ne se firent pas sentir tout d'abord. Mon beau-père, au ministère, touchait 300.000 francs de traitement, outre celui de lieutenant général et de commandant de province. À vrai dire, il était tenu à un grand état, et, outre les deux dîners de vingt-quatre couverts par semaine, nous avions encore deux beaux et élégants soupers où j'invitais vingt-cinq ou trente femmes vieilles et jeunes, réunions dont nous jouissions uniquement ma belle-sœur et moi; car, le plus souvent, mon beau-père, qui se levait de très bonne heure, allait se coucher en sortant du conseil. Cela n'empêchait toutefois pas ses collègues et leurs femmes de venir chez nous.

Malgré ma jeunesse, toutes ces dames me traitaient très bien. Mme la comtesse de Montmorin, femme du ministre des affaires étrangères, se montrait particulièrement bonne et aimable à mon égard, et j'étais liée avec la baronne de Beaumont, sa fille. La comtesse de Saint-Priest et son excellent mari, ministre de la maison du roi, m'avaient adoptée comme une vieille connaissance, se souvenant m'avoir vue en Languedoc, dans ma première jeunesse, et même à Paris, chez mon oncle, dans mon enfance. J'en dirai autant de l'archevêque de Bordeaux, M. de Cicé, qui était garde des sceaux.

Mme de Saint-Priest était Grecque par sa mère. Fille du ministre de Prusse à Constantinople et d'une dame du Fanar[90], elle n'en était sortie que pour épouser M. de Saint-Priest, alors ambassadeur de France auprès de la Porte. Quoique vivant dans son salon comme une dame française, elle conservait dans son intérieur toutes les manies et souvent le vêtement d'une Grecque, ce qui m'amusait beaucoup. Elle avait plusieurs enfants et était de nouveau grosse au moment dont je parle. Arrivée de Constantinople depuis un an au plus, elle avait encore tout le charme de la nouveauté et des surprises que lui causait l'indépendance des femmes, tant soit peu libres, de France.

Je ne voyais presque pas Mme de La Luzerne, dont le mari[91] était ministre de la marine. Elle était fille de M. Angran d'Alleray, lieutenant civil, et se trouvait très déplacée à Versailles, où la noblesse de robe ne venait jamais. Il ne m'est resté aucun souvenir de cette maison, si ce n'est que c'étaient des gens très respectables et généralement estimés.

Mme Necker, femme du contrôleur général, ou, pour mieux dire, du premier ministre, tenait un état à peu près semblable au nôtre. Mais, comme elle ne sortait presque pas, elle recevait tous les jours à souper des députés, des savants, mêlés aux admirateurs de sa fille, qui tenait bureau d'esprit dans le salon de sa mère et était alors dans toute la fougue de sa jeunesse, menant de front la politique, la science, l'esprit, l'intrigue et l'amour. Mme de Staël vivait chez son père, au contrôle général, à Versailles, et ne faisait sa cour que le mardi, jour de l'audience des ambassadeurs. Elle était alors plus que liée avec Alexandre de Lameth, encore ami de mon mari à cette époque. Cette amitié, qui datait de leur jeunesse, m'inquiétait. J'avais une très mauvaise opinion de la moralité de ce jeune homme; je craignais surtout son ascendant en politique. Ma belle-sœur partageait mon sentiment à l'égard de son beau-frère, et, lorsque, quelques mois plus tard, mon mari se sépara ouvertement de lui et de son frère Charles, nous en fûmes charmées.

N'ayant jamais eu la moindre prétention à l'esprit, je me bornais à user avec prudence du bon sens dont la Providence m'avait douée. J'étais sur le pied de relations intimes avec Mme de Staël, mais elles n'allaient pas jusqu'à la confidence. Mon mari, en qui elle avait assez de confiance pour lui tout dire, m'avait donné les plus grands détails sur sa vie. J'en fis mon profit en me tenant en familiarité avec elle, mais non pas en amitié.

Nous avions quelquefois des conversations qui seraient amusantes à rappeler. Elle ne pouvait pas comprendre que je ne fusse pas enthousiasmée de ma figure, de mon teint, de ma taille, et quand je lui avouais que je n'attachais pas à ces avantages personnels plus de prix qu'ils n'en méritent, puisqu'ils passeraient avec l'âge, elle s'écriait naïvement que, si elle les avait possédés, elle aurait voulu bouleverser le monde. Son grand et singulier plaisir était de supposer des circonstances qui semblaient encore fabuleuses alors, puis de me demander: «Feriez-vous telle ou telle chose?» Et comme, dans mes réponses, je me montrais toujours disposée à mettre en pratique, avec joie, les idées de dévouement, de sacrifice, d'abnégation et de courage que sa riche imagination lui inspirait, elle affirmait que j'avais une raison romantique. Ce qu'elle concevait le moins, c'est que ce fût pour son mari que l'on se sentît disposée à tous les sacrifices possibles, et elle ne pouvait le comprendre qu'en disant: «Apparemment que vous l'aimez comme votre amant.»

C'était un singulier mélange que cette femme-là, et j'ai souvent cherché à m'expliquer l'alliance de ses qualités et de ses vices. Mais le mot *vice* est trop sévère. Ses grandes qualités étaient seulement ternies par des passions auxquelles elle s'abandonnait d'autant plus facilement qu'elle éprouvait toujours une sorte d'agréable surprise, lorsqu'un homme recherchait auprès d'elle des jouissances dont sa figure disgraciée semblait devoir bannir à jamais l'espoir. Aussi, j'ai tout lieu de penser qu'elle se livrait sans combat au premier homme qui se montrait plus sensible à la beauté de ses bras qu'aux charmes de son esprit. Et cependant on aurait tort de croire que je la considérasse comme une véritable dévergondée, car malgré tout elle exigeait une certaine délicatesse de sentiment, et elle a été susceptible de passions, très vives et très dévouées tant qu'elles duraient. C'est ainsi qu'elle a aimé passionnément M. de Narbonne, qui l'a abandonnée, autant qu'il m'en souvient, d'une manière indigne.

II

Les gardes nationales s'organisèrent dans tout le royaume à l'instar de celle de Paris, dont M. de La Fayette était le généralissime. Le roi lui-même désira que celle de Versailles se formât et que tous les commis et employés des ministères y entrassent, espérait que l'esprit en deviendrait meilleur, et que toutes ces personnes, dont l'existence dépendait de la cour, se montreraient disposées à ne pas l'abandonner. On fit un mauvais choix pour la commander. Le comte d'Estaing, qui avait acquis une sorte de réputation qu'il était loin de mériter, fut appelé à sa tête. Je savais par mon père ce qu'il fallait en penser. M. Dillon avait servi sous ses ordres au commencement de la guerre d'Amérique et avait eu les preuves les plus positives que M. d'Estaing manquait, non seulement d'habileté, mais aussi de courage. Cependant, à son retour, on le combla de faveurs, tandis que mon père, auquel il devait son premier succès, puisque ce fut le régiment de Dillon qui prit la Grenade, n'eut, après la guerre, que des dégoûts et des passe-droits. C'est grâce aux sollicitations de la reine que M. d'Estaing fut nommé commandant en chef de la garde nationale de Versailles. Mais mon beau-père, espérant qu'on pourrait conserver de l'ascendant sur cette troupe, ce qu'il désirait, désigna son fils pour en être le commandant en second. Cela équivalait à en avoir le commandement réel, car M. d'Estaing, dont la morgue et la hauteur répugnaient à se mêler à cette troupe de bourgeois, ne s'en occupait jamais que les jours où il ne pouvait s'en dispenser. Aussi n'eut-il aucune part à l'organisation, ni à la nomination des officiers. Berthier, depuis prince de Wagram, officier d'état-major très distingué, en fut nommé major[92]. C'était un brave homme, qui avait du talent comme organisateur; mais la faiblesse de son caractère le laissa en butte à toutes les intrigues. Il proposa, comme officiers, des marchands de Versailles déjà enrôlés dans le parti révolutionnaire et qui semèrent la discorde dans la troupe.

On commençait déjà, avant la fin d'août, à découvrir des menées coupables pour faire naître une disette dans les subsistances, et plusieurs agents furent surpris et arrêtés. Deux d'entre eux furent jugés et condamnés, sur leurs propres aveux, à être pendus. Le jour de l'exécution, le peuple s'assembla sur la place. La maréchaussée, insuffisante pour maintenir l'ordre et empêcher que la populace ne délivrât les condamnés, crut prudent de les faire rentrer dans la prison, et l'exécution fut remise au lendemain. Le peuple brisa la potence et pilla les boulangers, qu'on accusa d'avoir dénoncé ceux qui avaient voulu les séduire. Cependant, force devait rester à la loi, et le jour désigné pour l'exécution des condamnés, M. de La Tour du Pin, à défaut de M. d'Estaing, qui n'avait pas voulu se rendre à Versailles, assembla la garde nationale et lui ordonna de prêter main-forte pour l'exécution des coupables. De violents murmures s'élevèrent, mais sa fermeté inébranlable en imposa. Sur sa déclaration aux gardes que tous ceux qui refuseraient de marcher seraient à l'instant rayés des contrôles, et que lui-même allait se mettre à leur tête, ils n'osèrent pas résister. Le peuple ainsi averti que le chef de la garde nationale n'était pas homme à se laisser épouvanter par des clameurs, ne s'opposa plus à l'exécution. Les hommes furent pendus, et la garde nationale crut avoir fait une campagne appelée à la couvrir de gloire. M. de La Tour du Pin, qui n'avait jamais fait office d'exécuteur des hautes œuvres, revint chez lui très affecté du triste spectacle dont il venait d'être témoin.

Le jour de la Saint-Louis, il était d'usage que les échevins et les officiers de la ville de Paris vinssent souhaiter la bonne fête au roi. Cette année, la garde nationale voulut aussi être admise à cette distinction, et le généralissime, M. de La Fayette, se rendit à Versailles avec tout son état-major, en même temps que M. Bailly, maire de Paris, et toute la municipalité. Les poissardes vinrent aussi, comme c'était la coutume, porter un bouquet au roi. La reine les reçut, les uns et les autres, en cérémonie, dans le salon vert, attenant à sa chambre à coucher. L'étiquette de ces sortes de réceptions fut suivie comme à l'ordinaire. La reine était en robe ordinaire, très parée et couverte de diamants. Elle était assise sur un grand fauteuil à dos, avec une sorte de petit tabouret sous ses pieds. À droite et à gauche, quelques duchesses étaient en grand habit sur des tabourets, et derrière, toute la maison, femmes et hommes.

Je m'étais placée assez en avant pour voir et entendre. L'huissier annonça: «La ville de Paris!» La reine s'attendait à ce que le maire mît un genou en terre, comme il l'eût fait les années précédentes; mais M. Bailly, en entrant, ne fit qu'une très profonde révérence, à laquelle la reine répondit par un signe de tête qui n'était pas assez aimable. Il prononça un petit discours fort bien écrit, où il parla de dévouement, d'attachement, et aussi un peu des craintes du peuple sur le défaut de subsistances dont on était tous les jours menacé.

M. de La Fayette s'avança ensuite et présenta son état-major de la garde nationale. La reine rougit, et je vis que son émotion était extrême. Elle balbutia quelques mots d'une voix tremblante et leur fit le signe de tête qui les congédiait. Ils s'en allèrent fort mécontents d'elle, comme je le sus depuis, car cette malheureuse princesse ne mesurait jamais l'importance de la circonstance où elle se trouvait; elle se laissait aller au mouvement qu'elle éprouvait sans en calculer la conséquence. Ces officiers de la garde nationale, qu'un mot gracieux eût gagnés, se retirèrent de mauvaise humeur et répandirent leur mécontentement dans Paris, ce qui augmenta la malveillance que l'on attisait contre la reine, et dont le duc d'Orléans était le premier auteur.

Les poissardes aussi furent mal accueillies et résolurent de s'en venger.

La garde nationale de Versailles, comme toutes celles du royaume, voulut avoir des drapeaux, et il fut décidé qu'on les bénirait solennellement à Notre-Dame-de-Versailles. Une députation des principaux officiers, avec M. d'Estaing à leur tête, vint me demander de quêter à la cérémonie de cette bénédiction. Il avait été convenu que je me rendrais gracieusement à leurs vœux. Mais ma gravité faillit succomber, au milieu de mon compliment d'acceptation, lorsque j'aperçus, derrière M. d'Estaing, le garçon du château, armé jusqu'aux dents, Simon, qui avait soin de l'appartement de ma tante et qui nous avait fait bien souvent à souper. Ces disparates étaient encore nouvelles et ne paraissaient que plaisantes aux jeunes personnes. Si l'on m'avait dit que le modeste major de la garde nationale, Berthier, dont le père était intendant du département de la guerre, serait prince souverain de Neufchâtel et qu'il épouserait une princesse d'Allemagne, j'aurais ri d'une semblable fable; mais nous en avons vu bien d'autres plus singulières!

J'allai donc à cette cérémonie très brillante et très solennelle, où se trouvaient des députations de tous les corps militaires présents à Versailles. Combien je fis de réflexions, pendant cette grand'messe qui fut fort longue, sur la marche des événements! Quatorze mois à peine auparavant, j'avais quêté, le jour de la Pentecôte, dans la chapelle de Versailles, à un chapitre des cordons bleus, devant le roi et tous les princes du sang, dont plusieurs avaient déjà quitté la France.

Au-devant de moi s'avança, pour me donner la main, un beau jeune homme qui m'était inconnu, fort confus de son rôle; peut-être était-ce bien, comme Simon, un garçon du château ou quelque marchand de Versailles. Je ne m'informai pas de son nom. La quête, dont le curé et ses pauvres se montrèrent très satisfaits, fut bonne. Je n'en demandai pas davantage. Mes idées aristocratiques étaient bien un peu dérangées par cette sorte de rôle, que l'on me faisait jouer. Mais mon beau-père l'avait voulu et le roi l'avait désiré. Cela suffisait pour que j'acceptasse la chose de bonne grâce. J'avais revêtu une jolie toilette qui me valut beaucoup de compliments, et il nous fallut encore donner à dîner à l'état-major de cette garde de Versailles, que je ne pouvais souffrir par une sorte de pressentiment.

Enfin l'été s'avançait. Je commençais une grossesse qui semblait devoir être heureuse. Je me portais bien, et comme mon beau-père avait douze chevaux de carrosse dont il ne faisait pas usage, nous nous en servions, ma belle-sœur et moi, pour nous promener dans les beaux bois qui entourent Versailles.

On parlait tous les jours de petites émeutes dans Paris à l'occasion des subsistances, qui devenaient de plus en plus rares, sans que personne pût assigner de raison à cette disette. Elle était certainement causée par les menées des révolutionnaires.

La cour, atteinte d'un prodigieux aveuglement, ne prévoyait aucun événement funeste. La garde nationale de Paris ne se conduisait pas mal. Le régiment des gardes françaises, moins les officiers, en avait formé le noyau et avait, pour ainsi dire, inoculé aux bourgeois qui étaient entrés dans sa composition quelques habitudes militaires. Les sergents et les caporaux des gardes françaises, appelés aux emplois d'officiers, en avaient été les instructeurs, et cette garde fut tout de suite constituée. M. de La Fayette se pavanait sur son cheval blanc, et ne se doutait pas, dans sa niaiserie, que le duc d'Orléans conspirait et rêvait de monter sur le trône. C'est une absurde injustice de croire que M. de La Fayette ait été l'auteur des affaires des 5 et 6 octobre 1789. Il croyait régner à Paris, et son règne cessa le jour où le roi et l'Assemblée y vinrent résider. On le chargea alors d'une responsabilité qu'il ne désirait pas. Il fut débordé par les révolutionnaires et entraîné par eux malgré lui. Je relaterai plus loin mes souvenirs sur ces journées où la faiblesse du roi fit tout le mal.

III

On avait appelé à Versailles le régiment de Flandre-Infanterie, dont le marquis de Lusignan, député, était colonel. À la suite de la quête dont j'ai parlé plus haut, les gardes du corps—c'était la compagnie du duc de Gramont qui était de quartier—voulurent offrir un dîner de corps aux officiers du régiment de Flandre et à ceux de la garde nationale. Ils demandèrent qu'on leur prêtât à cet effet la grande salle du théâtre du château[93], au bout de la galerie de la Chapelle. Cette salle superbe se convertissait en salle de bal en mettant un plancher sur le parterre, ce qui relevait au plain-pied des loges. Une magnifique décoration toute dorée s'adaptait à la scène du théâtre et répétait la salle. Je l'avais déjà vue lorsque les gardes du corps donnèrent un bal à la reine, à la naissance du premier dauphin. On leur accorda la permission d'y dresser leur table. Le dîner commença assez tard, et on illumina brillamment le théâtre qui, d'ailleurs, aurait dû l'être de toute manière, puisqu'il n'y avait pas de fenêtres.

Nous allâmes, ma belle-sœur et moi, vers la fin du dîner, pourvoir le coup d'œil, qui était magnifique. On portait des santés, et mon mari, venu à notre rencontre pour nous faire entrer dans une des loges des premières de face, eut le temps de nous dire tout bas qu'on était fort échauffé et que des propos inconsidérés avaient été prononcés.

Tout à coup on annonça que le roi et la reine allaient se rendre au banquet: démarche imprudente et qui fit le plus mauvais effet. Les souverains parurent effectivement dans la loge du milieu avec le petit dauphin, qui avait près de cinq ans. On poussa des cris enthousiastes de: «Vive le roi!» Je n'en ai pas entendu proférer d'autres, au contraire de ce qu'on a prétendu. Un officier suisse s'approcha de la loge et demanda à la reine de lui confier le dauphin pour faire le tour de la salle. Elle y consentit, et le pauvre petit n'eut pas la moindre peur. L'officier mit l'enfant sur la table, et il en fit le tour, très hardiment, en souriant, et nullement effrayé des cris qu'il entendait autour de lui. La reine n'était pas si tranquille, et quand on le lui rendit elle l'embrassa tendrement. Nous partîmes après que le roi et la reine se furent retirés. Comme tout le monde sortait, mon mari, craignant la foule pour moi, vint nous rejoindre. Le soir on nous rapporta que quelques dames qui se trouvaient dans la galerie de la Chapelle, entre autres la duchesse de Maillé, avaient distribué des rubans blancs de leurs chapeaux à quelques officiers. Celait une grande étourderie, car le lendemain les mauvais journaux, dont plusieurs existaient déjà, ne manquèrent pas de faire une description de l'orgie de Versailles, à la suite de laquelle, ajoutaient-ils, on avait distribué des cocardes blanches à tous les convives. J'ai vu depuis ce conte absurde répété dans de graves histoires, et cependant cette plaisanterie irréfléchie s'est bornée à un nœud de ruban que Mme de Maillé, jeune étourdie de dix-neuf ans, détacha de son chapeau.

IV

Le 4 octobre, le pain manqua chez plusieurs boulangers du Paris, et il y eut beaucoup de tumulte. Un de ces malheureux fut pendu, sur la place, malgré les efforts de M. de La Fayette et de la garde nationale. Cependant on ne s'alarma pas à Versailles. On crut que cette révolte serait semblable à celles qui avaient déjà eu lieu, et que la garde nationale, dont on se croyait sûr, suffirait pour contenir le peuple. Plusieurs messages, venus au roi et au président de la Chambre, avaient si bien rassuré, que le 5 octobre, à 10 heures du matin, le roi partit pour la chasse dans les bois de Verrières, et que moi-même, après mon déjeuner, je fus rejoindre Mme de Valence, qui s'était établie à Versailles pour y accoucher. Nous allâmes nous promener en voiture au jardin de Mme Elisabeth, au bout de la grande avenue. Comme nous descendions de voiture, pour traverser la contre-allée, nous vîmes un homme à cheval passer ventre à terre près de nous. C'était le duc de Maillé, qui nous cria: «Paris marche ici avec du canon.» Cette nouvelle nous effraya fort, et nous retournâmes aussitôt à Versailles, où déjà l'alarme était donnée.

Mon mari s'était rendu à l'Assemblée sans rien savoir. On n'ignorait pas qu'il y avait beaucoup de bruit dans Paris; mais on ne pouvait rien apprendre de plus, puisque le peuple s'était porté aux barrières, tenait les portes fermées et ne permettait à personne de sortir. M. de La Tour du Pin, en cherchant dans les couloirs de la salle une personne à qui il voulait parler, passa derrière un gros personnage qu'il ne reconnut pas d'abord, et qui disait au prince Auguste d'Arenberg, que l'on nommait alors le comte de La Marck: «Paris marche ici avec douze pièces de canon.» Ce personnage était Mirabeau, alors fort lié avec le duc d'Orléans. M. de La Tour du Pin courut chez son père, déjà en conférence avec les autres ministres. La première chose que l'on fit, fut d'envoyer dans toutes les directions où l'on pensait que la chasse avait pu conduire le roi, pour l'avertir de revenir. Mon beau-père accepta les services de plusieurs personnes venues à Versailles pour leurs affaires, et qui s'offrirent comme aides de camp. Mon mari s'occupa d'assembler sa garde nationale, à laquelle il était loin de se fier. On ordonna au régiment de Flandre de prendre les armes et d'occuper la place d'Armes. Les gardes du corps sellèrent leurs chevaux. Des courriers furent expédiés pour appeler les Suisses de Courbevoie. À tous moments, on envoyait sur la route pour avoir des nouvelles de ce qui se passait. On apprenait qu'une tourbe innombrable d'hommes et beaucoup plus de femmes marchaient sur Versailles; qu'après cette sorte d'avant-garde venait la garde nationale de Paris avec ses canons, suivie d'une grande troupe d'individus marchant sans ordre. Il n'était plus temps de défendre le pont de Sèvres. La garde nationale de cette ville l'avait déjà livré aux femmes pour aller fraterniser avec la garde de Paris. Mon beau-père voulait que l'on envoyât le régiment de Flandre et des ouvriers pour couper la route de Paris. Mais l'Assemblée nationale s'était déclarée en permanence, le roi était absent, personne ne pouvait prendre l'initiative d'une démarche hostile.

Mon beau-père, désespéré ainsi que M. de Saint-Priest, s'écriait: «Nous allons nous laisser prendre ici et peut-être massacrer sans nous défendre.» Pendant ce temps, le rappel battait pour rassembler la garde nationale. Elle se réunissait sur la place d'Armes et se mettait en bataille le dos à la grille de la cour royale. Le régiment de Flandre avait sa gauche à la grande écurie et sa droite à la grille. Le poste de l'intérieur de la cour royale et celui de la voûte de la Chapelle étaient occupés par les Suisses, dont il y avait toujours un fort détachement à Versailles. Les grilles furent partout fermées. On barricada toutes les issues du château, et des portes qui n'avaient pas tourné sur leurs gonds depuis Louis XIV se fermèrent pour la première fois.

Enfin, vers 3 heures, arrivèrent au galop, par la grande avenue, le roi et sa suite. Ce malheureux prince, au lieu de s'arrêter et d'adresser quelque bonne parole à ce beau régiment de Flandre, devant lequel il passa et qui criait: «Vive le roi!», ne lui dit pas un mot. Il alla s'enfermer dans son appartement d'où il ne sortit plus. La garde nationale de Versailles, qui faisait sa première campagne, commença à murmurer et à dire qu'elle ne tirerait pas sur le peuple de Paris. Il n'y avait pas de canon à Versailles.

L'avant-garde de trois à quatre cents femmes commença à arriver et à se répandre dans l'avenue. Beaucoup entrèrent à l'Assemblée et dirent qu'elles étaient venues chercher du pain et emmener les députés à Paris. Un grand nombre d'entre elles, ivres et très fatiguées, s'emparèrent des tribunes et de plusieurs des bancs dans l'intérieur de la salle. La nuit arrivait, et plusieurs coups de fusil se firent entendre. Ils partaient des rangs de la garde nationale et étaient dirigés sur mon mari, leur chef, à qui elle refusait d'obéir en restant à son poste. Une balle atteignit M. de Savonnières et lui cassa le bras au coude. Je vis rapporter ce malheureux chez Mme de Montmorin[94], car je ne quittai pas la fenêtre d'où j'assistais à tous ces événements. Mon mari échappa par miracle, et, ayant constaté que sa troupe l'abandonnait, il alla prendre place en avant des gardes du corps rangés en bataille près de la petite écurie. Mais ils étaient si peu nombreux—ils comprenaient la compagnie de Gramont seulement—que l'on jugea, au conseil, toute idée de défense impossible. Sur le compte rendu fait par mon mari des mauvaises dispositions de la garde nationale, on fut d'accord pour reconnaître qu'elle fraterniserait avec celle de Paris dès que celle-ci paraîtrait, et que le mieux, par conséquent, était de ne pas la rassembler de nouveau.

À ce moment, mon beau-père et M. de Saint-Priest ouvrirent l'avis que le roi se retirât à Rambouillet avec sa famille, et qu'il attendît là les propositions qui lui seraient faites par les insurgés de Paris et par l'Assemblée nationale. Le roi accepta tout d'abord ce projet. Vers 8 ou 9 heures, on appela donc la compagnie des gardes du corps dans la cour royale, où elle pénétra par la grille de la rue de l'Orangerie[95]. Elle passa ensuite sur la terrasse[96], traversa le petit parc[97] et gagna, par la Ménagerie[98], la grande route de Saint-Cyr. Il ne resta de cette troupe, à Versailles, que ce qui était nécessaire pour relever les postes dans l'appartement du roi et dans celui de la reine. Les Suisses et les Cent-Suisses conservèrent les leurs.

C'est alors que deux à trois cents femmes qui tournaient depuis une heure autour des grilles, découvrirent une petite porte[99] donnant accès à un escalier dérobé qui aboutissait, au-dessous du corps de logis où nous demeurions, dans la cour royale[100]. Quelque affidé, probablement, leur montra cette issue. Elles s'y précipitèrent en foule, et renversant à l'improviste le garde suisse de faction au haut de l'escalier, se répandirent dans la cour et entrèrent chez les quatre ministres logés dans cette partie des bâtiments. Il en pénétra un si grand nombre chez nous que le vestibule, les antichambres et l'escalier en furent encombrés. Mon mari rentrait à ce moment pour nous apporter des nouvelles, à sa sœur et à moi. Très inquiet de nous voir en si mauvaise compagnie, il résolut de nous emmener dans le château. Ma belle-sœur avait pris la précaution d'envoyer ses enfants chez un député de nos amis qui logeait dans la ville. Guidées par M. de La Tour du Pin, nous montâmes dans la galerie[101] où se trouvaient déjà réunies une quantité de personnes habitant le château, qui, sous le coup d'une inquiétude mortelle quant à la suite des événements, venaient dans les appartements pour être plus près des nouvelles.

Pendant ce temps-là, le roi, toujours hésitant devant un parti à prendre, ne voulait plus s'en aller à Rambouillet. Il consultait tout le monde. La reine, tout aussi indécise, ne pouvait se résoudre à cette fuite nocturne. Mon beau-père se mit aux genoux du roi pour le conjurer de mettre sa personne et sa famille en sûreté. Les ministres seraient restés pour traiter avec les insurgés et l'Assemblée. Mais ce bon prince, répétant toujours: «*Je ne veux compromettre personne*», perdait un temps précieux. À un moment, on crut qu'il allait céder, et l'ordre fut donné de faire monter les voitures qui, attelées depuis deux heures, attendaient à la grande écurie. On s'imaginera sans doute difficilement que, de tous les écuyers du roi qui l'entouraient, aucun n'eut la pensée que le peuple de Versailles pourrait s'opposer au départ de la famille royale. Ce fut pourtant ce qui arriva. Au moment où la foule du peuple de Paris et de Versailles, qui était rassemblée sur la place d'armes, vit ouvrir la grille de la cour des grandes écuries, il s'éleva un cri unanime de frayeur et de fureur: «Le roi s'en va!» En même temps on se jette sur les voitures, on coupe les harnais, on emmène les chevaux, et force fut de venir dire au château que le départ était impossible. Mon beau-père et M. de Saint-Priest offrirent alors nos voitures, qui étaient attelées hors de la grille de l'Orangerie. Mais le roi et la reine repoussèrent cette proposition, et chacun, découragé, épouvanté, et prévoyant les plus grands malheurs, resta dans le silence et dans l'attente.

On se promenait de long en large, sans échanger une parole, dans cette galerie témoin de toutes les splendeurs de la monarchie depuis Louis XIV. La reine se tenait dans sa chambre avec Mme Elisabeth[102] et Madame[103]. Le salon de jeu, à peine éclairé, était rempli de femmes qui se parlaient bas, les unes assises sur les tabourets, les autres sur les tables. Pour moi, mon agitation était si grande que je ne pouvais rester un moment à la même place. À tout instant j'allais dans l'œil-de-bœuf, d'où l'on voyait entrer et sortir de chez le roi, dans l'espoir de rencontrer mon mari ou mon beau-père, et d'apprendre par eux quelque chose de nouveau. L'attente me semblait insupportable.

Enfin, à minuit, mon mari, qui était depuis longtemps dans la cour, vint annoncer que M. de La Fayette, arrivé devant la grille de la cour royale[104] avec la garde nationale de Paris, demandait à parler au roi; que la partie de cette garde, composée de l'ancien régiment des gardes, manifestait beaucoup d'impatience et que le moindre délai pouvait avoir de l'inconvénient et même du danger.

Le roi dit alors: «Faites monter M. de La Fayette.» M. de La Tour du Pin fut en un instant à la grille, et M. de La Fayette, descendant de cheval et pouvant à peine se soutenir, tant il était fatigué, monta chez le roi, accompagné de sept à huit personnes, tout au plus, de son état-major. Très ému, il s'adressa au roi en ces termes: «Sire, j'ai pensé qu'il valait mieux venir ici, mourir aux pieds de Votre Majesté, que de périr inutilement sur la place de Grève.» Ce sont ses propres paroles. Sur quoi le roi demanda: «Que veulent-ils donc?» M. de La Fayette répondit: «Le peuple demande du pain, et la garde désire reprendre ses anciens postes auprès de votre Majesté.» Le roi dit: «Eh! bien, qu'ils les reprennent.»

Ces paroles me furent répétées au moment même. Mon mari redescendit avec M. de La Fayette, et la garde nationale de Paris, pour ainsi dire exclusivement composée de gardes françaises, reprit sur l'heure même ses anciens postes. C'est ainsi qu'à chaque porte extérieure où il y avait un factionnaire suisse, on en posa un de la garde de Paris, et le reste composa une grand'garde de plusieurs centaines d'hommes qu'on envoya bivouaquer, comme c'était l'usage, sur la place d'Armes, dans un long bâtiment comprenant quelques grandes salles peintes et construites en forme de tentes.

Pendant ce temps, le peuple de Paris quittait les abords du château et s'écoulait dans la ville et dans les cabarets. Une multitude d'individus harassés de fatigue et mouillés jusqu'aux os, avaient cherché un refuge dans les écuries et les remises. Les femmes qui avaient envahi les ministères, après avoir mangé ce qu'on avait pu leur procurer, dormaient couchées par terre dans les cuisines. Un grand nombre pleuraient, disaient qu'on les avait fait marcher de force et qu'elles ne savaient pas pourquoi elles étaient venues. Il paraît que les chefs féminins s'étaient réfugiées dans la salle de l'Assemblée nationale, où elles restèrent toute la nuit pêle-mêle avec les députés qui se relayaient pour établir la permanence.

Je crois que M. de La Fayette, après avoir posé ses postes de garde nationale, alla un moment à l'Assemblée, d'où il revint au château chez Mme de Poix, logée près de la chapelle dans la galerie de ce nom. Mon mari, avec lequel il était redescendu, l'avait quitté hors de la cour. Quant à M. d'Estaing, il n'avait pas paru de toute la soirée, et était resté dans le cabinet du roi, ne s'embarrassant pas plus de la garde nationale de Versailles que s'il n'en eût pas été le commandant en chef. M. de La Tour du Pin avait réuni le peu d'officiers de son état-major sur lesquels il pouvait compter, parmi lesquels se trouvait le major Berthier. Mais la plupart, à cette heure avancée, s'étaient retirés soit chez eux, soit chez les personnes de leur connaissance..

Le roi, à qui l'on rendit compte que le calme le plus absolu régnait dans Versailles, comme c'était effectivement vrai, congédia toutes les personnes encore présentes dans l'œil-de-bœuf ou dans son cabinet. Les huissiers vinrent dans la galerie dire aux dames qu'y étaient encore que la reine était retirée. Les portes se fermèrent, les bougies s'éteignirent, et mon mari nous reconduisit dans l'appartement de ma tante[105], ne voulant pas nous ramener au ministère, à cause des femmes couchées dans les antichambres et qui nous causaient un grand dégoût.

Après nous avoir mises en sûreté dans cet appartement, il redescendit chez son père et le conjura de se coucher, disant qu'il veillerait toute la nuit. En effet, il entra chez lui pour mettre une redingote par-dessus son uniforme, car la nuit était froide et humide, puis, prenant un chapeau rond, il descendit dans la cour et se mit à visiter les postes, à parcourir les cours, les passages, le jardin, pour s'assurer que le calme régnait bien partout. Il n'entendit pas le moindre bruit, ni autour du château, ni dans les rues adjacentes. Les différents postes se relevaient avec vigilance, et la garde, qui s'était réinstallée dans la grande tente sur la place d'Armes et avait mis ses canons en batterie devant la porte, faisait le service avec la même régularité qu'avant le 14 juillet.

Telle est la relation exacte de ce qui se passa le 5 octobre à Versailles. Le tort de M. de La Fayette, s'il en eut un, n'a pas été dans cette heure de sommeil qu'il prit sur un canapé et tout habillé, dans le salon de Mme de Poix, et qu'on lui a tant reproché, mais dans la complète ignorance où il a été de la conspiration du duc d'Orléans, dont les fauteurs se dirigeaient sur Versailles en même temps que lui, sans qu'il s'en doutât. Ce misérable, prince, après avoir siégé dans l'Assemblée, à plusieurs reprises, le 5 octobre, était reparti le soir pour Paris, ou du moins il eut l'air d'y aller.

En effet, comme on le verra plus loin, j'acquis la certitude de sa présence à Versailles pendant la tentative qui fut faite pour assassiner la reine.

V

M. de La Tour du Pin, après la ronde nocturne qu'il venait de faire, n'ayant rien entendu de nature à laisser craindre le moindre désordre, revint au ministère[106]. Cependant, au lieu de se rendre dans son cabinet ou dans sa chambre, donnant, ainsi que la mienne, sur la rue du Grand-Commun[107], il resta dans la salle à manger et se mit à la fenêtre, au grand air, de peur de s'endormir. Il est bon d'expliquer ici que la cour des princes était alors fermée par une grille, près de laquelle se tenait en faction un garde du corps, parce que c'était là que commençait la garde de la personne du roi, service particulièrement dévolu aux gardes du corps et aux Cent-Suisses. Dans l'intérieur de cette petite cour existait un passage qui communiquait avec la cour royale, afin d'éviter aux gardes du corps du poste installé près de la voûte de la chapelle, dans la cour royale, au coin de la cour de marbre, d'être obligés, lorsqu'ils allaient relever les factionnaires, de sortir par la grille du milieu de la cour royale pour rentrer par celle de la cour des princes. On verra tout à l'heure combien la connaissance de ce passage était nécessaire aux assassins.

Le jour commençait à paraître. Il était plus de 6 heures, et le silence le plus profond régnait dans la cour. M. de La Tour du Pin, appuyé sur la fenêtre, crut entendre comme les pas de gens nombreux semblant monter la rampe qui, de la rue de l'Orangerie[108], menait dans la grande cour[109]. Puis quelle fut sa surprise de voir une foule de misérables déguenillés entrer par la grille alors que celle-ci était fermée à clef. Cette clef avait donc été livrée par trahison. Ils étaient armés de haches et de sabres. Au même moment, mon mari entendit un coup de fusil. Pendant le temps qu'il mit à descendre l'escalier et à se faire ouvrir la porte du ministère, les assassins avaient tué M. de Vallori[110], le garde au corps de faction à la grille de la cour des princes, et avaient franchi le passage dont je viens de parler pour se diriger sur le corps de garde de la cour royale. Une partie d'entre eux—ils n'étaient pas deux cents—se précipita dans l'escalier de marbre, tandis que l'autre se jette sur le garde du corps[111] de faction, que ses camarades avaient abandonné sans défense en dehors du corps de garde, dans lequel ils s'étaient enfermés, et que les assassins n'essayèrent pas de forcer. Pourtant ces gardes du corps étaient là dix ou douze. Ils auraient pu tirer, sabrer quelques-uns de ces misérables, secourir leur camarade. Ils n'en firent rien. Aussi le malheureux factionnaire, après avoir tiré son coup de mousqueton, dont il tua le plus rapproché de ses assaillants, fut écharpé à l'instant par les autres. Puis, cette lâche besogne accomplie, les envahisseurs coururent rejoindre l'autre partie de la bande qui, à ce moment, avait forcé la garde des Cent-Suisses, placée au haut de l'escalier de marbre. On a beaucoup blâmé ces colosses de ne pas avoir défendu cet escalier avec leurs longues hallebardes. Mais il est probable qu'il n'y en avait qu'un seul de garde à l'escalier, comme de coutume, tant on était certain qu'il n'arriverait rien, et que les fortes grilles, toutes hermétiquement fermées, opposeraient une résistance assez longue pour qu'on pût se mettre en défense.

La preuve que l'on n'avait pris aucune précaution extraordinaire, c'est que les assassins, parvenus au haut de l'escalier de marbre, et conduits certainement par quelqu'un qui connaissait le chemin à suivre, tournèrent dans la salle des gardes de la reine, où ils tombèrent à l'improviste sur le seul garde aposté en ce lieu. Ce garde se précipita à la porte de la chambre à coucher, qui était fermée en dedans, et ayant frappé à plusieurs reprises avec la crosse de son mousqueton, il cria: «Madame, sauvez-vous, on vient vous tuer.» Puis, résolu à vendre chèrement sa vie, il se mit le dos contre la porte; il décharge d'abord son mousqueton, se défend ensuite avec son sabre, mais est bientôt écharpé sur place par ces misérables qui, heureusement, n'avaient pas d'armes à feu. Il tombe contre la porte, et son corps empêchant les assassins de l'enfoncer, ceux-ci le poussèrent dans l'embrasure de la fenêtre, ce qui le sauva. Abandonné là sans connaissance jusqu'après le départ du roi pour Paris, il fut alors recueilli par des amis. Ce brave, nommé Sainte-Marie[112], vivait encore à la Restauration.

Pendant ce temps, nous dormions, ma belle-sœur et moi, dans une chambre de l'appartement de ma tante, Mme d'Hénin. Ma fatigue était très grande, et ma belle-sœur eut de la peine à me réveiller pour me dire qu'elle croyait entendre du bruit au dehors et pour me prier d'aller écouter à la fenêtre, qui donnait sur les plombs, d'où il provenait. Je me secouai, car j'étais très endormie, puis étant montée sur la fenêtre, je m'avançai sur le plomb, dont la saillie trop grande m'empêchait de voir la rue[113], et j'entendis distinctement un nombre de voix qui criaient: «À mort! à mort! tue les gardes du corps!» Mon saisissement fut extrême. Comme je ne m'étais déshabillée, non plus que ma belle-sœur, nous nous précipitâmes toutes deux dans la chambre de ma tante, qui donnait sur le parc[114], et d'où elle ne pouvait rien entendre. Sa frayeur fut égale à la nôtre. Aussitôt nous appelâmes ses gens. Avant qu'ils ne soient réveillés, nous voyons accourir ma bonne et dévouée Marguerite, pâle comme la mort, qui, se laissant tomber sur la première chaise à sa portée, s'écrie: «Ah! mon Dieu! nous allons tous être massacrés.» Cette exclamation fut loin de nous rassurer. La pauvre femme était tellement hors d'haleine qu'elle pouvait à peine parler. Au bout d'un instant, cependant, elle nous dit «qu'elle était sortie de ma chambre, au ministère, dans l'intention de venir me retrouver afin de savoir si je n'avais pas besoin de ses services, mon mari lui ayant dit la veille que je resterais dans le château; qu'en descendant les marches du perron, elle avait découvert une troupe nombreuse de gens, de la lie du peuple, dont un[115], avec une longue barbe—connu comme un modèle de l'Académie—était occupé à couper la tête d'un garde du corps[116] qu'on venait de massacrer; qu'en passant devant la grille de la rue de l'Orangerie[117], elle avait vu arriver un *monsieur*, en bottes très crottées et un fouet à la main, qui n'était autre que le duc d'Orléans, qu'elle connaissait parfaitement pour l'avoir vu bien souvent; que, d'ailleurs, les misérables qui l'entouraient témoignaient leur joie de le voir en criant: «Vive notre roi d'Orléans!», tandis qu'il leur faisait signe, avec la main, de se taire. Ma bonne Marguerite ajoutait «qu'à la pensée que son tablier blanc et sa robe très propre, au milieu de cette canaille, pouvaient la faire remarquer, elle s'était enfuie en enjambant le corps d'un garde[118] tombé en travers de la grille de la cour des princes».

À peine finissait-elle cet émotionnant récit, que mon mari arriva. Il nous raconta qu'en voyant les assassins pénétrer dans la cour royale, il avait aussitôt couru à la grand'garde, sur la place d'Armes, pour faire battre le rappel. Nous apprîmes également par lui que la reine avait pu se sauver chez le roi par le petit passage, ménagé sous la salle dite de l'Œil-de-Bœuf, qui faisait communiquer sa chambre à coucher avec celle du roi. Il nous décida à quitter l'appartement de ma tante, trop rapproché, à son avis, de ceux du roi et de la reine et nous conseilla de rejoindre Mme de Simiane, chez une de ses anciennes femmes de chambre, qui demeurait près de l'Orangerie. M. l'abbé de Damas vint nous chercher et nous y conduisit. Je m'en allai, désespérée, inquiète de tous les dangers qui menaçaient mon mari. Il fallut qu'il m'ordonnât de me rendre chez cette femme, en me promettant de me tenir au courant de ce qui lui arriverait.

Au bout de deux heures, qui me parurent des siècles, tenant sa parole, il m'envoya son valet de chambre pour m'apprendre que l'on emmenait le roi et la reine à Paris, que les ministres, les administrations et l'Assemblée nationale quittaient Versailles, où lui-même avait ordre de rester pour empêcher le pillage du château, après le départ du roi; qu'on lui laissait dans ce but un bataillon suisse, la garde nationale de Versailles, dont le commandant en chef, M. d'Estaing, avait donné sa démission, et un bataillon de la garde nationale de Paris. Pour l'instant, il me défendait absolument de sortir de mon asile. J'y restai seule pendant plusieurs heures, ma tante s'étant rendue chez Mme de Poix, qui partait aussi pour Paris, et ma belle-sœur m'ayant quittée pour aller chercher ses enfants et retrouver son mari. Il venait d'arriver d'Hénencourt et voulait la faire partir tout de suite pour la campagne. Je ne crois pas avoir passé de ma vie, ou du moins je n'avais pas encore passé, des heures aussi cruelles que celles de cette matinée. Les cris de mort par lesquels j'avais été réveillée résonnaient toujours à mes oreilles. Le moindre bruit me faisait frémir. Mon imagination suscitait tous les dangers que mon mari pouvait courir. Ma bonne Marguerite elle-même me manquait pour me donner du courage. Elle était retournée au ministère pour aider mes gens à emballer nos effets, qui allaient partir pour Paris dans les fourgons de mon beau-père.

Je ne savais rien de Mme de Valence, sinon que la veille au soir elle était en mal d'enfant. Aucun danger cependant ne devait la menacer, car elle habitait aux écuries d'Orléans, dont la livrée était une sauvegarde. Mais quelles frayeurs pouvait-elle avoir eues dans un pareil moment! Mes pressentiments ne me trompaient pas. Un, garde du corps avait été massacré sous sa fenêtre, celle d'un entresol fort bas; son saisissement avait été tel que ses douleurs cessèrent, comme si elle n'eût jamais dû accoucher. Elle se dirigea sur Paris en passant par Marly, et accoucha trois jours après seulement de sa fille Rosamonde, depuis Mme Gérard.

Vers 3 heures, Mme d'Hénin revint me chercher et m'annonça que le triste cortège était parti pour Paris, la voiture du roi précédée des têtes des gardes du corps que leurs assassins portaient au bout d'une pique. Les gardes nationaux de Paris, entourant la voiture, et ayant échangé leurs chapeaux et leurs baudriers avec ceux des gardes du corps et des Suisses, marchaient pêle-mêle avec les femmes et le peuple. Cette horrible mascarade alla au petit pas jusqu'aux Tuileries, suivie de tout ce qu'on avait pu trouver de véhicules pour transporter l'Assemblée nationale.

Cependant, en montant en Voiture, Louis XVI avait dit à M. de La Tour du Pin: «Vous restez maître ici. Tâchez de me sauver mon pauvre Versailles.» Cette injonction représentait un ordre auquel il était fermement résolu d'obéir. Il se concerta avec le commandant du bataillon du garde nationale de Paris qu'on lui avait laissé, homme très déterminé et qui montra la meilleure volonté… c'était Santerre!

Je quittai mon asile avec ma tante et revins au ministère. Une affreuse solitude régnait déjà à Versailles. On n'entendait d'autre bruit dans le château que celui des portes, des volets, des contrevents que l'on fermait et qui ne l'avaient plus été depuis Louis XIV. Mon mari disposait toutes choses pour la défense du château, persuadé que, la nuit venue, les figures étrangères et sinistres que l'on voyait errer dans les rues et dans les cours, jusque-là encore ouvertes, se réuniraient pour livrer le château au pillage. Effrayé pour moi du désordre qu'il prévoyait, il exigea que je partisse avec ma tante.

Nous ne voulions pas aller à Paris, dans la crainte qu'on n'en fermât les portes et que je ne me trouvasse séparée de mon mari sans pouvoir le rejoindre. Mon désir eût été de rester à Versailles. Près de lui je n'avais peur de rien. Mais il se préoccupait des conséquences funestes que pourraient avoir pour mon état de grossesse de nouvelles frayeurs semblables à celles que je venais d'éprouver. Ma présence paralyserait, disait-il, les efforts qu'il était de son devoir de faire pour répondre à la confiance du roi. Enfin il me décida à partir pour Saint-Germain et à aller attendre les événements dans l'appartement de M. de Lally, au château. C'était celui de ma famille, que ma grand'tante, Mme Dillon, lui avait laissé tout meublé.

Nous fîmes la route dans une mauvaise cariole, ma tante et moi, accompagnées d'une femme de chambre originaire de Saint-Germain. Les chevaux et les voitures de mon beau-père étaient partis pour Paris, et on n'aurait pas trouvé, pour quelque somme que ce fût, un moyen de transport à Versailles. Le trajet dura trois longues heures. Les cahots du pavé de la route, plus les 180 marches que je dus gravir pour arriver au logement où la vieille concierge fut bien surprise de me voir, achevèrent de m'épuiser. Je me trouvai très mal et, avant la fin de la nuit, tous les symptômes d'une fausse couche devinrent menaçants. Une terrible saignée que l'on me fit empêcha cet accident, mais me réduisit à un état de faiblesse tel que je fus plusieurs mois à me rétablir.

CHAPITRE XI

I

Au bout de quinze jours je partis pour Paris, où je m'installai chez ma tante, rue de Verneuil, en attendant que l'hôtel de Choiseul, affecté au département de la guerre, fût prêt.

Mon beau-père était provisoirement campé dans une maison qui appartenait, je crois, aux Menus plaisirs[119], près du Louvre. J'allais tous les jours dîner chez lui et faire les honneurs de son salon. Mais j'étais restée d'une pâleur si effrayante, quoique je ne souffrisse pas beaucoup, qu'à ma vue bien des gens, qui ne me connaissaient pas, prenaient un air épouvanté. J'avais entièrement perdu l'appétit. Mon mari et mon beau-père se désolaient de voir que l'on ne pouvait rien trouver que je voulusse manger. Cependant j'avançais dans ma grossesse, qui ne paraissait pas et que tout le monde me contestait.

Ma tante avait décidée M. de Lally, sur qui elle exerçait un empire absolu, à abandonner l'Assemblée nationale après la Révolution du 6 octobre. Elle le força également à quitter la France avec M. Mounier. Tous deux se retirèrent en Suisse. Ce fut une très fausse mesure; c'était déserter son poste au moment du combat, et quoique leurs deux voix de plus n'eussent probablement rien empêché des événements qui suivirent, ils ont dû se reprocher l'un et l'autre d'avoir, cédé à un mouvement qu'on pouvait soupçonner avoir été inspiré par la crainte. Quoi qu'il en soit, elle suivit M. de Lally en Suisse, et c'est à cette époque qu'elle le détermina à épouser son ancienne maîtresse, Mlle Halkett, nièce de lord Loughborough, alors grand chancelier en Angleterre. Ce fut uniquement dans le but de reconnaître la fille qu'il avait eue de cette femme plusieurs années auparavant qu'il se décida à l'épouser, car il n'éprouvait pour elle ni estime, ni amour. Mais au moment de partir de Lausanne pour rejoindre Mlle Halkett à Turin, il tomba malade d'une affreuse petite vérole dont il faillit mourir et dont l'habileté de M. Tissot seule le sauva. Le mariage fut donc ajourné et ne se fit que l'année d'après.

Au commencement de l'hiver, nous allâmes nous établir à l'hôtel de Choiseul, superbe charmant appartement, entièrement distinct de celui de mon beau-père, avec lequel il communiquait cependant par une porte donnant accès dans un des salons. Un joli escalier séparé ne menait que chez moi. C'était comme une jolie maison à part, ayant vue sur des jardins, aujourd'hui tous bâtis. Mon mari chargé par son père de beaucoup d'affaires importantes, était très occupé. Je ne le voyais guère qu'au déjeuner, que nous faisions tête à tête, et au dîner.

Mon beau-père cessa de donner de grands dîners quand on fut à Paris. Mais il avait, tous les jours une table de douze à quinze personnes, soit des députés, soit des étrangers, ou des personnages marquants. On dînait à 4 heures. Une heure après le dîner et après s'être entretenu dans le salon avec quelques personnes qui venaient *au café* selon l'usage de Versailles, mon beau-père rentrait dans son cabinet. Je retournais alors chez moi ou je sortais pour aller dans le monde.

La reine avait rendu ses loges en arrivant à Paris, et ce mouvement de dépit bien naturel, mais fort maladroit, avait encore plus indisposé les Parisiens contre elle. Cette malheureuse princesse ne connaissait pas les ménagements, ou ne voulait pas les employer. Elle témoignait ouvertement de l'humeur à ceux dont la présence lui déplaisait. En se laissant aller ainsi à des mouvements dont elle ne calculait pas les conséquences, elle nuisait aux intérêts du roi. Douée d'un grand courage, elle avait fort peu d'esprit, aucune adresse, et surtout une défiance, toujours mal placée, envers ceux qui étaient le plus disposés à la servir. Après le 6 octobre, ne voulant pas reconnaître que l'affreux danger qui l'avait menacée était l'ouvrage d'un complot ourdi par le duc d'Orléans, elle faisait peser son ressentiment sur tous les habitants de Paris indistinctement et évitait toutes les occasions de paraître en public.

Je regrettai beaucoup l'habitude d'aller dans les loges de la reine et, craignant la foule, je n'assistai à aucun spectacle pendant l'hiver de 1789 à 1790. Souvent je réunissais huit ou dix personne» dans mon appartement pour des petits soupers auxquels mon beau-père ne prenait jamais part, car il se couchait de très bonne heure et se levait de grand matin.

C'est pendant les premiers mois de 1790 que le parti démagogique employa tous les moyens pour corrompre l'armée. Chaque jour, il arrivait quelque fâcheuse nouvelle. Tel régiment avait pillé sa caisse, tel autre avait refusé de changer de garnison. Ici les officiers avaient émigré; là une ville envoyait un député à l'Assemblée pour demander le déplacement du régiment qui s'y trouvait, sous prétexte que les officiers étaient *aristocrates* et ne fraternisaient pas avec les bourgeois. Mon pauvre beau-père périssait sous l'accablant labeur provoqué par ces mauvaises nouvelles. Beaucoup d'officiers partaient sans congé pour sortir de France, et cet exemple d'indiscipline, dont les sous-officiers profitaient, encourageait la révolte.

Le 19 mai, j'accouchai d'un garçon bien portant et qui a fait mon bonheur pendant vingt-cinq ans. Mme d'Hénin, venue de Suisse pour mes couches, en fut la marraine et mon beau-père le parrain. On le nomma Humbert-Frédéric[120]. Les prêtres célébraient encore le culte sans serment, et mon fils reçut le baptême dans la paroisse de Saint-Eustache. On ne me permit pas de le nourrir, comme je le souhaitais, ma santé ayant été trop éprouvée dans les premiers mois de ma grossesse, et ma faiblesse étant encore très grande. Une bonne nourrice venue de Villeneuve-Saint-Georges se chargea donc de lui, et bientôt il prit un embonpoint qui lui manquait en naissant, car il n'avait que la peau et les os.

Ma convalescence fut assez longue, ce qui m'empêcha d'assister au mariage de Charles de Noailles, fils aîné de Mme de Poix, avec Nathalie de Laborde, fille cadette du riche banquier. C'était une très grande mésalliance et un mariage d'argent, que l'on cherchait à déguiser sous l'apparence d'un mariage d'amour. Mais personne n'était dupe, et chacun savait que les beaux yeux de Nathalie avaient été moins puissants que les écus sonnants de la cassette de son père. M. de Laborde avait déjà marié sa fille aînée à M. d'Escars—depuis duc de ce nom,—et il ne lui restait plus que deux fils, les deux cadets ayant péri au commencement de l'expédition de M. de La Pérouse[121].

Charles de Noailles était beau comme le jour. En relations de fraternelle familiarité avec lui, il vint me montrer sa toilette de marié un moment avant la cérémonie, en se rendant de l'hôtel de Mouchy[122], sa résidence, à l'hôtel de Laborde, rue d'Artois[123], tout près de la rue de la Grange-Batelière, où je demeurais[124]. Cette toilette serait trouvée fort ridicule aujourd'hui. La voici: un habit habillé, d'une riche étoffe de soie bleu barbeau, admirablement brodé en soie plate d'une charmante guirlande de roses; les plus belles dentelles pour jabot et pour manchettes; coiffé avec mille boucles, l'épée au côté et le chapeau à trois cornes. Telle était alors, pour les cérémonies, la tenue qu'on n'avait pas encore altérée.

La cour, à Paris, se tenait toujours selon la coutume de Versailles, à l'exception de la messe, où l'on n'alla plus dès que le décret qui ordonnait le serment aux prêtres fut promulgué. Le dîner avait lieu comme à Versailles. Lorsque je relevai de couches, je me rendis chez la reine, en grand habit. Elle m'accueillit avec la plus grande obligeance. Mme d'Hénin avait donné sa démission en partant pour la Suisse, et il fut question de moi pour la remplacer dans son service. Mais la reine s'y opposa. On parlait déjà de nommer mon mari ministre en Hollande, et comme je devais naturellement l'y accompagner, la reine émit l'avis qu'il ne valait pas la peine de commencer mon service pour l'interrompre aussitôt, D'ailleurs, ajouta-t-elle, qui sait si je ne l'exposerais pas encore à des dangers comme ceux du 5 octobre?»

II

Je ne me souviens plus des causes qui inspirèrent l'idée de faire *fraterniser*, comme on disait alors, tous les corps militaires de l'État, en envoyant à Paris le plus ancien de chaque grade, pour s'y trouver le 14 juillet, anniversaire de la prise de la Bastille. Le *Moniteur* rend compte de la séance où cette résolution fut prise.

Les gardes nationales, qui s'étaient organisées dans tout le royaume pendant l'année qui venait de s'écouler envoyèrent aussi des députations composées de leurs officiers les plus élevés en grade et des simples gardes les plus âgés. On commença les travaux préparatoires dès la fin de juin.

Le Champ de Mars, en face de l'École militaire, présentait à cette époque l'aspect d'une pelouse bien nivelée, où s'exerçaient les élèves de l'école et où le régiment des gardes françaises manœuvrait.

Il n'y avait alors de garnison ni à Paris ni aux environs. Les gardes françaises étaient la seule troupe qui fût dans la ville. Leur nombre se montait, je crois, à 2.000 hommes tout au plus. Ils fournissaient un détachement à Versailles, lequel se renouvelait toutes les semaines. À Courbevoie était cantonné le régiment des gardes suisses, qu'on ne voyait jamais à Paris. Les gardes du corps comprenaient quatre compagnies. Une seule était de service à Versailles. Les autres occupaient des villes voisines: Chartres, Beauvais, Saint-Germain. Aucune autre troupe ne paraissait jamais ni à Versailles, ni à Paris, où l'on ne voyait d'uniformes que ceux des sergents recruteurs de divers régiments. Ces sergents se tenaient ordinairement soit au bas du Pont-Neuf, soit sur le quai de la Ferraille, attendant l'occasion de raccoler quelque jeune ouvrier mécontent ou quelque mauvais sujet dont ils débarrassaient Paris.

Mon mari fut chargé par son père de passer en revue toutes les députations et de s'occuper de leur logement, de leur nourriture et même de leurs plaisirs; car tous les théâtres eurent ordres de réserver des places gratis pour les vieux soldats et des loges pour les officiers. Un grand nombre logèrent aux Invalides et à l'École militaire. Le peuple de Paris s'employa avec transport aux travaux à entreprendre au Champ de Mars. Tout fut terminé en quinze jours. Le grand cirque ou amphithéâtre en terre qu'on y voit maintenant, fut élevé par deux cent mille personnes de toute condition, et de tout âge, hommes et femmes. Un spectacle aussi extraordinaire ne se reverra jamais. On commença par tracer le cirque et à l'élever avec quatre pieds de terre prise au milieu de l'arène. Mais cela n'ayant pas suffi, on en transporta de la plaine de Grenelle, et des terrains, d'un relief assez élevé, compris entre l'École militaire et les Invalides et qui furent aplanis. Des milliers de brouettes étaient poussées par des gens de toutes qualités. Il existait encore à Paris, plusieurs couvents de moines portant leur habit. Aussi voyait-on des filles publiques, bien reconnaissables à leur costume, attelées à de petits tombereaux à bras, nommés camions, avec des capucins ou des récollets; à côté, des blanchisseuses avec des chevaliers de Saint-Louis, et dans ce rassemblement de toutes les classes de la société, pas le moindre désordre, pas la plus petite dispute. Chacun était mû par une seule et même pensée de confraternité. Tout possesseur de chevaux d'attelage les envoyait pendant quelques heures de la journée pour transporter des terres. Il n'y avait pas un garçon de boutique dans Paris qui ne fût au Champ de Mars. Tous les travaux étaient suspendus, tous les ateliers vides. On travaillait jusqu'à nuit, et à la pointe du jour l'ouvrage reprenait. Un grand nombre des travailleurs bivouaquaient dans les allées latérales. Des petits cabarets ambulants, des tables chargées de comestibles grossiers, des tonneaux de vin remplissaient les grands fossés bâtis qui entourent le Champ de Mars. Enfin, le 13 juillet au soir, nous allâmes, ma belle-sœur, arrivée depuis peu à Paris, et moi, nous établir à l'École militaire, dans un petit appartement qui donnait, sur le Champ de Mars, afin d'être toutes portées le lendemain matin. Mon beau-père y avait fait envoyer un beau repas et des vivres, pour offrir un copieux déjeuner aux militaires qui pourraient avoir l'intention de venir nous voir pendant la cérémonie. Cette précaution fut d'autant plus utile qu'on avait oublié, aux Tuileries, de rien apporter pour les enfants du roi, et, l'heure ordinaire de leur dîner étant arrivé avant la fin de cette représentation mensongère destinée à unir à jamais le roi à son peuple, M. le Dauphin fut fort heureux de profiter de notre collation.

Le pauvre prince avait un petit uniforme de garde national. En passant devant un groupe d'officiers de ce corps, réunis au bas de l'escalier pour recevoir le roi, la reine leur dit gracieusement, en montrant son fils: «Il n'a pas encore le bonnet.»—«Non, madame, répondit l'un des officiers, mais il en a beaucoup à son service.» Cette première garde nationale, il est vrai, était composée de tous les éléments sages de la population de Paris. On avait considéré que c'était le moyen d'élever une digue contre l'esprit révolutionnaire. Tous les négociants, les gros marchands, les banquiers, les propriétaires, les membres des hautes classes qui n'avaient pas encore quitté la France, en faisaient partie. Dans la société, tous les hommes au-dessous de cinquante ans y étaient inscrits et faisaient très exactement leur service. M. de La Fayette lui-même, que l'on a tant attaqué, ne songeait pas alors à la République pour la France, quelles que fussent les idées qu'il avait rapportées d'Amérique sur ce genre de gouvernement. Il désirait autant qu'aucun de nous l'établissement d'une sage liberté et l'abolition des abus. Mais je suis certaine qu'il n'avait pas alors la moindre pensée ni le désir de renverser le trône et qu'il ne les a jamais eus. La haine sans bornes que la reine lui portait et qu'elle lui témoignait chaque fois qu'elle l'osait, l'aigrit cependant autant que le comportait son caractère doux jusqu'à la niaiserie. Toutefois, il n'était pas faible, et sa conduite sous l'Empire l'a bien prouvé. Il a résisté à toutes les démarches, les offres, les cajoleries de Napoléon. La Restauration s'est montrée injuste envers lui. Mme la Dauphine[125] avait hérité de la haine que lui portait la reine. Elle avait accueilli tous les contes absurdes inventés à son sujet, depuis le sommeil du 6 octobre 1789 jusqu'au reproche d'avoir été le geôlier du roi après la fuite de la famille royale à Varennes. Mais revenons à la fédération de 1790.

Un autel avait été élevé dans le Champ de Mars et une messe y fut célébrée par le moins recommandable des prêtres français. L'abbé de Périgord, depuis prince de Talleyrand, avait été nommé évêque d'Autun, lorsque M. de Marbœuf avait passé au siège de Lyon. Quoiqu'il eût été l'agent du clergé, ce qui assurait l'épiscopat après cinq ans d'exercice de cette place, le roi, mécontent, à juste titre, de sa conduite ecclésiastique, s'était refusé à lui conférer l'épiscopat. Ce prince avait mis, à ce refus, une fermeté bien éloignée de son caractère ordinaire, mais provoquée dans l'occasion par sa conscience religieuse. Cependant, lorsque le comte de Talleyrand, père de l'abbé, aux sollicitations de qui le roi avait résisté jusqu'alors, fut sur son lit de mort et qu'il demanda cette faveur comme la dernière, le roi ne put résister plus longtemps. Il nomma l'abbé de Périgord à l'évêché d'Autun.

Ce fut lui qui célébra la messe à la fédération de 1790. Son frère Archambauld la servit, et quoiqu'il eût fortement nié le fait quand il rejoignit les princes à Coblentz, je l'ai vu de mes yeux, en habit brodé et l'épée au côté, au pied de l'autel.

Rien au monde ne peut donner l'idée de ce rassemblement. Les troupes rangées en bon ordre au milieu de l'arène; cette multitude d'uniformes différents se mêlant à celui de la garde nationale, brillant de nouveauté; debout sur le talus du cirque une foule compacte, qui, au moment d'une pluie assez abondante, déploya des milliers de parapluies de toutes les couleurs imaginables; tout cela constituait le spectacle le plus surprenant qu'on pût voir, et j'en jouissais des fenêtres de l'Ecole militaire, où j'étais installée.

On avait construit, en avant dît balcon du milieu, une belle tribune très ornée. Elle s'avançait jusqu'auprès de la coupure ménagée dans le cirque, et rapprochait la famille royale de l'autel ainsi que des spectateurs. L'infortunée famille royale comprenait ce jour-là le roi, la reine, leurs deux enfants[126], Mme Elisabeth[127], Monsieur et Madame[128]. Relevée de couches depuis deux mois seulement, j'étais encore très faible. Je ne descendis pas sur la tribune. Je me trouvai cependant sur le passage de la reine et, accoutumée depuis longtemps aux impressions de son visage, je vis qu'elle se faisait grande violence pour cacher sa mauvaise humeur, sans y parvenir néanmoins assez pour son intérêt et pour celui du roi.

III

Vers la fin de juillet 1790, j'étais assez bien remise de mes couches. Ma tante voulut retourner à Lausanne, et mon mari, connaissant mon désir de voir la Suisse, me permit d'y faire un voyage de six semaines. Mme de Valence, dont la conduite était encore exemplaire alors, se trouvait à Sécheron, près de Genève, avec Mme de Montesson qui y passait l'été. Elle devait faire inoculer sa fille aînée, Félicie, depuis Mme de Celles, âgée de trois ans; son autre fille, née quelques jours après le 5 octobre, était encore trop jeune pour subir cette opération. Il fut convenu qu'elle s'installerait dans une petite maison séparée de celle de sa tante et que j'irais la retrouver pour y passer quelque temps avec elle. Je consentis à ce petit voyage, laissant mon fils avec sa bonne nourrice et Marguerite à l'hôtel de la guerre, et sans me douter qu'en m'éloignant de Paris, j'allais éprouver une cruelle inquiétude. Ma femme de chambre, à ce moment sur le point d'accoucher, ne m'accompagna pas. Je n'emmenai qu'un domestique et une petite chaise de poste à brancards, car les calèches n'étaient pas encore connues alors.

Ma tante prit avec elle une jeune cousine qui sortait du couvent, Pauline de Pully. Sa mère, cousine germaine de ma tante et de ma belle-mère, avait une très mauvaise conduite, et ma tante fit une chose très utile en se chargeant de la jeune fille, qui avait quinze ans et était très distinguée par l'esprit et par l'instruction. Elle savait bien le latin et lisait Tacite, disait-elle avec simplicité, pendant qu'on la coiffait. Jusque-là sa vie s'était partagée entre le couvent, à Orléans, et un vieil oncle ecclésiastique qui habitait cette ville. Aussi ignorait-elle tout de la vie actuelle. Elle croyait voir à Lausanne la colonie équestre dont parle César, et si elle se réjouissait de visiter les Alpes; c'était dans l'espoir d'y trouver encore les traces des éléphants d'Annibal. Son peu de connaissance des choses du temps présent, joint à beaucoup d'esprit et d'imagination, la rendait très amusante et très originale. Assise entre ma tante et moi dans la voiture, elle nous divertissait beaucoup, et, au second jour de notre voyage, se croyait déjà au bout de l'Europe. L'occasion se présenta bientôt de lui persuader qu'elle était en France, et en révolution.

Nous étions munies de tous les passeports possibles, tant pour les autorités civiles que pour les gardes nationales et les autorités militaires. Une imprudence de ma tante faillit néanmoins nous coûter cher. La poste aux chevaux de Dôle se trouvait hors de la ville, sur la route de Besançon. Nous traversâmes donc toute la ville par une rue assez solitaire, et, sauf quelques injures lancées par des passants qui criaient: «En voilà encore qui s'en vont, de ces chiens d'aristocrates», nous parvînmes à sortir de la ville sans encombre. Dans plusieurs localités, nous avions déjà été traitées de la sorte, et nous y étions accoutumées.

Arrivées à la poste, ma tante s'informe auprès du maître de poste si cette route mène à Genève. Il lui répond que pour prendre la route de cette ville, celle des Rousses, il faut retraverser la ville. Je représente en vain à ma tante que nos passeports portent que nous devons sortir de France par Pontarlier. Elle dit que cela importe peu et, les chevaux attelés, donne l'ordre de rétrograder et de retraverser la ville pour gagner la route des Rousses, sous le prétexte qu'elle avait donné rendez-vous à M. de Lally à Genève, où elle trouverait aussi M. Mounier.

Nous voilà donc rentrées dans la ville. Mais nous ignorions qu'il fallait traverser le marché qui se tenait sur une grande place. Obligées d'aller au pas pour ménager la foule des paniers et des personnes, nous sommes accueillies d'abord par des injures, puis, l'orage grossissant à mesure que nous avancions, une voix soudain pousse l'exclamation: «C'est la reine!» Aussitôt on nous arrête, on dételle les chevaux, on arrache le courrier de dessus son cheval, en criant: «À la lanterne!» On ouvre la portière et on nous ordonne de descendre, ce que nous faisons, non sans crainte. Je me réclame du titre de fille du ministre de la guerre, et je demande qu'on me mène chez le commandant de la place ou qu'on aille le chercher. Ma tante dit qu'elle a une lettre de M. de La Fayette pour le commandant de la garde nationale, M. de Malet. «Voilà sa maison!» s'écrie une personne, et, en effet, nous voyons deux sentinelles à une porte où flotte un vaste drapeau tricolore. Il n'y avait que deux pas à faire. J'entraînai ma tante et Pauline, et nous entrâmes dans la maison où la foule du peuple n'osa pas nous suivre, par respect pour le commandant populaire qui ne s'empressait pas; néanmoins, de prendre notre défense. Nous traversons une antichambre. Personne ne s'y trouvait. De là, nous pénétrons dans une salle à manger, garnie d'une table bien servie, de sept à huit couverts, qu'on venait de quitter précipitamment. Deux ou trois chaises renversées témoignaient de la hâte des convives à s'éloigner. Une serviette tombée à terre, près d'une porte, nous indique la route des fuyards. Ma tante se refuse à aller plus loin, mais elle dit d'une voix forte en parlant contre cette porte qu'elle désirait remettre une lettre de M. de La Fayette au commandant Malet. Pas de réponse. Aucun bruit ne se fait entendre. Au bout d'un quart d'heure, ma tante, apercevant une sonnette, s'en servit dans l'espoir que quelqu'un paraîtrait. Repartir était hors de question, car nous voyions, sur la place, le peuple assemblé autour de nos voitures, sans pouvoir distinguer ce qui se passait. Pauline et moi, nous n'avions pas déjeuné. Voyant que ma tante s'était assise résignée, en disant «Il faut attendre», nous nous assîmes aussi, mais près de la table, et nous nous mîmes à manger le dîner qu'on avait abandonné. Une excellente blanquette, un morceau de pâté, des fruits admirables assouvirent nos appétits de vingt et de quinze ans, pendant que de bon cœur nous rions de notre aventure et de la poltronnerie du chef de la milice nationale.

Enfin, après trois heures d'attente, et ayant aperçu par la fenêtre que nos voitures avaient été emmenées, nous entendons marcher au-dessus de la pièce que nous occupions, quoiqu'on n'eût pas répondu à la sonnette, dont nous avions fait usage plusieurs fois. Bientôt nous vîmes entrer un grave personnage, sorte de gros bourgeois, accompagne de deux ou trois autres hommes d'un âge respectable, qui, s'adressant à ma tante, lui demanda son nom, puis, me montrant, dit: «C'est mademoiselle votre fille?» Elle leur répondit que j'étais la belle-fille du ministre de la guerre, que je savais qu'il y avait un régiment de cavalerie en garnison à Dôle, que je désirais parler à son commandant qui obtiendrait, sans doute, du président de la commune—c'est ainsi qu'on nommait alors le fonctionnaire depuis appelé maire—notre mise en liberté. Son interlocuteur déclara à ce moment qu'il était lui-même le président de la commune. Il ajouta que le peuple était fort animé, que le nom de ma tante lui paraissait un nom supposé, que beaucoup de personnes croyaient qu'elle était la reine, etc., etc., et cent autres sottises de ce genre. Ma tante, constatant qu'on voulait nous retenir prisonnières, suggéra le moyen de tirer les choses au clair, en envoyant un de ses gens en courrier à Paris, et demanda qu'en attendant son retour nous fussions autorisées à nous établir dans une auberge. Un des membres de la commune qui accompagnaient le président proposa de nous prendre chez lui. L'asile serait plus sûr qu'à l'auberge, où nous pourrions être insultées par le peuple. Sur notre consentement, il m'offrit le bras pour me conduire, car la pensée que les officiers pourraient peut-être se décider à prendre ma défense lui faisait beaucoup d'impression et peut-être de peur.

Sortant donc de la maison inhospitalière du commandant de la garde nationale, après avoir mangé son dîner sans son assentiment, nous fûmes conduites par notre hôte dans sa maison, où il nous logea dans des chambres fort communes, mais très bonnes. Là vinrent nous rejoindre la femme de chambre et nos trois domestiques. Pendant que nous écrivions à Paris notre mésaventure, ma tante à M. de La Fayette, moi à mon mari, et que notre cuisinier, qui courait bien à franc étrier, se préparait à partir, on avait assemblé la commune pour fabriquer à notre messager un passeport qui assurât sa sûreté. On libella en même temps un procès-verbal, dans lequel «on vantait le civisme des habitants de Dôle, qui n'avaient pas cru devoir laisser passer outre des personnes suspectes, fortement soupçonnées d'être toutes autres que ce qu'elles prétendaient. Un homme qui avait été à Paris assurait que la plus âgée était la reine, la plus jeune pouvait bien être Mme Royale[129], et la grande—c'était moi—Mme Elisabeth[130]». Ce bel arrangement était cru de toute la ville.

Notre hôte nous engagea à ne pas tenter de sortir, ce qui équivalait à une défense, et nous nous résignâmes à rester dans notre triste logement, au rez-de-chaussée sur un fort petit jardin, où pénétrait à peine le jour à midi.

Le lendemain matin, deux membres de la commune vinrent nous interroger. Ils nous firent mille questions, visitèrent nos papiers, nos écritoires, nos portefeuilles. Ils me demandèrent compte de tout ce que j'avais dans la chaise de poste, pourquoi j'avais tant de *souliers neufs*, si je ne devais passer en Suisse que six semaines, comme je l'affirmais, et cent autres absurdités semblables qui me faisaient leur rire au nez. Enfin j'eus la pensée de leur dire que les officiers de la ville envoyés à Paris à la Fédération, et qui devaient être de retour à leur régiment, ayant probablement dîné chez mon beau-père, me reconnaîtraient. Cette idée leur parut lumineuse, et ils partirent pour aller les chercher.

Vers la fin de notre première journée de réclusion, arrivèrent donc les officiers de Royal-Étranger, qui m'offrirent leurs services et leur protection. Les plus jeunes étaient tous prêts à mettre le sabre au clair pour la défense d'une femme de vingt ans, fille de leur ministre. Les plus âgés voulaient m'emmener au quartier. Il y existait, disaient-ils, un fort bel appartement où nous serions très bien, en attendant le retour de notre courrier.

Je les conjurai de dissimuler leur mécontentement, les assurant que mon beau-père m'en voudrait beaucoup si je permettais qu'ils s'engageassent pour moi dans des démarches qui compromettraient la tranquillité publique. Mais je ne pus empêcher que pendant toute la journée ces officiers vinssent chez moi, les uns après les autres, et fissent si bien qu'au bout du quatrième jour, les membres de la municipalité trouvèrent qu'ils avaient fait une sottise en nous arrêtant et nous donnèrent la permission de partir. Il fallut quelques heures pour recharger nos voitures, et comme nous voulions aller, coucher à Nyon, nous résolûmes de ne partir que le lendemain matin à 5 heures. Les voitures, qui n'étaient pas venues à la maison où on nous avait retenues, nous attendaient hors de la ville, et j'espérais que nous pourrions partir à pied, incognito, à cause de l'heure matinale. Mais, comme je mettais mon chapeau, j'entendis, dans le vestibule, le bruit de sabres traînant sur les dalles. Tous les officiers étaient là et, bon gré mal gré, il nous fallut accepter leur escorte jusqu'à nos voitures. Heureusement nous ne rencontrâmes pas d'habitants. Je n'avais pas une goutte de sang dans les veines, car quelques-uns de ces jeunes gens étaient si animés qu'au moindre regard hostile ils auraient mis le sabre à la main. Aussi fus-je bien soulagée, quand, après beaucoup de remerciements et de politesses, nous nous mîmes en route pour le Jura.

Notre triomphe arriva le soir même. Le président de l'Assemblée nationale avait écrit au maire ou président de la commune par le courrier expédié pour le réprimander fortement sur notre arrestation. M. de La Fayette envoyait un message au commandant de la garde nationale, qui s'était abstenu avec tant de prudence. Mon beau-père recommandait notre sûreté au lieutenant-colonel commandant de la place, et nous nous félicitâmes de nous être soustraites, par une prompte fuite, aux honneurs fort ennuyeux qu'on nous aurait rendus pour réparer une injuste détention.

Nous arrivâmes à Nyon à minuit, après avoir passé la frontière sans difficultés. Ma tante n'y trouva pas M. de Lally. Il était à Sécheron, où il fut convenu que nous irions le lendemain matin. On nous mit, Pauline et moi, dans une petite chambre, et je me réveillai à la pointe, du jour, dans l'impatience où j'étais de voir ce beau lac dont j'avais lu tant de descriptions. Je courus à la fenêtre, et quand ouvrant le contrevent j'aperçus cette belle nappe d'eau éclairée par le soleil levant, l'émotion et l'admiration que j'éprouvai ne sauraient s'exprimer. En écrivant ces lignes, à soixante et onze ans, sur les bords de ce même lac, après une vie si longue et si tourmentée, que de réflexions m'inspire sa beauté, toujours la même, et combien je sens le néant de l'existence de l'homme. Il n'y a de stable que les grandeurs de la création, et nous, pauvres êtres, notre vie n'est que d'un moment!... Ce moment, il faut seulement le bien employer pour l'éternité.

IV

Le lendemain nous arrivions à Sécheron où nous trouvâmes MM. de Lally et Mounier. J'y reçus des lettres de mon mari, qui me sembla inquiet de la révolte de plusieurs garnisons en Lorraine, en particulier de celle de Nancy, dont faisait partie le régiment du Roi-Infanterie et celui de Châteauvieux-Suisse. Cela n'éveilla pas alors ma sollicitude, M. Mounier décida ma tante à faire une course à Chamonix. Nous partîmes le lendemain et ne revînmes à Genève qu'au bout de cinq ou six jours.

De retour à Sécheron, je trouvai une lettre de mon mari qu'on me renvoyait de Lausanne, où il croyait que j'étais avec ma tante. Il m'annonçait son départ pour Nancy, porteur des ordres du roi à M. de Bouillé. Leur teneur était de réunir quelques régiments français et suisses, puis de marcher sur Nancy, où les régiments du Roi et de Châteauvieux s'étaient enfermés après avoir pillé, leurs caisses et arrêté M. de Malseigne, commandant de la ville. Un régiment de cavalerie[131], appartenant à la garnison, s'était joint aux révoltés contre lesquels on était résolu d'agir avec rigueur, à titre d'exemple, des nouvelles me causèrent la plus vive inquiétude, et j'exprimai le désir d'aller à Lausanne, où mes lettres étaient adressées. Ma tante, qui partageait mon appréhension, consentit aisément à s'y rendre, et nous partîmes avec des chevaux de louage, car il n'existait pas alors de poste de Genève à Lausanne.

À Rolle, où nous nous arrêtâmes pour faire rafraîchir les chevaux, on nous apprit, dans l'auberge, que M. Plantamour, de Genève, se trouvait là et qu'il allait à Nancy. Ma tante demanda à lui parler en particulier. Au bout d'un moment, elle rentra dans la chambre où j'étais restée avec Pauline, et je lui trouvai l'air fort troublé, ce qui augmenta mes anxiétés. Elle me raconta qu'on s'était battu à Nancy, mais que les détails manquaient, que M. Plantamour se rendait dans cette ville, porteur de la somme d'argent qui avait été pillée par le régiment de Châteauvieux dans la caisse du corps, somme que le vieux général, dont le régiment portait le nom, voulait remplacer de ses propres deniers. Mais elle se garda bien de me rapporter que le bruit courait que le fils du ministre de la Guerre avait été tué devant Nancy. La chose lui paraissait invraisemblable. Elle pensait que si un tel malheur était arrivé, on m'aurait envoyé un courrier. Néanmoins son agitation était grande, et nous repartîmes pour Lausanne sans qu'elle m'eût fait partager le tourment auquel elle était en proie. Plus tard elle m'avoua que jamais de sa vie elle n'avait autant souffert que pendant la route de Rolle à Lausanne.

En arrivant dans cette dernière ville, M. de Lally, qui nous avait précédées, me remit plusieurs lettres écrites par mon mari, depuis son retour à Paris. Il me racontait tout ce qui s'était passé à Nancy. Ces détails sont du domaine de l'histoire. Je relaterai néanmoins ceux qui ont rapport à M. de La Tour du Pin. Il était parti de Paris ayant reçu du roi l'ordre d'agir avec la plus grande sévérité envers la garnison révoltée, si, après avoir été sommée à plusieurs reprises de se soumettre, elle persistait dans sa rébellion.

M. le marquis de Bouillé, qui avait acquis une grande réputation militaire pendant la guerre d'Amérique, exerçait le commandement général en Lorraine et en Alsace. On lui prescrivit d'assembler ceux des régiments d'infanterie et de cavalerie sur lesquels il pouvait compter, et de s'approcher de Nancy. M. de La Tour du Pin, envoyé par lui en parlementaire dans la ville, se rendit chez M. de Malseigne, commandait de la place, retenu prisonnier par les révoltés, ainsi que les officiers restés fidèles à leurs devoirs. Mon mari, ayant épuisé tous les moyens de conciliation, ressortit pour communiquer au général la mauvaise nouvelle de la résistance obstinée des trois régiments. Ceux-ci n'osèrent pas le retenir, soit qu'ils eussent été embarrassés de sa personne, soit que, plus prudents, ils espérassent pouvoir obtenir plus tard son intervention pour faire leur soumission, au cas où ils ne seraient pas vainqueurs. M. de La Tour du Pin rejoignit M. de Bouillé à Toul, et l'on se disposa à marcher sur Nancy. La détention de M. de Malseigne dans cette ville donnait lieu à une vive appréhension. Je ne me souviens plus comment il trouva le moyen de se procurer son cheval tout sellé, sans que ses gardiens s'en aperçussent. Le fait est que s'étant présenté à la porte, tranquillement, comme un paisible promeneur, la sentinelle le laissa passer. Une fois dehors, il prit un chemin de traverse qu'il connaissait et gagna la route de Nancy à Lunéville, où se trouvait en garnison son ancien régiment de cuirassiers. Cinq lieues de poste séparent Nancy de Lunéville. Il fit les trois premières au petit galop, mais s'apercevant alors qu'on le poursuivait, il mit les éperons dans le ventre de son cheval. Arrivé près de Lunéville, la crainte lui vint d'être arrêté au passage du pont. Découvrant à ce moment, de l'autre côté de la rivière qu'il côtoyait, les cuirassiers sur le champ de manœuvres, il poussa son cheval dans l'eau et traversa la rivière à la nage. Ceux qui le poursuivaient n'osèrent pas en faire autant et s'en retournèrent fort confus à Nancy.

M. de Bouillé, débarrassé de la crainte de compromettre la vie de M. de Malseigne, marcha le lendemain sur Nancy. Un régiment suisse—Salis-Samade—formait l'avant-garde. En approchant de la porte, constituée par un simple arc avec une grille, la troupe de tête aperçut une compagnie du régiment du Roi qui gardait une pièce de canon placée au milieu de la porte. En avant se tenait un jeune officier criant aux siens: «Ne tirez pas», et faisant signe qu'il voulait parler. M. de La Tour du Pin s'avança. Mais, au même instant, les soldats insurgés tirèrent, et les canonniers mirent le feu à leur pièce, chargée à mitraille. La décharge, en prenant la colonne du régiment suisse dans sa longueur, tua beaucoup de monde, principalement des officiers qui se trouvaient presque tous en avant. M. de La Tour du Pin eut son cheval tué et fit une chute terrible. Tout d'abord on le crut mort, jusqu'au moment où son valet de chambre, qui était là en amateur, l'eut rejoint dans le champ où son cheval l'avait emporté avant de tomber. Pendant ce temps, le reste de la colonne forçait la porte et entrait dans la ville. Le jeune officier, M. Desilles, qui cherchait à empêcher les mutinés de tirer, fut criblé de coups par la décharge des siens. Il resta sur place, atteint de dix-sept blessures. Cependant il ne mourut que six semaines après, des suites d'une seule de ces blessures, dont on n'avait pu extraire la balle.

Le régiment de Châteauvieux, soumis, demanda à se faire justice lui-même, ainsi qu'il était spécifié dans les capitulations des régiments suisses. Un conseil de guerre, composé d'officiers de trois de ces corps, se tint en plein air le lendemain de l'affaire, et vingt-sept des plus mutins furent condamnés et exécutés sans désemparer. Les deux régiments français furent cassés et disséminés dans d'autres corps. Quelques-uns des soldats révoltés furent fusillés, un plus grand nombre envoyés aux galères, et tout cela n'arrêta pas le mouvement insurrectionnel des troupes. L'armée fut perdue pour la royauté le jour où la pensée de l'émigration entra dans la tête des officiers, et lorsqu'ils crurent pouvoir, sans déshonneur, abandonner leurs drapeaux au lieu de faire tête à l'orage. Les sous-officiers se trouvèrent là tout prêts à prendre leurs places, et ainsi se constitua le noyau de l'armée qui a conquis l'Europe.

Mon mari, aussitôt que la garnison de Nancy eut mis bas les armes, revint en porter la nouvelle à Paris. Son père le mena tout crotté chez le roi, et on dérogea, pour cette fois-là, à l'étiquette qui défendait aux uniformes de se montrer à la cour.

V

Pendant ces événements, j'étais à Lausanne, où je passai quinze jours en m'amusant beaucoup. Plusieurs de Mlle de Laborde, mais on reniait un peu ses parents. Le prince de Poix, son beau-père, qui m'aimait beaucoup, trouvait très agréable de m'avoir pour accompagner sa belle-fille, dont les seize ans s'inclinaient avec une sorte de considération devant mes vingt ans. La princesse de Poix, de son côté, me témoignait beaucoup d'amitié et de bonté, et voyait avec plaisir la femme de son fils sortir avec moi dans le monde. J'ai toujours été complètement étrangère à cette petitesse d'âme qui rend jalouse du succès des autres jeunes femmes, et je jouissais très sincèrement de celui de Mme de Noailles. Nathalie était pour moi comme une jeune sœur, et nous étions souvent coiffées et mises de même.

Je ne puis me rappeler, cependant, pourquoi je ne suis jamais allée à Méréville, magnifique habitation de M. de Laborde, dans la Beauce. Mais je soupais souvent à l'hôtel de Laborde, rue d'Artois, avec Mme de Poix. On y entendait toujours de très bonne musique, exécutée par tous les meilleurs artistes de Paris. Quant à mes amis de l'hôtel Rochechouart, ils ne rentraient qu'assez tard à Paris de leur beau château de Courteilles.

Mon beau-père se dégoûtait chaque jour davantage du ministère. Tous les régiments de l'armée, à peu de chose près, s'étaient soulevés. La plus grande partie des officiers, au lieu d'opposer une fermeté constante aux efforts des révolutionnaires, envoyaient leur démission et sortaient de France. L'émigration se transformait en un point d'honneur. Les officiers restés dans leurs régiments ou dans leurs provinces recevaient des officiers jeunes gens, après avoir accompagné M. le comte d'Artois à Turin, déjà ennuyés du Piémont, étaient venus en Suisse. Parmi eux, Archambauld de Périgord, passé subitement du pied de l'autel de la Fédération à l'émigration; le prince de Léon, depuis duc de Rohan; MM. de Courtivron. Les uns et les autres ayant apporté les airs et l'impertinence de la haute société de Paris au milieu des mœurs suisses, à cette époque bien plus simples qu'elles ne le sont actuellement; se moquant de tout, toujours surpris qu'il existât autre chose au monde qu'eux et leurs manières; disant «ces gens-là» en parlant des habitants du pays qui leur offrait un sûr et honorable asile; persuadés qu'on était trop heureux de les accueillir, et prenant en pitié ceux qui ne s'empressaient pas de les imiter.

J'espère que personnellement je n'étais pas aussi ridicule, sans pourtant pouvoir affirmer de n'être pas tombée parfois dans les mêmes travers, qui étaient en somme ceux des personnes que je connaissais et avec lesquelles je passais ma vie.

Heureusement je ne restai que trois ou quatre semaines à Genève ou, pour mieux dire, aux Pâquis. Mon mari vint me chercher et me ramena à Paris. Comme il était pressé et qu'il voulait passer par l'Alsace pour y rencontrer M. de Bouillé, nous quittâmes Genève et traversâmes la Suisse, en partant de grand matin, afin d'avoir quelques heures de jour pour visiter Berne, Soleure et Bâle.

M. de Bouillé vint au-devant de nous entre Huningue et Neuf-Brisach, et j'attendis patiemment dans la voiture pendant que mon mari s'entretenait avec lui en se promenant sur la route. Après une matinée consacrée à Strasbourg, nous allâmes coucher à Saverne, et de là à Nancy. En parcourant cette ville au clair de lune, nous passâmes devant le logis du malheureux M. Desilles, qui était mourant. On avait placé une sentinelle à la porte pour empêcher qu'on parlât sous sa fenêtre. Quelques jours après il succombait. Nous fîmes, sans nous arrêter, le trajet de Nancy à Paris, où je retrouvai mon cher enfant très bien portant et très embelli. Il avait une excellente nourrice, et ma bonne Marguerite veillait sur celle-ci et sur l'enfant avec une sollicitude incomparable, qui ne s'est jamais démentie chez cette brave fille.

CHAPITRE XII

I

Je repris ma vie de Paris, à l'hôtel de la guerre. Presque tous les matins je montais à cheval. Mon cousin Dominique Sheldon m'accompagnait. J'allais souvent au spectacle avec la jeune Mme de Noailles, dont la mère, Mme de Laborde, ne sortait pas. D'ailleurs la fierté des Mouchy, des Poix et des Noailles ne se serait pas arrangée d'un pareil chaperon. On avait bien voulu des écus de Mlle de Laborde, mais on reniait un peu ses parents. Le prince de Poix, son beau-père, qui m'aimait beaucoup, trouvait très agréable de m'avoir pour accompagner sa belle-fille, dont les seize ans s'inclinaient avec une sorte de considération devant mes vingt ans. La princesse de Poix, de son côté, me témoignait beaucoup d'amitié et de bonté, et voyait avec plaisir la femme de son fils sortir avec moi dans le monde. J'ai toujours été complètement étrangère à cette petitesse d'âme qui rend jalouse du succès des autres jeunes femmes, et je jouissais très sincèrement de celui de Mme de Noailles. Nathalie était pour moi comme une jeune sœur, et nous étions souvent coiffées et mises de même.

Je ne puis me rappeler, cependant, pourquoi je ne suis jamais allée à Méréville, magnifique habitation de M. de Laborde, dans la Beauce. Mais je soupais souvent à l'hôtel de Laborde, rue d'Artois, avec Mme de Poix. On y entendait toujours de très bonne musique, exécutée par tous les meilleurs artistes de Paris. Quant à mes amis de l'hôtel Rochechouart, ils ne rentraient qu'assez tard à Paris de leur beau château de Courteilles.

Mon beau-père se dégoûtait chaque jour davantage du ministère. Tous les régiments de l'armée, à peu de chose près, s'étaient soulevés. La plus grande partie des officiers, au lieu d'opposer une fermeté constante aux efforts des révolutionnaires, envoyaient leur démission et sortaient de France. L'émigration se transformait en un point d'honneur. Les officiers restés dans leurs régiments ou dans leurs provinces recevaient des officiers émigrés des lettres leur reprochant leur lâcheté, leur peu d'attachement pour la famille royale. On envoyait par la poste aux vieux gentilshommes réfugiés dans leurs manoirs des paquets renfermant de petites quenouilles, des caricatures insultantes. On cherchait à leur imposer comme un devoir l'abandon de leur souverain. On leur promettait l'intervention des innombrables armées de l'étranger. Le roi, dont la faiblesse égalait la bonté, se serait fait un scrupule d'arrêter ce torrent. Aussi tous les jours pouvait-il constater le départ de quelque personne de son parti, et même de sa maison.

Mon beau-père, impuissant devant les intrigues de l'Assemblée et ne trouvant pas dans le roi la fermeté qu'il était en droit d'en attendre, résolut de quitter le ministère[132]. On proposa à mon mari de lui succéder. Il venait de terminer un plan d'organisation de l'armée qui était entièrement son ouvrage. Le roi lui-même trouvait que l'auteur du plan était capable de le mettre à exécution. Mon mari refusa. Il ne voulut pas succéder à son père, craignant que la chose ne fût mal interprétée.

C'est alors qu'on lui donna la place de ministre plénipotentiaire en Hollande. On était dans les derniers jours de décembre 1790. Mais il fut convenu qu'il ne rejoindrait son poste que lorsque le roi aurait accepté la Constitution, à laquelle l'Assemblée nationale devait mettre la dernière main avant la fin de l'hiver.

Ayant quitté l'hôtel de la guerre, nous allâmes nous établir dans la maison de ma tante, Mme d'Hénin, rue de Varenne, près de la rue du Bac. Elle y avait fait transporter tous ses meubles de la rue de Verneuil, dont elle avait cédé la location. Cette maison était fort commode. Nous nous y établîmes avec ma belle-sœur, Mme de Lameth, ses deux enfants et mon beau-père. Mon mari conserva les chevaux de selle et un cheval de cabriolet pour lui. Mon beau-père ne voulut plus avoir de voiture. Il ne garda que deux chevaux de carrosse pour ma belle-sœur et pour moi. Ma belle-sœur de Lameth ne sortait presque jamais le soir. Mais elle se rendait tous les matins aux séances de l'Assemblée, dans une tribune que M. de...—j'ai oublié son nom,—écuyer du roi, avait fait ménager dans la salle, dont un des murs était mitoyen avec son appartement, au manège des Tuileries. On sait que c'est dans ce local que l'on avait installé la salle des séances, lorsque l'Assemblée fut transférée à Paris.

J'assistais aussi, quelquefois aux séances qui pouvaient m'intéresser, mais pas régulièrement comme ma belle-sœur. Mes matinées étaient employées plus utilement. J'avais un maître de dessin, un de chant, un d'italien, et, si le temps le permettait, je montais à cheval à 3 heures jusqu'à la nuit. Quand mon cousin Sheldon pouvait m'accompagner, j'allais au bois de Boulogne; le plus souvent, je gagnais par la plaine de Grenelle les bois de Meudon, et, ces jours-là, je montais un cheval de race, extrêmement vif, dont les allures me plaisaient beaucoup. Mais il faisait mon tourment au bois de Boulogne, car il ne souffrait pas de cheval devant lui, et était alors toujours prêt à s'emporter.

Je revenais un jour, vers le printemps de 1791, d'une longue promenade solitaire, suivie seulement de mon palefrenier anglais. Comme je me disposais à pénétrer dans la rue de Varenne pour rentrer chez moi, vers 4 heures et demie, je la trouvai barrée par un poste de garde nationale. J'eus beau représenter que je demeurais dans la rue et demander des explication» sur les causes qui motivaient cette mesure, qui menaçait de me priver de dîner, on se contenta de me répondre qu'il y avait eu *du train* à l'hôtel de Castries, et que toute circulation était interdite. Je me dirigeai alors vers la rue de Grenelle, dans l'espoir que le poste, que j'y apercevais de loin, serait de meilleure composition. Il fut tout aussi récalcitrant. Celui de la rue Saint-Dominique ne me traita pas mieux. Enfin, à la rue de l'Université, je trouvai le passage libre, et je parvins à passer par la rue de Bourgogne en affirmant à une sentinelle placée au coin de la rue de Varenne que je venais de chez M. de La Fayette.

En arrivant devant l'hôtel de Castries, j'appris qu'une insurrection, organisée par MM. Charles et Alexandre de Lameth, et conduite par un mauvais Italien nommé Cavalcanti, leur secrétaire, s'était portée sur l'hôtel de Castries, à la suite du duel qui avait eu lieu le matin même entre M. de Castries, député du côté droit, et Charles de Lameth. Ce dernier avait été légèrement blessé au bras. Les deux Lameth, dans le but de faire croire qu'ils étaient les idoles du peuple, avaient organisé cette manifestation populaire moyennant un millier de francs et quelques barriques de vin de Brie. On pénétra dans l'appartement du duc de Castries, alors seul dans la maison. Son père, le maréchal, ancien ministre de la Marine, avait été un des premiers à quitter la France. Il était établi à Lausanne, où je l'avais vu l'été précédent. La duchesse de Castries, sa femme, se trouvait également en Suisse avec son père, le duc de Guines, et avait emmené avec elle son fils, encore très enfant. Heureusement le pauvre duc n'était pas chez lui. On jeta tous les meubles de l'appartement par les fenêtres. Les glaces furent brisées, les fenêtres décrochées et jetées dans la cour. Il ne resta que les quatre murs.

Ce désastre aurait pu être évité, sans la paresse de M. de La Fayette, car je veux croire que son inaction n'eut pas d'autre motif. Un Anglais de ma connaissance, le capitaine, depuis amiral Hardy, rencontra l'armée des Lameth dans la rue de Sèvres. S'étant informé par pure curiosité du but de leur expédition, il crut bien faire en courant chez M. de La Fayette, qui demeurait sur la place du Palais-Bourbon, là même où était établi le quartier général de la garde nationale. Il y arriva au grand galop, et, étant monté chez le généralissime, il fut terriblement scandalisé du sang-froid avec lequel celui-ci reçut la nouvelle du danger dont la maison de M. de Castries était menacée. Il mit tant de lenteur à donner les ordres nécessaires pour réprimer le désordre, que la garde nationale n'arriva sur les lieux que lorsque tout était fini, et on considéra comme une dérision la mesure de poster des sentinelles à toutes les issues, alors que l'ennemi s'était déjà retiré. Ma belle-sœur avait vu, de sa fenêtre, Cavalcanti animant le peuple, et elle en retira la conviction que ses beaux-frères étaient les auteurs du désordre. Elle avait cessé, ainsi que nous, de les voir, et nous ne nous saluions même plus quand nous nous rencontrions.

Quelque temps après, je descendais aux bains, près du pont Royal, lorsque je m'entendis appeler. Me retournant, quelle ne fut ma surprise de voir derrière moi Alexandre de Lameth qui me dit, comme s'il m'avait rencontrée la veille et avec le même ton de familiarité qu'il employait autrefois en me parlant: «Barnave vient de se battre avec Cazalès et l'a blessé grièvement.» Je ne lui répondis pas et continuai mon chemin. La nouvelle était vraie. Heureusement, la balle avait porté sur le bouton du chapeau à trois cornes de M. de Cazalès, et il n'eut qu'une forte contusion. J'ai demandé depuis, bien des années après, à M. de Lameth, pourquoi, puisque nos relations avaient complètement cessé depuis un an, il m'avait adressé la parole pour m'informer de ce duel. Il m'a avoué que c'était par esprit de parti et dans l'intention de me causer de la peine.

Au printemps de 1791, mon mari fit ses préparatifs de départ pour la Hollande. Nous emballâmes nos effets et nos caisses furent envoyées à Rotterdam par mer. Nous vendîmes nos chevaux de selle et je partis avec mon fils et sa nourrice pour Hénencourt, où se trouvait déjà ma belle-sœur. M. de La Tour du Pin vint y passer quelque temps et retourna à Paris pour terminer ses affaires. Mais M. de Montmorin l'informa que le roi désirait qu'il ne partît que le lendemain du jour où la Constitution, que l'on devait bientôt lui présenter, aurait reçu la sanction royale. M. de La Tour du Pin resta donc à Paris. J'allai l'y rejoindre pendant quelques jours pour voir l'indécente parade du convoi de Voltaire, dont on porta les restes au Panthéon.

Je vivais à Hénencourt tranquillement avec ma belle-sœur, lorsque mon nègre, Zamore, entra un matin vers 9 heures dans ma chambre, très agité. Il m'informa que deux hommes que personne ne connaissait venaient de passer devant la grille en disant que la veille au soir, le roi, ses enfants[133], la reine et Mme Elisabeth[134], avaient quitté Paris et qu'on ignorait où ils étaient allés. Cette nouvelle me troubla fort et je voulus parler à ces hommes. Je courus à la grille de la cour, mais ils avaient déjà disparu et on ne savait ce qu'ils étaient devenus. Mon sentiment a toujours été qu'ils s'étaient réfugiés dans le village, situé au milieu d'une des grandes plaines de la Picardie, et d'où ils ne pouvaient par conséquent sortir inaperçus. Ils y restèrent cachés certainement jusqu'au soir.

Mon anxiété fut très grande. Je redoutai que mon mari ne fût compromis. Aussi pris-je la résolution d'envoyer Zamore à Paris en courrier, pour savoir quelque chose de certain. Il partit une heure après, mais avant son retour, je reçus par la poste un mot de M. de La Tour du Pin qui confirmait la nouvelle. Mon beau-frère revint d'Amiens, où il se trouvait, et nous passâmes deux jours dans une agitation que rien ne peut décrire. Ignorant la suite de l'aventure, les journées nous semblaient des siècles. Mon beau-frère ne nous permettait pas d'aller à Amiens, craignant qu'on ne fermât les portes et que nous ne pussions plus revenir à la campagne. Nous espérions que le roi aurait passé la frontière, mais nous n'osions calculer l'effet que cet événement causerait dans Paris. Mon inquiétude pour mon mari était à son comble, et cependant je n'osais aller le rejoindre, car il me l'avait défendu, lorsque le troisième jour au soir nous apprîmes par un homme venant d'Amiens l'arrestation du roi et son retour comme prisonnier à Paris. Une heure après Zamore arriva porteur d'une longue lettre de mon mari, qui était désespéré.

Je ne relaterai pas ici les détails de cette malheureuse fuite, si maladroitement organisée. Les mémoires du temps en ont rapporté toutes Tes circonstances. Mais ce que j'ai su par Charles de Damas, c'est qu'au moment de l'arrestation, il demanda à la reine de lui donner M. le Dauphin sur son cheval, qu'il aurait pu le sauver et qu'elle ne le voulut pas. Malheureuse princesse, qui se défiait de ses serviteurs les plus fidèles!

On avait proposé au roi, à Paris, de prendre deux fidèles jeunes gens, accoutumés à courir la poste, au lieu des deux gardes du corps qu'il emmena et qui n'avaient jamais monté que des chevaux d'escadron. Il refusa. Toute cette fuite, organisée par M. de Fersen, qui était un sot, fut une suite de maladresses et d'imprudences.

Monsieur et Madame[135] passèrent par une autre route, conduits par M. d'Avaray. Louis XVIII en a publié[136] le burlesque détail.

Ce ne fut qu'après une réclusion de deux mois que le roi se décida à accepter[137] la Constitution qui lui avait été présentée. Mon mari avait rédigé un long mémoire pour l'engager à la refuser. Il était en entier écrit de sa main, mais il n'était pas signé. M. de La Tour du Pin l'avait remis au roi de la main à la main. On le retrouva, après le 10 août, dans la fameuse armoire de fer. Le roi avait écrit en tête: «Remis par M. de G... pour m'engager à refuser la Constitution.» Quelques amis répandirent le bruit que l'initiale était celle de M. de Gouvion, tué au premier combat de la guerre, et c'est sous ce nom, je crois, que parut le mémoire lorsqu'on imprima les documents que contenait l'armoire de fer.

Après l'acceptation de la Constitution, pendant la seconde Assemblée, dite législative[138], il y eut quelques mois de répit, et je suis persuadée que, si la guerre n'avait pas été déclarée, si les émigrés étaient rentrés, comme le roi paraissait le désirer, les excès de la Révolution se seraient arrêtés. Mais le roi et la reine crurent à la bonne foi des puissances. Chaque parti se trompa mutuellement, et la France vit et trouva la gloire dans la défense de son territoire. Comme Napoléon le disait à Sieyès: «Si j'avais été à la place de La Fayette, le roi serait encore sur le trône, et»—ajoutait-il en lui frappant sur l'épaule—«vous, l'abbé, vous seriez trop heureux de me dire la messe.»

II

Nous partîmes pour La Haye au commencement d'octobre 1791. Ma belle-sœur nous accompagna avec ses deux fils et leur gouverneur. Sa santé était bien mauvaise, et la consomption dont elle mourut l'année suivante avait déjà fait beaucoup de progrès. Comme elle aimait beaucoup le monde, la pensée de passer l'hiver seule à Hénencourt lui était insupportable. Elle n'avait plus d'établissement à Paris. Jusqu'à la Révolution, elle habitait l'hôtel de Lameth, rue Notre-Dame-des-Champs, avec toute sa famille. La mère des quatre Lameth, sœur du maréchal de Broglie, avait élevé là ses enfants. À l'époque dont je parle c'était une femme déjà âgée, veuve depuis un grand nombre d'années, puisque Alexandre, le plus jeune de ses fils, n'avait pas connu son père. Elle avait prodigieusement d'esprit et de capacité. Le maréchal, son frère, l'avait aidée à placer ses fils dans quatre régiments différents, ce qui ne représentait alors rien d'extraordinaire. Mais, avec l'injustice et l'absurdité habituelles à l'esprit de parti, on a beaucoup accusé les Lameth d'avoir été très ingrats envers la cour. On oubliait que, neveux du seul maréchal de France jouissant en ce temps-là d'une réputation méritée et apte, en cas de guerre, à être appelé à commander les armées, il était fort naturel que ces jeunes gens eussent avancé rapidement dans la carrière militaire. D'ailleurs, les trois cadets avaient pris part avec distinction à toute la guerre d'Amérique, et l'un d'eux, Charles, y avait été grièvement blessé. Mon beau-frère, l'aîné des quatre, se retira à la campagne après avoir donné sa démission de colonel du régiment de la Couronne-Infanterie, quand mon beau-père quitta le ministère. Le second, Théodore, abandonna aussi l'armée et vit encore, au moment où j'écris, 1841. Le troisième, Charles, celui, que l'on nommait *Malo* dans notre jeunesse, avait épousé Mlle Picot, fille unique et héritière d'un planteur de Saint-Domingue, qui habitait Bayonne.

L'histoire de ce mariage est assez originale. À son retour d'Amérique, boitant encore de sa blessure au genou, pour laquelle on avait voulu lui couper la cuisse, ce à quoi il n'avait pas consenti, et marchant encore avec une béquille, Charles de Lameth entend parler de cette demoiselle Picot, qui était au couvent à Paris. On lui dit qu'elle a seize ans, qu'elle est jolie et que les religieuses sont fort contentes d'elle. Sans souffler un mot de ses projets à personne, il monte en voiture et s'en va à Bayonne, muni d'une lettre de notre ami, M. de Brouquens, administrateur des domaines, en relation avec M. Picot. Il se présente en uniforme et dit: «Monsieur, regardez-moi. J'ai vingt-cinq ans je suis colonel et neveu de M. le maréchal de Broglie. J'ai fait toute la guerre, j'ai eu une très mince légitime, comme tous les cadets de Picardie, mais je n'en ai pas encore mangé un sou. Si vous consentez à m'agréer comme gendre, je crois que vous n'aurez pas à vous en repentir.» Cette franchise séduisit M. Picot. C'était un ancien militaire; il répondit sur le même ton: «Si vous plaisez à ma fille, l'affaire est conclue. Présentez-vous à elle.»

Aussitôt il écrit une lettre de quatre lignes à la supérieure du couvent. Une demi-heure après, Malo se remettait en route pour Paris. Monsieur Picot l'y suivit, et trouva sa fille ayant déjà vu la charmante figure de son original prétendu et toute disposée à l'épouser. Elle était fort jolie quoique petite. Mais après sa première grossesse, elle devint tout à coup d'une obésité extraordinaire qui n'a fait qu'augmenter jusqu'à sa mort.

Depuis que l'ambassade française avait été à peu près chassée de la Hollande et que le comte de Saint-Priest s'était retiré, en 1787, à Anvers, où M. de La Tour du Pin avait été envoyé auprès de lui, ainsi que je l'ai dit, la France n'était représentée à La Haye que par un chargé d'affaires, M. Caillard. C'était un diplomate consommé. Il fut très utile à mon mari, qui ne s'était jamais, jusqu'alors, occupé de diplomatie autrement que par la lecture de l'histoire, son étude favorite. Mais le caractère de M. Caillard sympathisait peu avec celui de M. de La Tour du Pin. Prudent jusqu'à la crainte, il ne s'était maintenu dans son emploi qu'en en exagérant les difficultés dans ses dépêches et en persuadant ainsi à M. d'Osmond, nommé depuis deux ans, par le crédit des tantes du roi, ministre en Hollande, qu'il y avait danger de la vie pour un envoyé français à paraître à La Haye. Du jour où le parti du stathouder[139], aidé par l'or de l'Angleterre et par les soldats de la Prusse, avait dominé celui des patriotes, vainqueurs et vaincus portaient un morceau de ruban orange soit à la boutonnière, soit au chapeau. Les femmes s'en attachaient un très petit bout à leur ceinture ou à leur fichu, et les domestiques le portaient en cocarde. Le ministre d'Espagne seul, par ordre de sa cour, s'était refusé à cette condescendance ou, pour mieux dire, à cette bassesse. Mon mari déclara au ministre qu'il suivrait l'exemple de la maison de Bourbon. D'ailleurs, depuis que, par je ne sais quel décret, on avait aboli les livrées en France, les ministres à l'étranger avaient été autorisés à prendre la livrée du roi, et nous l'avions adoptée pour nos gens. Il était donc inadmissible que la livrée royale de Bourbon s'affublât des insignes d'un particulier, car le stathouder représentait, en somme, le premier officier militaire de la République seulement, bien qu'il fût assurément, de très bonne maison, et que sa femme fût Altesse Royale. Peut-être même un reste de rancune empêchait-il la cour d'Espagne de prendre la livrée de la maison d'Orange. Quoi qu'il en soit, cette légation était la seule qui n'eût pas adopté le ruban orange. M. de Montmorin, notre excellent et faible ministre des affaires étrangères, consulté, avait répondu à mon mari: «Eh! bien, essayez, à vos risques et périls.»

Nous arrivons donc à La Haye à 9 heures du soir, et, après le souper, mon mari se rend, avec M. Caillard, chez le ministre d'Espagne. Il l'informe qu'à son exemple il ne portera pas de ruban orange et ses gens encore moins. Ces derniers, d'ailleurs, déclare-t-il, n'auront pas même la cocarde française, car celle-ci étant absolument semblable aux couleurs du parti patriote hollandais, cela pourrait irriter le peuple de La Haye, entièrement orangiste. La décision plut au ministre d'Espagne, le comte de Llano, homme d'un ferme caractère.

Le lendemain matin, la nourrice de mon fils sortit avec l'enfant pour le mener à la promenade. Quelques gens du peuple se trouvaient à la grille de la cour et regardèrent si elle portait un ruban orange. Ne lui en voyant pas, ils se mirent à proférer des injures en hollandais, que la nourrice, dépourvue de toute connaissance de cette langue, ne comprit pas. La peur la prit cependant et elle rentra aussitôt. Quand les voitures qui devaient mener M. de La Tour du Pin chez le Grand Pensionnaire avancèrent, il se forma bien un petit rassemblement d'une cinquantaine de personnes, mais c'était plutôt pour admirer le beau costume, fort élégant, de Zamore, notre nègre. M. Caillard avait porté de la couleur orange jusque-là. Il mourait de peur, et taxait d'imprudence mon mari, qui s'amusa beaucoup de sa frayeur.

Les lettres de créance se remettaient au Grand Pensionnaire, premier ministre des États d'après la constitution du pays. Celui-ci les portait aux États-Généraux, où elles étaient enregistrées par le greffier. Les fonctions de greffier étaient remplies par M. Fagel[140]. D'une illustre famille qui occupait cet emploi depuis sa fondation, c'est-à-dire depuis l'établissement de la République, celui qui en avait alors la charge était l'aîné de cinq frères. Il devint plus tard ambassadeur du roi des Pays-Bas qui le considérait comme un ami. De ces cinq frères, il ne reste, au moment où j'écris ceci, en 1841, que le troisième, Robert[141], ministre de Hollande à Paris, et un de ses neveux.

Le stathouder, quand nous arrivâmes à La Haye, au mois d'octobre 1791, était à Berlin, venant de marier son fils aîné à la jeune princesse de Prusse. Ils revinrent tous à La Haye quelques semaines après, et alors commença une série de fêtes, de bals, de soupers et de divertissements de toute espèce, qui convenaient parfaitement à mes vingt et un ans. J'avais apporté beaucoup de choses élégantes de France. Bientôt je devins fort à la mode. On cherchait à me copier en toutes choses. Je dansais très bien, et mon succès au bal était grand. J'en jouissais comme un enfant. Aucune pensée du lendemain ne me troublait. J'étais, la première en tête, de toutes les réunions mondaines. La princesse d'Orange ne dédaignait pas d'être mise comme moi, de se faire coiffer par mon valet de chambre. Enfin cette vie de succès, qui devait durer si peu, m'enivrait.

Lorsque Dumouriez fut nommé ministre des affaires étrangères, au mois de mars 1792, son premier soin fut de se venger de je ne sais quel mécontentement personnel, que lui avait causé mon beau-père pendant son ministère, en déplaçant mon mari, sous le faux prétexte qu'il n'avait pas mis assez de fermeté à demander réparation d'une prétendue insulte faite au pavillon national français. M. de La Tour du Pin reçut la nouvelle de son rappel d'une manière assez originale. Dumouriez avait nommé pour lui succéder un M. Bonnecarère, résident de France près de l'évêque souverain de Liège. Le ministre lui annonçait sa nomination dans un billet ainsi conçu: «Enfin, mon cher Bonnecarère, nous avons mis M. de La Tour du Pin à la porte, et je vous ai nommé à sa place.» Or, par une faute de secrétaire, ce billet, au lieu d'être adressé à son destinataire, à Liège, fut envoyé à mon mari, à La Haye. En ouvrant ses dépêches, arrivées par le même courrier, il y trouva son rappel, dont il porta immédiatement la notification au Grand Pensionnaire van der Spiegel.

Nous allâmes tout de suite louer une jolie petite maison sans meubles pour nous, ma belle-sœur et ses enfants. Elle ne voulait pas rentrer en France et préférait rester avec moi à La Haye. Dans la journée, tous les meubles qui nous appartenaient et que nous ne voulions pas vendre furent transportés dans cette maison. Le reste du mobilier, ainsi que les vins, les services de porcelaine, les chevaux, les voitures restèrent à l'hôtel de France pour être mis en vente après l'arrivée du nouveau ministre, au cas où il ne voudrait pas nous les reprendre. Mon mari, n'ayant pas de secrétaire de légation, car M. Caillard venait d'être envoyé à Pétersbourg comme chargé d'affaires, remit les archives aux mains de son secrétaire particulier, qui n'était autre que M. Combes, mon ancien instituteur, plus soucieux de nos intérêts que nous ne pouvions l'être nous-mêmes.

M. de La Tour du Pin se rendit ensuite en Angleterre, auprès de son père qui venait d'y arriver, pour l'engager à nous rejoindre à La Haye. De là il se dirigea sur Paris, d'où il m'écrivait tous les courriers des lettres de plus en plus alarmantes.

III

M. Bonnecarère, nommé par Dumouriez ministre à La Haye, ne rejoignit pas ce poste. On le remplaça par M. de Maulde. Il arriva vers le 10 août et fut mal reçu. On ne lui rendit pas ses visites, à l'exception de l'ambassadeur d'Angleterre, dont la puissance n'était pas encore en guerre avec la France. Il ne voulut rien prendre de nos effets et m'envoya son secrétaire pour me signifier son refus de laisser faire l'encan dans les salons du rez-de-chaussée, de l'hôtel de France, dont il n'occupait pourtant qu'un entresol avec une domestique qui lui servait de gouvernante. Ce secrétaire, quoique s'étant montré fort grossier, ne me causa pas alors toute l'horreur que son souvenir m'a inspirée depuis. C'était le frère de Fouquier-Tinville.

Comme le temps était très beau, j'obtins la permission de faire la vente de nos meubles sur le petit Voorhout, promenade charmante devant la porte de l'ambassade. Cela fit événement à La Haye. Tous mes amis étaient présents; les moindres choses se vendirent des prix fous; il ne resta pas le plus petit objet, et je recueillis une somme d'argent qui se monta à plus du double de ce que le tout avait coûté. Les fonds furent versés entre les mains de M. Molière, respectable banquier hollandais. Il me les garda et me les envoya plus tard en Amérique.

Mme d'Hénin, ma tante, émigrée en Angleterre, me pressait beaucoup de venir l'y retrouver; mais la santé de ma belle-sœur déclinait si visiblement que je ne voulais pas la quitter. D'un autre côté, mon beau-père songeait à nous rejoindre en Hollande. Mon mari passa quelques journées à La Haye entre le 10 août et les massacres de septembre 1792, puis son père le rappela à Londres auprès de lui.

Ayant eu occasion de connaître plusieurs particularités relatives à la fuite des malheureux émigrés en Belgique après la bataille de Jemappes[142], je les rapporterai ici.

J'étais très liée avec le prince de Starhemberg, ministre d'Autriche à La Haye. Ce jeune homme, âgé de vingt-huit ans seulement, était si étourdi qu'il songeait plus à sa toilette et à ses chevaux qu'aux affaires de sa légation. Un courrier de Bruxelles lui apportait presque tous les jours des dépêches du prince de Metternich—père de celui qui *règne* encore maintenant en Autriche—accrédité auprès de l'archiduchesse Marie-Christine, gouvernante des Pays-Bas. M. de Starhemberg faisait passer ces dépêches en Angleterre par Hellevoetsluis. Ce jeune diplomate, sans défiance, me confiait tout ce qu'il apprenait de nouveau. Sa femme, Mlle d'Arenberg, me menait à la cour de la princesse d'Orange toutes les fois qu'il y avait cercle, et le corps diplomatique me traitait avec tant d'amitié et de prévenances, qu'il semblait toujours que j'en fisse partie. Comme j'avais conservé une grande richesse de toilettes, je pouvais aller partout sans trop de dépense. Je n'avais plus auprès de moi alors que ma bonne Marguerite, qui soignait mon fils, et mon fidèle Zamore, qui me coiffait tant bien que mal, car il était difficile de le faire soi-même. Quant à ma pauvre belle-sœur, elle se couchait de bonne heure, et remontait dans ses appartements avec ses enfants et leur abbé après le dîner.

Un jour donc il y avait cercle et les Starhemberg devaient venir me chercher. J'étais tout habillée dans ma chambre, lorsque le prince de Starhemberg entre affolé en me disant: «Tout est perdu. Les Français nous ont battus à plate couture. Ils occupent maintenant Bruxelles.» Il me conte la nouvelle en montant en voiture et me recommande de n'en rien laisser paraître à la cour, où personne ne savait encore rien de ces graves événements. Mais lorsque la princesse d'Orange entra et qu'elle s'approcha de moi, je vis bien qu'elle en avait été informée. Elle me demanda de mes nouvelles en appuyant son éventail sur ma main, et nos regards, en se rencontrant, furent très significatifs. Le sort que l'avenir lui réservait, elle le prévoyait déjà.

La fuite des émigrés, réfugiés à Bruxelles au nombre de plus de mille, fut la chose du monde la plus triste et la plus déplorable. Rassurés par les protestations des ministres de l'archiduchesse, qui leur promettaient de les avertir de l'approche des Français, ils vivaient là sans aucune crainte. Avec cette insouciance et cette imprévoyance dont ils ont été si souvent victimes, ils se croyaient parfaitement en sûreté à Bruxelles, malgré la retraite des Prussiens en Champagne. M. de Vauban, de qui je tiens ces détails, se retirait chez lui vers minuit lorsqu'en traversant la place Royale, il croit entendre le bruit des fers d'un grand nombre de chevaux dans la cour du palais, situé alors où est maintenant le musée. Il attendit, caché dans un renfoncement, et, au bout d'un moment, il vit sortir toutes les voitures de la cour, des fourgons, des chariots chargés de bagages, qui se dirigèrent en silence vers la porte de la ville dite de Namur. Persuadé que l'archiduchesse quittait Bruxelles clandestinement, il courut avertir les Français les plus rapprochés. Ceux qui avaient été le même soir à la cour ne voulaient pas croire à ce manque de foi. Cependant quelques instants suffirent pour les convaincre. Il est difficile de donner une idée juste du tumulte qui se produisit alors et de l'effroi qui s'empara de tous ces malheureux dans leur hâte de fuir. La nuit se passa à emballer le peu d'effets que chacun possédait. À la pointe du jour, toutes les barques, les voitures, les charrettes furent louées à des prix exorbitants pour emmener les uns à Liège, d'autres à Maëstricht. Les plus sages, en même temps que les mieux pourvus d'argent, résolurent de passer en Angleterre. Beaucoup de gens de ma connaissance se trouvaient parmi les fuyards. Un grand nombre d'entre eux, conservant leurs anciens airs de Paris et de Versailles, donnèrent le désolant spectacle du manque de cœur le plus choquant envers leurs compagnons d'infortune. Je me mis avec empressement au service des plus malheureux, mais m'occupai fort peu des plus riches, ne leur cachant pas que lorsqu'on avait de quoi se tirer d'affaire et qu'on ne pensait qu'à soi, on ne devait pas compter sur moi. Cette critique de leur attitude, je l'adressai en particulier à M. et Mme de Chalais. Ils ne me l'ont jamais pardonné.

IV

Dans les derniers jours de novembre 1792, la Convention rendit un décret contre les émigrés et leur fixa un court délai pour rentrer, sous peine de confiscation. Mon excellent beau-père était en Angleterre et pensait à nous rejoindre à La Haye, où sa fille et moi l'attendions avec impatience. La connaissance de ce décret changea ses projets. Il nous écrit que pour aucune considération personnelle il ne voudrait faire tort à ses enfants et qu'il retournait à Paris. Cette lettre, toute paternelle, contenait des expressions empreintes d'une telle mélancolie, qu'on aurait pu la croire inspirée par des pressentiments, si même alors, après les massacres de septembre, il eût semblé possible de prévoir les excès auxquels la Révolution devait se porter.

Je ne sais pourquoi j'ai omis de parler de la fuite de MM. de La Fayette, Alexandre de Lameth et de La Tour Maubourg. Tous trois quittèrent furtivement le corps d'armée commandé par M. de La Fayette pour passer en pays étranger, avec une niaiserie de confiance qui ne saurait s'expliquer. S'étant présentés aux avant-postes autrichiens, ils furent à l'instant arrêtés. On voulait se servir d'eux comme otages pour garantir la sûreté du roi et de sa famille, enfermés au Temple après la journée du 10 août. M. Alexandre de Lameth eut la permission d'écrire à sa belle-sœur, alors auprès de moi à La Haye, comme je l'ai dit, pour lui demander de l'argent. M. de La Fayette, de son côté, écrivit à M. Short, ministre d'Amérique à La Haye. Je vis celui-ci le jour même et lui proposai d'avoir recours aux bons offices d'un homme dont, à ma connaissance, l'adresse et l'habileté étaient merveilleuses. Il se nommait Dulong et se trouvait depuis de longues années au service de la légation de France, dont il dépendait encore. Très dévoué à ma personne, j'apprenais par lui toutes les nouvelles qui parvenaient au nouveau ministre français et presque le contenu de ses dépêches. Dulong s'engageait à faire échapper M. de La Fayette, retenu à Liège, mais il fallait promptitude, secret et argent. Vingt mille francs au moins, dit-il, seraient nécessaires pour entreprendre l'affaire. M. Short les refusa. L'intérêt que je portais à M. de La Fayette était limité, mais comme je le savais l'ami de Mme d'Hénin, le refus de M. Short d'intervenir en faveur de l'ami de Washington m'indigna. M. Short par lui-même était fort riche et aurait pu prélever cette somme sur sa propre fortune. Il repoussa toutes les combinaisons proposées et en fut très blâmé par son gouvernement. On transféra M. de La Fayette et ses deux compagnons dans les prisons d'Olmutz, où ils restèrent jusqu'au traité de Campo-Formio.

À la fin de la Terreur, Mme de La Fayette, échappée par une sorte de miracle à l'échafaud sur lequel étaient montées le même jour, le 22 juillet 1794, sa grand'mère la maréchale de Noailles, sa mère la duchesse d'Ayen, sa sœur la vicomtesse de Noailles, mère d'Alexis, et où les avaient précédées, le 27 juin de la même année, le maréchal de Mouchy et sa femme, se rendit à Vienne accompagnée de ses deux filles et obtint de l'empereur d'Autriche d'être enfermée à Olmutz avec son mari et de subir toutes les rigueurs de son sort. Elle montra dans cette captivité volontaire une résignation et un courage que la religion seule lui inspira, n'ayant jamais été traitée par son mari qu'avec la plus cruelle indifférence et n'ayant certes pu oublier les nombreuses infidélités dont elle avait été abreuvée.

Mon père, qui commandait le corps d'armée établi au camp de Famars, entre le Quesnoy et Charleroi[143], ne suivit pas l'exemple de M. de La Fayette. À la nouvelle des événements de Paris du mois d'août 1792—l'attaque des Tuileries et le renversement de la monarchie—il adressa un ordre du jour à ses troupes, prescrivant de renouveler le serment de fidélité au roi et le prêtant à nouveau lui-même. Le résultat de cette noble profession de foi fut sa destitution, 23 août 1792, et l'ordre de se rendre à Paris. Mes instances pour l'en empêcher restèrent vaines et mes craintes ne furent que trop justifiées. Je me suis toujours reproché de ne l'avoir pas été chercher pour le ramener de force avec moi à La Haye. Dieu en avait autrement décidé! Pauvre père[144].

V

Comme je possédais une maison à Paris, habitée par l'ambassadeur de Suède, et des rentes sur l'Etat ou sur la ville de Paris, mon mari craignit que je ne fusse mise sur la liste des émigrés qui venait de paraître. Il m'envoya, à La Haye, un valet de chambre très fidèle pour m'accompagner dans mon retour à Paris, et le chargea de me dire que je trouverais à la frontière de Belgique, à quelques lieues d'Anvers, un ancien aide de camp de mon père, devenu un de ceux de Dumouriez, muni de l'ordre de me faire respecter et même escorter au besoin. J'adressai mes adieux à ma pauvre belle-sœur—elle mourut deux mois après—et je partis en compagnie de mon fils, âgé de deux ans et demi, de ma fidèle Marguerite, d'un valet de chambre et de Zamore. L'hiver, qui commençait à se montrer très rigoureux, rendit le voyage fort pénible. J'étais encore, à cette époque, aussi peu aguerrie, aussi délicate, aussi belle dame et petite maîtresse qu'il est possible de l'être. Flattée, encensée pendant mon séjour à La Haye, je pensais encore alors que j'avais accepté le plus grand sacrifice qu'on pût m'imposer en consentant à me priver des services de mon élégante femme de chambre et de mon valet de chambre-coiffeur. J'entrevoyais, il est vrai, qu'il se pourrait que je n'eusse pas de voiture à Paris, que je n'allasse plus au bal, que je me trouverais peut-être même obligée de passer l'hiver à la campagne. Je me promettais de supporter ces revers avec courage et fermeté, au contraire des émigrés de Paris avec lesquels je venais de passer deux mois et qui, après s'être *bien amusés à Bruxelles*, comme ils le disaient, comptaient en faire autant à Londres, but de leur voyage. Mes faiblesses et mes illusions, je les rapporte pour que mon fils[145] puisse juger, connaissant mon point de départ, si je m'en suis corrigée.

Le 1er décembre 1792, blottie au fond d'une excellente berline, bien enveloppée de pelisses et de peaux d'ours, en compagnie de mon petit Humbert, fourré comme un Lapon, et de ma bonne Marguerite, je quittai donc La Haye pour aller coucher, je crois, à Gorkum. Pendant toute la journée, nous entendîmes le bruit du canon. Mon valet de chambre prétendait que ce devaient être les Français qui faisaient le siège de la citadelle d'Anvers, mais qu'ils ne la prendraient pas de longtemps, car la garnison était très forte et la ville bien approvisionnée. Le lendemain, à Bréda, ville située encore sur les terres de Hollande, même bruit de canonnade. Comme aucune nouvelle alarmante n'était publiée, je partis cependant sans crainte, et trouvai à la frontière des Pays-Bas autrichiens M. Schnetz, brave militaire et ami de mon père, dont la présence me fit grand plaisir.

Arrivé là de la veille, il s'étonnait qu'aucune nouvelle ne fût parvenue d'Anvers. Peut-être la ville est prise, disait-il en riant, mais sans y croire. Cependant, vers midi, le bruit du canon ayant cessé, il déclara alors, en termes assez militaires, que ce rempart de la puissance autrichienne avait… capitulé, ce qui était vrai. En effet, un poste français, à la porte extérieure de la ville, nous prouva que nous étions maîtres de la grande forteresse, et, en descendant à l'auberge du Bon Laboureur[146], sur l'immense place de Meir, nous eûmes beaucoup de peine à obtenir une chambre. Ce fut grâce à l'intervention d'un général dont le nom m'échappe, qu'un officier me céda celle où il était déjà installé, et dont il fit emporter son bagage d'assez mauvaise grâce. Comme je montais l'escalier, je rencontrai une foule d'officiers, jeunes et vieux, qui me firent entendre des propos plus que lestes quant aux causes de la protection que m'accordait leur général.

Ma bonne Marguerite et moi, une fois enfermées à clef dans cette chambre, nous tâchâmes d'endormir le petit Humbert, très effrayé du bruit qu'il entendait dans la maison. M. Schnetz vint me proposer de souper, et m'affirma que je ne devais avoir aucune crainte, le général, ami de mon père, ayant établi une garde dans le corridor. Cette précaution même, qu'il avait cru nécessaire, m'effraya encore davantage. Cependant il fallait se soumettre. M. Schnetz, voyant que le souper ne me tentait pas, s'en alla. Marguerite endormit Humbert, et je barricadai la porte avec le lit et tout ce que je pus trouver dans la chambre.

À ce moment, je fus attirée à la fenêtre, qui donnait sur la place, par une grande lueur que je pensais provenir d'une illumination. Le spectacle qui frappa mes yeux ne s'effacera jamais de ma mémoire. Au milieu de la vaste place était allumé un feu dont les flammes s'élevaient à la hauteur du sommet des maisons. Une quantité de soldats, ivres, titubants, chancelants, l'entouraient et l'alimentaient en y précipitant tous les objets mobiliers combustibles que peut contenir une maison. Les uns y jetaient des bois de lit, des commodes, des buffets, d'autres des paravents, des vêtements, des paniers pleins de papiers, puis une multitude de chaises, de tables, de fauteuils aux bois dorés, qui augmentaient la force et l'éclat des flammes d'instant en instant. Des femmes échevelées, débraillées, horribles d'aspect se mêlaient à cette troupe de forcenés, leur distribuant du vin, peut-être exquis, qu'elles allaient chercher dans les caves des riches habitants d'Anvers. Des rires désordonnés, des imprécations grossières, des chants obscènes ajoutaient à l'effroi de cette fête diabolique. Toutes les relations que j'avais lues d'une ville prise d'assaut, du pillage, de l'affreux désordre qui en sont la conséquence, s'incarnaient là devant moi dans une vivante réalité. Je restai pendant toute la nuit fascinée, terrifiée à cette fenêtre, dont je ne pouvais m'arracher, malgré l'horreur, que j'éprouvais d'une si effrayante vision.

Vers le matin, M. Schnetz m'informa qu'il fallait partir pour Mons, où nous devions coucher, ainsi que l'avait réglé le général. J'étais si bouleversée par les événements auxquels je venais d'assister, que je n'osai pas demander de passer la prochaine nuit à Bruxelles, ce qui m'aurait permis de voir ma tante, lady Jerningham, alors dans cette ville avec sa fille[147], depuis lady Bedingfeld. Il fut donc convenu que nous ne ferions que changer de chevaux à Bruxelles.

En sortant d'Anvers, un nouveau spectacle devait me frapper par son originalité. Entre la ligne avancée des fortifications et la première poste, celle de Contich, nous traversâmes toute l'armée française, établie au bivouac. Ces vainqueurs, qui faisaient déjà trembler les belles armées de l'Autriche et de la Prusse, avaient toutes les apparences d'une horde de bandits, la plupart étaient sans uniforme. La Convention, après avoir réquisitionné tous les magasins de drap de Paris et des grandes villes, avait fait fabriquer à la hâte des capotes pour les soldats avec des étoffes de nuances les plus variées. Ce méli-mélo de couleurs, vaste arc-en-ciel animé, se détachait, en un singulier contraste, sut la neige dont la terre était couverte, et y figurait comme un gigantesque parterre aux tons éclatants, qu'on aurait pu admirer si la vue du bonnet rouge, dont le plus grand nombre des soldats étaient coiffés, n'eut rappelé tout ce qu'en avait à craindre d'eux. Les officiers seuls portaient l'uniforme, mais dépourvu de ces brillantes broderies dont Napoléon fut depuis si prodigue.

Forcés d'aller presque toujours au pas, la route me parut longue. Les chemins, défoncés par l'artillerie, étaient encombrés de fourgons, de caissons, de canons. Nous avancions lentement au milieu des cris, des jurements des charretiers et des plaisanteries grossières des soldats. Je voyais bien que Schnetz était inquiet et regrettait de n'avoir pas pris une escorte. Enfin, à la chute du jour, nous atteignîmes Malines, où nous passâmes une nuit plus tranquille qu'à Anvers, quoiqu'il y eût encore beaucoup de troupes.

Le lendemain matin, départ pour Bruxelles, que nous devions traverser seulement. Mais M. de Moreton de Chabrillan, commandant de la place, en jugea autrement. Au moment où les chevaux étaient attelés et où Schnetz avait fait viser mon passeport, arriva un ordre du général prescrivant de me retenir. On dételα, et comme je voulais descendre pour chercher un abri dans la maison de poste, des sentinelles placées aux deux portières m'en empêchèrent. M. Schnetz s'était aussitôt rendu au quartier général pour s'expliquer sur cette vexation. On permit cependant à mon fils, qui réclamait son déjeuner à grands cris, d'entrer avec sa bonne chez le maître de poste, et je restai seule prisonnière dans la voiture.

Deux heures s'étaient écoulées et je commençais à m'ennuyer, lorsque la portière s'ouvrit, et une dame, dont je n'ai jamais pu découvrir le nom lorsque j'habitais Bruxelles par la suite, déposa sur le devant de la voiture un très élégant cabaret portant un excellent et complet déjeuner: du beurre, du pâté, des gâteaux, du café, le tout dans de la belle porcelaine et de la fine argenterie. Aucune attention, dans ma vie, ne m'a paru plus aimable et plus gracieuse. Une demi-heure plus tard, la portière s'ouvrait de nouveau, et la dame mystérieuse, sans dire un mot, reprit son cabaret et disparut dans la maison située en face de la poste. Bien des années après, revenue à Bruxelles, j'ai tenté et provoqué toutes les démarches possibles pour retrouver l'obligeante dame, dont je n'avais pas même vu la figure, mais mes recherches sont restées infructueuses.

Enfin, au bout de trois heures, M. de Chabrillan autorisa mon départ sans avoir voulu s'expliquer sur sa singulière boutade d'autorité. C'était un homme du monde que j'avais rencontré cent fois sans lui avoir jamais parlé. Il avait la vue très basse, et l'esprit fort révolutionnaire.

Je n'étais pas au bout de mes alarmes. Nous arrivâmes tard à Mons, et eûmes beaucoup de peine à trouver un logement. Toutes les auberges étaient pleines. À la fin, dans une d'entre elles, on nous proposa, à ma bonne et à moi, deux petites chambres, à un premier très bas, qui donnaient sur la rue. Les officiers qui les occupaient venaient, nous dit-on, de partir. M. Schnetz et mes deux hommes iraient coucher au fond d'une très grande cour, de sorte que ma bonne et moi nous nous trouverions séparées d'eux. Cet arrangement était loin de me convenir. Mais il fallut s'y soumettre. Mon enfant était fatigué. Je le mis dans mon lit et ne me déshabillai pas. Le sommeil, cependant, commençait à me gagner, lorsque du bruit dans la rue, du côté de mes fenêtres, m'éveilla. On frappait à la porte de la maison à coups redoublés, avec des jurements affreux. Bientôt après, j'entendis l'hôtelier s'écrier que la femme d'un général couchait dans la chambre, et qu'un aide de camp, dont elle était accompagnée, se trouvait dans l'auberge. Une voix d'homme ivre répondit qu'il allait s'en assurer. Beaucoup d'autres individus, dans le même état, l'entouraient, et comme je me jetais à bas du lit, je vis deux mains qui tenaient le balcon pour tâcher de se hisser dessus. Quoique glacée de terreur, je ne perdis pas la tête. Appelant ma bonne à grands cris, je me disposais à jeter sur l'assaillant une grosse bûche qui brûlait dans la cheminée. À ce moment, je l'entendis retomber dans la rue, et, soit qu'il se fût blessé, soit que ses camarades craignissent d'être punis, ils l'emmenèrent, et ma frayeur se calma.

Le lendemain, M. Schnetz alla porter sa plainte, chose bien éloignée de mes préoccupations, mais c'était, affirmait-il, nécessaire pour sauvegarder sa propre responsabilité.

À notre départ, nous rencontrâmes un escadron exclusivement composé de nègres, tous très bien montés et parfaitement équipés. Le beau nègre du duc d'Orléans—Égalité—les commandait. Il se nommait Édouard, et connaissait beaucoup mon nègre Zamore, qui sollicita la permission de passer la journée avec ses congénères. La crainte me vint qu'on allait l'embaucher et que je ne le reverrais jamais. Je me trompais. Ce brave garçon se laissa bien traiter par ses camarades toute la journée, mais le soir il me rejoignit, non sans me raconter, dans son langage naïf, tout ce qu'on avait fait pour le séduire. Sa fidélité à ma personne l'emporta, ce dont je lui fus très reconnaissante.

Le reste de mon voyage se passa sans aucune circonstance qui soit digne d'être rapportée. M. Schnetz me quitta à Péronne, je crois, et je pris la route d'Hénencourt, où je trouvai mon beau-frère, le marquis de Lameth.

CHAPITRE XIII

I

En Hollande, j'avais été gâtée, admirée, encensée. À ma rentrée en France, la frontière à peine franchie, la Révolution avec tous ses dangers m'était apparue sombre et menaçante.

C'était, il est vrai, dans la même chambre d'où j'étais partie quinze mois auparavant, l'esprit libre de soucis, de préoccupations, que je me retrouvais aujourd'hui, mais combien mes sentiments différaient maintenant de ceux que j'éprouvais alors!

Jetant un coup d'œil sévère sur les années écoulées, je me reprochais l'inutilité de ma vie passée, et, inspirée pour ainsi dire par le pressentiment que d'autres destinées m'attendaient, je résolus fermement de rejeter loin de moi pour toujours les pensées d'une jeunesse insouciante, les flatteries intéressées du monde et les succès trompeurs que j'avais jadis ambitionnés.

Une amère tristesse s'empara peu à peu de mon cœur quand je constatai la frivolité de la vie que j'avais jusqu'à ce moment menée. Il me sembla que je possédais en moi de quoi fournir une carrière plus utile. Aussi, loin de me décourager, je sentis, au contraire, que, dans des temps si désastreux, mon être devait chercher à se retremper, à se relever.

Je me plaisais à imaginer toutes les circonstances où je serais appelée à déployer un grand courage. Tous les dévouements, toutes les entreprises hasardeuses se présentèrent à mon esprit. Je n'écartai aucune de ces éventualités, estimant que leur réalisation rendrait ma vie meilleure, en me permettant de la consacrer à l'accomplissement de mes devoirs, quelque pénibles ou dangereux qu'ils fussent.

J'avais le sentiment de rentrer ainsi dans la voie qui m'avait été tracée par la Providence. Dieu, dans ces jours troublés, éclaira mon âme à mon insu. Mais, plus tard, quand il m'accorda la grâce de me rapprocher de Lui et de Le connaître, je me rappelai le changement que provoquèrent en moi ces heures de réflexions sérieuses. À partir de ce moment, ma vie fut autre, mes dispositions morales se transformèrent. Que Dieu soit béni pour m'avoir jugée digne de le servir, pour m'avoir donné ensuite la force et la constance de me soumettre toujours, sans murmure, à sa volonté!

II

J'arrivai très tard à Hénencourt, où se trouvait mon beau-frère. Il voyait fort en noir sa situation personnelle, et était très satisfait que sa femme et ses enfants fussent hors de France. Il était convenu que je devais m'arrêter vingt-quatre heures à Hénencourt, afin de prendre des papiers me permettant de gagner Paris en sûreté, entre autres, une attestation de mon séjour à Hénencourt depuis le rappel de M. de La Tour du Pin. Mon espoir qu'il serait venu au-devant de moi chez M. de Lameth fut déçu, car déjà il était aussi difficile que dangereux de voyager en France. Il fallait non seulement un passeport, mais pour l'obtenir il était, de plus, nécessaire de se faire accompagner de répondants qui, sous leur responsabilité personnelle, témoignaient que vous n'alliez pas dans une direction autre que celle indiquée. En outre, pour pénétrer dans la banlieue de Paris, on devait être muni d'une carte de sûreté dont chaque poste de garde nationale avait le droit de demander l'exhibition. Enfin, mille petites vexations, ajoutées aux grandes, rendaient insupportable le séjour en France.

Je repartis donc d'Hénencourt seule, et j'arrivai le lendemain à Passy, non sans difficultés. Le maître de poste de Saint-Denis commença par refuser péremptoirement de me conduire à Passy, où je devais aller, sous prétexte que mon passeport étant pour Paris il devait m'y conduire par le plus court chemin. Après une heure de pourparlers et d'explications au cours desquelles je craignais de me compromettre, étant peu aguerrie à ces sortes de choses, mon valet de chambre imagina de montrer sa propre carte de sûreté de Passy, et, en payant deux ou trois postes de surérogation, on nous laissa partir.

Je rejoignis enfin à Passy mon mari, établi dans une maison appartenant à Mme de Poix. Comme elle était trop grande pour notre ménage, nous avions la facilité de tenir fermées toutes les fenêtres qui donnaient sur la rue, laissant ainsi croire qu'elle était inhabitée. Nous y entrions par la petite porte du concierge. Elle avait deux ou trois autres issues et constituait donc un bon refuge, nous convenant d'autant mieux qu'étant la dernière du village du côté d'Auteuil, nous communiquions facilement avec mon beau-père installé dans cette dernière localité, depuis son retour d'Angleterre, chez le marquis de Gouvernet[148], son parent et son ami. La maison de ce dernier se nommait *la Tuilerie*. Elle était isolée et située entre Auteuil et Passy. Nous pouvions heureusement nous y rendre par des sentiers où l'on ne rencontrait jamais personne. Un vieux cabriolet et un assez mauvais cheval, dont je n'ai jamais connu le véritable maître, nous menaient à Paris sans que nous eussions à mettre tous les cochers de fiacre dans le secret de notre retraite.

J'y allais tous les jours, après notre déjeuner, avec mon mari, qui avait à s'occuper des affaires de son père et des siennes. Nous dînions la plupart du temps à Paris, soit chez mon père, soit chez Mme de Montesson, dont la maison nous était toujours ouverte.

Mon père, logé dans un hôtel garni de la Chaussée-d'Antin, mettait tout en œuvre pour servir le roi, voyant ses juges, les réunissant chez lui, tâchant d'organiser le parti qu'on nomma plus tard les *Girondins*, leur faisant comprendre que leur propre intérêt était de conserver la vie du roi, de le faire sortir de Paris, et de le garder comme otage dans quelque citadelle de l'intérieur, où il ne pourrait communiquer ni avec les puissances étrangères, ni avec les royalistes qui commençaient alors à s'organiser dans la Vendée. Mais le parti des *Terroristes*, que mon père n'espérait pas convaincre, et surtout la commune de Paris, tout entière orléaniste, étaient trop puissants pour que des efforts humains pussent rien changer à leurs affreuses intentions.

Mon malheureux père tenta les démarches les plus pressantes auprès de Dumouriez, qui vint à Paris dans le milieu de janvier. Mais celui-ci le trompa par de vaines promesses. Il était tout entier acquis au parti d'Égalité et de son fils, dont il se vantait d'être le tuteur militaire. Son voyage à Paris n'avait d'autre but que celui de les servir.

Je ne rapporterai pas toute la funeste série d'inquiétudes et de découragements par laquelle nous passâmes durant le mois de janvier 1793. Ces événements sont du domaine de l'histoire, et chacun les a racontés selon son opinion. Qu'il me soit permis seulement de venger ici mon père des odieuses imputations dont on n'a pas craint de ternir son honorable caractère. Il ne voyait les juges de Louis XVI que dans la vue de sauver, sinon la liberté, du moins la vie du roi, et le matin même du jugement, il considérait comme certain que le vote de la réclusion jusqu'à la paix était assuré. Et, en effet, il en aurait été ainsi, sans les lâches abandons qui se produisirent au moment du scrutin. Pendant cette mémorable séance, nous nous tenions chez lui, dans une anxiété qu'aucune expression ne peut rendre. Après avoir quitté mon père, la condamnation connue, nous espérions encore que l'insurrection dont il se flattait allait éclater. Tous ceux qui pensaient comme nous dans Paris avaient projeté, chacun individuellement, de se mêler aux rangs de la garde nationale pour l'entraîner dans un mouvement favorable à l'infortuné souverain; mais cette démarche, si elle a eu lieu, est restée infructueuse.

Le matin du 21 janvier, les portes de Paris furent fermées, avec ordre de ne pas répondre à ceux qui en demanderaient la raison au travers des grilles. Nous ne la devinâmes que trop, et appuyés, mon mari et moi, sur la fenêtre de notre maison qui regardait Paris, nous écoutions si le bruit de la mousqueterie ne nous apporterait pas l'espoir qu'un si grand crime ne se commettrait pas sans opposition. Frappés de stupeur, nous osions à peine nous adresser la parole l'un à l'autre. Nous ne pouvions croire à l'accomplissement d'un tel forfait, et mon mari se désespérait d'être sorti de Paris et de ne pas avoir admis la possibilité d'une semblable catastrophe. Hélas! le plus grand silence continua à régner dans la ville régicide. À 10 heures et demie, on ouvrit les portes, et tout reprit son cours comme à l'ordinaire. Une grande nation venait de souiller ses annales d'un crime que les siècles lui reprocheront!… et pas une petite habitude n'était dérangée.

Nous nous acheminâmes à pied vers Paris, en tâchant de composer nos visages et en retenant nos paroles. Evitant de traverser la place Louis XV, nous allâmes chez mon père, puis chez Mme de Montesson et chez Mme de Poix. On se parlait à peine, tant on était terrifié. Il semblait que chacun portât le fardeau d'une partie du crime qui venait de se commettre.

Rentrés de bonne heure à Passy, nous rencontrâmes chez nous Mathieu de Montmorency et l'abbé de Damas. Tous deux s'étaient trouvés sur le lieu de l'exécution dans leur bataillon de garde nationale. S'étant compromis par quelques propos, ils avaient quitté Paris dans la crainte d'être arrêtés, et venaient nous demander de les cacher jusqu'à ce qu'ils pussent ou partir ou retourner chez eux. Ils redoutaient une visite domiciliaire, premier genre de vexation qui précéda de quelques mois les arrestations de personnes. Dans cette visite, on saisissait les papiers de toute espèce et on les portait à la section, où, souvent, les correspondances les plus secrètes servaient de passe-temps aux jeunes gardes nationaux de service ce jour-là.

III

Vers le milieu de mars, mon beau-père fut arrêté à la Tuilerie et mené à la Commune de Paris, avec le maréchal de Mouchy et le marquis de Gouvernet[149]. Il paraît que l'identité de nom avait fait confondre ce dernier avec mon mari. En effet, on interrogea le marquis de Gouvernet sur l'affaire de Nancy, en lui reprochant d'avoir été l'auteur de la mort de bons patriotes. Après bien des questions ils furent relâchés, mais mon beau-père, plus inquiet du sort de son fils que du sien propre, décida que nous devions nous retirer au Bouilh, d'où mon mari pourrait passer en Vendée ou gagner avec nous l'Espagne. Ce dernier parti semblait d'autant le meilleur que notre excellent ami, M. de Brouquens, habitait Bordeaux depuis un an. Maintenu dans sa charge de Directeur des vivres, il l'exerçait alors à l'armée qui faisait la guerre à l'Espagne sous le général Dugommier.

Nous nous résolûmes donc à partir. Je quittai mon père avec la plus profonde peine, quoique je fusse encore bien loin de penser que je l'embrassais pour la dernière fois. La différence d'âge entre nous, à peine dix-neuf ans, était si faible qu'il paraissait être plutôt mon frère que mon père. Il avait le nez aquilin, une très petite bouche, de grands yeux noirs, les cheveux châtain-clair. Mme de Boufflers prétendait qu'il ressemblait à un perroquet mangeant une cerise. Sa haute taille, son beau visage, sa superbe tournure lui conservaient encore toutes les apparences de la jeunesse. On ne pouvait pas avoir de plus nobles manières, ni l'air plus grand seigneur. L'originalité de son esprit et la facilité de son humeur le rendaient du commerce le plus agréable. Il était mon meilleur ami, en même temps que le camarade de mon mari, qui ne parvenait pas à se déshabituer de le tutoyer. M. de La Tour du Pin avait coutume de dire plaisamment, en visant la belle prestance de mon père, que le surnom de «beau Dillon» donné à Édouard Dillon[150] constituait une double usurpation—de nom et de beauté physique.

Mon beau-père se montrait impatient de nous voir loin de Paris et nous engagea à partir le plus tôt possible. Le 1er avril 1793, nous nous mîmes en route. Aucun des petits ennuis en usage dans ce temps-là ne nous fut épargné, quoique nous eussions des passeports couverts de visas, renouvelés presque à chaque relais. Mais nous voyagions en poste, et ce mode aristocratique de transport nous nuisait déjà dans l'esprit des bons patriotes. Il avait été décidé que nous ferions de petites journées, parce que j'étais grosse de deux mois, et qu'ayant été malade d'une fausse couche à La Haye l'année précédente, je craignais de me blesser de nouveau.

Enfin nous arrivâmes au Bouilh vers le milieu d'avril, et j'éprouvai une grande joie de me trouver dans ce lieu, si chéri de mon pauvre beau-père. Il avait même dérangé sa fortune par les embellissements qu'il y avait faits et par les bâtiments qu'il y avait construits. Sa situation, à cette époque, lui permettait d'orner la retraite, où il comptait finir tranquillement sa pure et honorable vie. Néanmoins, le jour même où il fut nommé ministre, il ordonna de renvoyer tous les ouvriers travaillant au Bouilh, et ses instructions avaient été si formelles qu'on nous montra encore les échafauds des maçons et les brouettes des terrassiers à la place même où ils se trouvaient quand l'ordre était arrivé.

Cette résidence ne m'en plut pas moins parfaitement bien. Les quatre mois que nous y passâmes sont restés dans ma mémoire, et surtout dans mon cœur, comme les plus doux de ma vie. Une bonne bibliothèque fournissait à nos soirées, et mon mari, qui lisait pendant des heures sans se fatiguer, les consacra à me faire un cours d'histoire et de littérature aussi amusant qu'instructif. Je travaillais aussi à la layette de mon enfant, et je reconnus alors l'utilité d'avoir appris, dans ma jeunesse, tous les ouvrages que les femmes font d'habitude. Notre bonheur intérieur était sans mélange et plus complet qu'à aucun autre moment de notre vie commune passée. La parfaite égalité d'humeur de mon mari, son adorable caractère, l'agrément de son esprit, la confiance mutuelle qui nous unissait, notre entier dévouement l'un pour l'autre, nous rendaient heureux, en dépit de tous les dangers dont nous étions entourés. Aucun des coups qui nous menaçaient ne nous effrayait, du moment que nous devions être frappés ensemble.

Ces jours favorisés de mon existence ont précédé bien des vicissitudes. Depuis, de grandes infortunes m'ont accablée. Au moment même où j'écris, dans ma vieillesse, je suis aussi malheureuse, plus encore peut-être, qu'à toute autre époque de ma vie. Mais mes souffrances ne se prolongeront plus longtemps. Puisse Dieu seulement, comme je l'en supplie ardemment, m'accorder la seule grâce qui me permette de descendre en paix dans la tombe. Celui que je chéris plus que toute autre personne aimée par moi en ce monde m'entend en lisant cette prière de sa tendre mère[151].

IV

La ville de Bordeaux, animée par les Girondins qui n'avaient pas voté la mort du roi, était en état de demi-révolte contre la Convention. Beaucoup de royalistes y avaient pris part, dans l'espérance d'entraîner les départements du Midi, et surtout celui de la Gironde, à se joindre au mouvement qui venait de se déclarer dans les départements de l'Ouest. Mais Bordeaux ne possédait pas, loin de là, l'énergique courage de la Vendée. Une troupe armée de 800 ou 1.000 jeunes gens des premières familles de la ville s'était pourtant organisée. Ils faisaient l'exercice sur les glacis du Château-Trompette, se montraient bruyants le soir au théâtre, mais aucun ne criait: «Vive le roi!» Les instigateurs de ce parti visaient un seul but: celui de se rendre indépendants de Paris et de la Convention, et d'établir, à l'instar des États-Unis, un gouvernement fédératif dans tout le midi de la France. M. de La Tour du Pin s'était rendu à Bordeaux. Il avait vu tous les chefs de cette fédération projetée, et revint si dégoûté de ces entretiens qu'il refusa de se rallier à des entreprises auxquelles devaient participer même des régicides comme Fronfrède et Ducos.

À la fin de l'été, pendant que j'avançais dans ma grossesse, nous commençâmes à être inquiétés par la municipalité de Saint-André-de-Cubzac. Un coquin de notaire, du nom de Surget, appelé, avant la Révolution, à mettre en ordre les papiers de mon beau-père, à l'époque où on abattit le vieux château pour s'établir dans le nouveau, répandit le bruit que la baronnie de Cubzaguès était un domaine engagé, depuis Édouard III, et que nous avions l'acte dans nos papiers. Il disait vrai, mais ce n'était pas un domaine royal. La baronnie avait été échangée, en effet, contre la ville de Sainte-Bazeille, sur la Garonne, la position militaire de cette dernière place inquiétant les Anglais dans leur nouvelle conquête. Le sire d'Albret, qui la possédait, avait fait un excellent marché en la cédant contre la baronnie de Cubzaguès, la première de Guyenne, et qui possédait les plus beaux droits seigneuriaux dans dix-neuf paroisses contiguës.

Surget avait rédigé un mémoire, et nous eûmes lieu de penser qu'il l'avait envoyé à Paris, puisque deux mois après, lorsque les représentants du peuple en mission vinrent à Bordeaux, leur premier soin fut de mettre le Bouilh sous séquestre.

L'éventualité d'une visite domiciliaire ou de l'établissement d'une garnison dans le château, pendant mes couches, effraya mon mari. Il désirait d'ailleurs que j'eusse un bon accoucheur et une garde de Bordeaux. Mon beau-père venait d'être arrêté. On avait mis les scellés sur le château de Tesson, près de Saintes, et le département de la Charente-Inférieure s'était emparé de vive force de la belle maison que nous possédions à Saintes même pour y établir ses bureaux.

Il nous parut, dans ces conditions, prudent d'accepter la proposition de notre excellent ami, M. de Brouquens, d'aller nous installer dans une petite maison qu'il possédait à un quart de lieue de Bordeaux. Cette maison, nommée Canoles, offrait tous les genres de sécurité. Elle était isolée, au milieu d'une vigne, entourée de trois côtés par des chemins vicinaux menant dans des directions différentes, et du quatrième par une lande assez étendue. Aucun village ne se trouvait dans les environs, et toute cette partie du pays, appelée Haut-Brion, était constituée par une agglomération de propriétés, plus ou moins considérables, plantées en vignes, et presque toutes contiguës. Nous allâmes donc nous établir à Canoles le 1er septembre 1793, je crois, et M. de Brouquens, fixé de sa personne à Bordeaux pour surveiller son administration des vivres, venait tous les jours dîner avec nous.

Il réunit un jour, à Canoles, les divers membres de la municipalité et du département. Les uns comme les autres ne parlèrent que de leurs prouesses projetées contre l'armée révolutionnaire, qui s'avançait en marquant sa route par les têtes qu'elle faisait tomber. Perdus dans des abstractions, ils ne voulaient ni être royalistes comme les Vendéens, ni révolutionnaires comme la Convention. Oubliant le fait qui était à leur porte, les infortunés croyaient que Tallien et Ysabeau leur laisseraient le temps de débrouiller leurs idées, tandis qu'ils n'arrivaient que pour abattre leurs têtes, chose qui fut faite trois jours après.

Cette armée de bourreaux, conduisant la guillotine dans ses rangs, était déjà à La Réole, où elle avait procédé à plusieurs exécutions. Je n'en citerai qu'une pour exemple. Elle mérite d'être rapportée pour son atrocité. M. de Lavessière, oncle de Mme de Saluces, était un homme inoffensif, retiré à la campagne depuis la destruction du parlement de Bordeaux, dont il faisait partie. Sa femme était la plus belle que l'on eût vue à Bordeaux, et ils avaient deux fils encore enfants. Tous sont arrêtés. Le mari est condamné à mort et, pendant qu'on l'exécute, sa femme est mise au carcan, en face de la guillotine, ses deux fils attachés à côté d'elle. Le bourreau, plus humain que les juges, se plaça devant elle pour qu'elle ne vît pas tomber le fatal couteau. Voilà les gens sous l'autorité de qui nous allions tomber!

Si je n'avais pas été dans mon neuvième mois de grossesse, nous serions peut-être alors partis pour l'Espagne. En admettant même que le départ eût été possible, il nous aurait encore fallu traverser toute l'armée française. Et puis, pouvait-on présumer qu'une ville de 80.000 âmes se soumettrait sans résistance à 700 misérables, appuyés par deux canons seulement, tandis qu'une troupe d'élite, composée de tous les gens les plus distingués de la ville, était rangée derrière une nombreuse batterie en avant de la porte. Ces misérables étaient commandés par le général Brune, un des égorgeurs d'Avignon, qui, depuis, après des années, a péri dans cette ville, victime d'une juste vengeance.

Réfugiée à Canoles, j'attendais impatiemment mes couches, car mon mari avait résolu de ne pas me quitter avant qu'elles n'eussent eu lieu, et le danger de son séjour auprès de moi augmentait de jour en jour. Le matin du 13 septembre, l'armée révolutionnaire entra dans Bordeaux. Moins d'une heure après, tous les chefs fédéralistes étaient arrêtés et emprisonnés. Le tribunal révolutionnaire entra aussitôt en séance et il siégea pendant six mois, sans qu'il se passât un jour qui ne vît périr quelque innocent.

La guillotine fut établie en permanence sur la place Dauphine.

La petite troupe d'énergumènes qui l'escortait n'avait trouvé personne pour s'opposer à son entrée à Bordeaux, alors que quelques coups de canon, tirés sur la colonne serrée qu'elle formait dans la rue du Faubourg-Saint-Julien, par laquelle elle arrivait, l'auraient certainement mise en déroute. Mais les habitants qui, la veille, juraient, en vrais Gascons, de résister, ne parurent pas dans les rues désertes. Les plus audacieux fermèrent leurs boutiques, les jeunes gens se cachèrent ou s'enfuirent, et le soir la terreur régnait dans la ville. Elle était telle qu'un ordre ayant été placardé prescrivant aux détenteurs d'armes, de quelque nature qu'elles fussent, de les porter, avant midi du lendemain, sur la pelouse du Château-Trompette, sous peine de mort, on vit passer dans les rues des charrettes où chacun allait jeter furtivement celles qu'il possédait, parmi lesquelles on en remarquait qui n'avaient peut-être pas servi depuis deux générations. On les empila toutes sur le lieu indiqué, mais il ne vint à personne la pensée qu'il eût été plus courageux d'en faire usage pour se défendre.

V

Au cours de ces événements, j'étais accouchée, la nuit, d'une petite fille que je nommai Séraphine, du nom de son père, dont elle eut à peine le temps de recevoir la bénédiction. Au moment où elle venait au monde, on apprit l'arrestation de plusieurs personnes dans des maisons de campagne environnantes. La servante de mon accoucheur était arrivée de la ville pour l'informer qu'on le cherchait pour l'arrêter et que les scellés avaient été mis chez lui. Pendant cette nuit, pour que l'accoucheur et mon mari pussent se sauver par les vignes en cas de danger, on avait aposté une femme sûre dans le chemin d'accès de la maison, avec la mission de signaler tout bruit d'approche. Mes angoisses étaient plus vives que les douleurs qui donnèrent naissance à la pauvre enfant. Une heure après sa naissance, son père nous quitta, et rien ne permettait de prévoir quel sort nous réservait l'avenir à l'un ou à l'autre, ni quand nous pourrions nous réunir. Moment affreux! qui, dans l'état où je me trouvais, aurait dû m'être fatal, mais dont ma santé ne se ressentit heureusement pas. J'éprouvais un unique désir: celui de guérir le plus tôt possible pour être prête à tout événement. Le pauvre chirurgien, n'osant pas regagner son logis, se cacha dans la chambre du nouveau-né. On installa pour lui une couchette au fond d'une espèce d'alcôve abandonnée, dissimulée par le lit de la bonne et le berceau d'Humbert.

Le troisième jour après ces événements, M. de Brouquens, notre ami et notre hôte, retourna à Bordeaux, sa résidence habituelle. Il était très affligé de la mort de M. Saige, maire de Bordeaux, qui avait péri la veille sur l'échafaud, première victime du massacre de la municipalité, comme il était aussi le premier de la ville par sa richesse et la considération.

Je dirai à cette occasion, qu'on avait décidé que MM. Dudon père et fils, anciens procureurs et avocats généraux du Parlement, seraient menés à Paris pour y être exécutés. La femme de M. Dudon fils, confiante dans ses grâces et dans sa grande beauté, alla, accompagnée de ses deux fils encore enfants, se jeter aux pieds du représentant Ysabeau, ex-capucin, pour obtenir que son mari ne fût pas dirigé sur Paris avec son père et qu'on le laissât s'évader et passer en Espagne. Le misérable le lui promit moyennant le payement dans un délai de quelques heures, d'une somme de 25.000 francs en or. Ce n'était pas chose aisée, en ce moment, que de réunir une somme de cette importance en or dans un jour. La République n'avait presque pas frappé encore de monnaie d'or, et il était défendu, sous peine capitale, de garder des louis et surtout de les faire circuler. Mme Dudon, éperdue, désespérée, courut chez tous ceux qu'elle connaissait dans toutes les classes, et parvint à rassembler les 20,000 francs demandés. Elle retourne chez Ysabeau avec son trésor. Il la reçoit et lui atteste que son mari sera le soir *hors de la prison*. Cruelle dérision! Le malheureux l'avait déjà quittée, en effet, une demi-heure auparavant, mais c'était pour monter sur l'échafaud.

On conçoit combien de pareils détails, que j'apprenais couchée au fond de mon lit et n'ayant pour société que mon médecin, frappé lui-même de terreur, devaient me bouleverser. Quelles craintes ne devais-je pas avoir pour le sort de mon mari, dont j'étais sans aucune nouvelle. De telles inquiétudes, que rien ne venait apaiser, auraient pu me tourner la tête, dans un moment où les suites de couches et les effets du lait sont si dangereux pour les femmes. Dieu en avait ordonné autrement! Il me réservait à toutes les douleurs qui peuvent atteindre une mère, comme à toutes les jouissances maternelles, en me conservant l'excellent fils[152] qui, je l'espère, me fermera les yeux.

VI

J'ai dit que M. de Brouquens était retourné dans sa maison de Bordeaux. À peine y fut-il entré qu'on vint pour l'arrêter et le conduire en prison. Il allégua que, chargé de tous les détails de l'administration des vivres pour l'armée appelée à combattre en Espagne, son arrestation compromettrait fort ce service et serait, en conséquence, très désapprouvée par le général en chef. Ces bonnes raisons, ou plutôt la crainte que les collègues de M. de Brouquens à la compagnie des vivres, en résidence à Paris, ne se plaignissent à la Convention, déterminèrent les représentants à le constituer en arrestation chez lui. C'était bien l'emprisonnement, puisqu'il ne pouvait sortir, mais il conservait sa liberté dans la maison, qui était fort grande, et où il disposait de plusieurs moyens de s'échapper en cas de danger trop imminent. Les 25 hommes de la garde bourgeoise établis à sa porte étaient presque tous de son quartier et à peu près tous lui avaient quelque obligation. Sa bonté et son obligeance, en effet, étaient inépuisables, et il était adoré dans Bordeaux.

Il lui fallut nourrir ces 25 hommes pendant tout le temps de son arrestation, qui dura pendant une grande partie de l'hiver. Tous les jours ses gardes étaient relevés. On avait commis l'imprudence, dans le premier moment d'effroi, de leur confier les clefs des caves et des caveaux. Aussi ne laissèrent-ils pas une bouteille de la belle provision de vins rares et exquis amassée par M. de Brouquens depuis qu'il possédait cette maison, et qu'il avait reçue de tous les pays, soit en présents, soit par suite d'achats. Une des plaisanteries de ces fidèles gardiens était de casser chaque bouteille vide dans un coin de la cour, et j'ai vu là, avant mon départ, au mois de mars suivant, un monceau de débris de verre tel que trois ou quatre grands tombereaux n'auraient pas suffi à les emporter. Ces petits détails, je ne les rapporte que pour peindre les mœurs de ce temps si extraordinaire, et encore suis-je loin de savoir tout ce qui pourrait le caractériser.

La nuit qui suivit l'arrestation de M. de Brouquens, au moment où il allait se mettre au lit, vers minuit, un officier municipal suivi du chef de sa section et de plusieurs gardes, se présenta chez lui et le somma de le suivre à Canoles, où l'on voulait procéder à la visite de ses papiers. Il eut beau faire valoir qu'il ne demeurait à Canoles que quelques instants le matin pour visiter son jardin et faire soigner ses vins, et que par conséquent il n'avait pas là d'habitation fixe, rien n'y fit, et il fallut marcher sans répliquer. Sa peine et son embarras étaient extrêmes. Il savait que mon nom, mon rang dans le monde, la situation de mon beau-père, dont la confrontation avec la reine dans le procès de cette malheureuse princesse venait d'avoir lieu, étaient autant de motifs de proscription. Ma perte lui parut certaine, et il fut au désespoir en pensant à mon mari, qui m'avait confiée à ses soins, qu'il aimait tendrement, et en ne découvrant aucun moyen de me soustraire au sort dont j'étais menacée. Reculer, pourtant, était hors de question. Heureusement, parmi les hommes de sa garde, s'en trouvait un qui lui était très attaché; devinant sa perplexité, il prit les devants et vint donner l'alarme.

Je dormais tranquillement, car on dort à vingt-trois ans, même au pied de l'échafaud. Tout à coup, je me sens secouée par une vieille femme de charge, affidée, qui, toute en larme et pâle comme la mort, s'écrie: «Voilà les coupe-têtes qui viennent pour fouiller et mettre les scellés. Nous sommes tous perdus!» Et, tout en disant cela, elle glisse un assez gros paquet sous mon oreiller et disparaît comme elle était venue. Je tâte le paquet et je reconnais un sac contenant de 500 à 600 louis, dont M. de Brouquens m'avait parlé et qu'il réservait, en cas de nécessité urgente, soit pour lui, soit pour M. de La Tour du Pin ou pour moi. Ce dépôt n'était pas rassurant, et pourtant je n'osais, en le retirant de sa cachette, le laisser voir à la fille qui soignait mon enfant. Non seulement je me méfiais d'elle, mais, de plus, le médecin, M. Dupouy, venait de découvrir qu'elle jouait auprès de moi le rôle d'espion. Comme cette femme lui avait personnellement de grandes obligations, il espérait cependant qu'elle me ménagerait.

Ma bonne Marguerite avait la fièvre tierce; elle ne couchait pas dans la chambre des enfants, et occupait une autre partie de la maison. Je fis donc placer ma petite fille de trois jours dans mon lit. La bonne poussa le sien et celui d'Humbert contre l'alcôve où était blotti le pauvre Dupouy, plus mort que vif et croyant sa dernière heure arrivée. Ces dispositions prises, je me recouchai, car je m'étais levée, quoique dans mon troisième jour de couche seulement, et nous attendîmes l'ennemi de pied ferme. M. de Brouquens prétendait plus tard que j'avais concentré toutes les ressources de ma défense dans l'effet d'un certain mouchoir de batiste rose dont j'étais coiffée. Malgré cette plaisanterie, je crois que j'avais très mauvais visage.

La chambre où je logeais, au rez-de-chaussée, était aux avant-postes. Elle donnait dans le salon, où mon fidèle Zamore préparait à la hâte un reste de pâté, surtout du vin et des liqueurs, pour mettre nos persécuteurs en bonne humeur. Enfin, après une demi-heure, ou, pour mieux dire, un siècle d'attente, ils arrivèrent. L'examen extérieur de la position de la maison fut d'abord l'objet de leur attention; ils entrèrent ensuite dans le salon. J'entendis le bruit de leurs sabots—le port de souliers et de bottes constituait une preuve d'incivisme—puis leurs propos infâmes. Le sang se glaçait dans mes veines quand je songeais à tous les dangers auxquels j'étais exposée. À chaque instant, il me semblait qu'on mettait la main sur la serrure de ma porte. Je serrais mon pauvre enfant contre moi, et mes yeux se fixaient avec horreur sur cette porte qui pouvait s'ouvrir soudainement pour laisser entrer quelques-uns de ces êtres féroces. Enfin, j'entendis distinctement l'un d'eux demander: «Qu'est-ce qu'il y a dans cette chambre?» et M. de Brouquens faire: «Chut!» La suite des paroles échangées m'échappa. M. de Brouquens me rapporta plus tard la fin de l'entretien. L'inspiration lui était venue de leur raconter «qu'une jeune fille de ses amies s'était confiée à lui pour venir accoucher en secret dans cette maison isolée, qu'elle ne l'était que depuis trois jours, et qu'elle était fort délicate et très malade.»

Comment la pitié put-elle trouver place dans ces âmes sanguinaires? Ils en ressentirent néanmoins, et les mêmes hommes qui, dans la matinée, avaient vu tomber vingt têtes innocentes sans songer à les épargner, ôtèrent leurs sabots pour éviter tout bruit, lorsqu'en visitant le premier étage, ils crurent se trouver au-dessus de ma chambre. Au bout de deux heures, qui furent pour moi des heures de supplice, après avoir bu et mangé tout ce qu'il y avait dans la maison, ils s'en allèrent emmenant leur prisonnier et en faisant transmettre à l'accouchée de grossiers compliments.

Je restai seule à Canoles avec mon brave homme de médecin, qui commençait à se rassurer, bien que tout danger n'eût pas disparu, au contraire. Mais j'ai toujours constaté que les gens qui s'effraient facilement se rassurent de même. Aussi le grand danger de la visite des municipaux une fois passé, il reprit sa sérénité. C'était un homme d'esprit, de vertus, de religion. Il avait fait d'excellentes études dans son art, et, selon la règle que j'avais adoptée de ne jamais rejeter aucune occasion de m'instruire, j'en profitai pour apprendre beaucoup de choses en médecine et en chirurgie. Comme nous ne disposions d'aucun ouvrage traitant de ces matières, il me fit de vive voix un petit cours d'accouchement et d'opérations. En échange, je lui donnai des leçons de couture, de broderie et de tricot. Il était très adroit, et ses progrès en travaux de ce genre furent rapides. Peu de temps après, caché pendant plus de six mois, en sortant de Canoles, chez des paysans dans les Landes, privé de tout livre et de tout élément de travail, il serait mort d'ennui, m'a-t-il dit, si, grâce à l'enseignement que je lui avais donné, il ne s'était trouvé en mesure d'occuper ses journées en confectionnant des bas et des chemises pour toute la famille qui l'avait recueilli.

VII

Le soir, sur ma demande, le bon médecin me lisait les gazettes. La lecture en était terrible alors. Elle le devint plus encore pour moi, lorsque nous trouvâmes un jour la relation de la confrontation de mon respectable beau-père avec la reine. On y décrivait la colère de Fouquier-Tinville quand M. de La Tour du Pin continua de la nommer la «reine» ou «Sa Majesté», au lieu de «femme Capet», comme l'aurait voulu l'accusateur public. Mon épouvante fut à son comble lorsque j'appris que, comme on lui demandait où était son fils, M. de La Tour du Pin avait répondu avec simplicité qu'il se trouvait dans sa terre près de Bordeaux. Le résultat de cette réponse trop vraie fut un ordre, expédié le même jour à Saint-André-de-Cubzac, d'arrêter mon mari et de l'envoyer à Paris.

Il était au Bouilh et n'eut qu'une heure pour se sauver. Heureusement, en prévision de cette éventualité et sous le prétexte de métairie à visiter, il tenait un assez bon cheval prêt dans l'écurie. Se déguisant de son mieux, il partit avec l'intention de gagner la terre de Tesson, près de Saintes, et de se cacher dans le château, quoiqu'il fût sous le séquestre, mais où étaient restés un excellent concierge et sa femme. L'argent ne lui manquait pas: il avait de 10.000 à 12.000 francs en assignats. Il marcha toute la nuit. Le temps était affreux, la pluie tombait à torrents, le tonnerre ne cessait de gronder. Les éclats de la foudre éblouissaient et effrayaient son cheval, bête assez vive.

En sortant de Saint-Genis, poste sur la route de Blaye à Saintes, un homme qui se tenait devant une maison de peu d'apparence l'interpelle: «Quel temps! citoyen. Voulez-vous entrer pour laisser un peu passer l'orage?» M. de La Tour du Pin y consent, descend de cheval et attache sa monture sous un petit hangar situé, heureusement pour lui, ainsi qu'on le verra par la suite, tout près de la porte.

«Vous liez vos bœufs de bien bonne heure», dit-il au vieux paysan.— «Vraiment oui», répond l'hôte de rencontre. «Il n'est pas trois heures, mais je veux arriver de bon matin».—«Ah! vous allez à la foire du Pons», réplique mon mari avec présence d'esprit, «et moi aussi: je vais chercher des grains pour Bordeaux». En disant ces mots, ils entrent dans la maison. Un homme âgé occupait le coin du feu et semblait attendre le paysan. Un quart d'heure se passe en conversation sur la cherté des grains, des bestiaux. À ce moment, l'individu assis auprès du feu sort de la maison et rentre dix minutes après ceint d'une écharpe. C'était le maire. «Vous avez sans doute un passeport, citoyen», demande-t-il à mon mari.—«Oh! certainement», riposte hardiment celui-ci, «on ne marche pas sans cela». Et, ce disant, il exhibe un mauvais passeport, au nom de Gouvernet, dont il avait fait usage tout l'été dans ses allées et venues de Saint-André à Bordeaux. «Mais, déclare le maire après examen, votre passeport n'a pas de visa pour aller dans la Charente-Inférieure. Restez ici jusqu'au matin. Je consulterai le conseil municipal». Puis il reprend sa place.

Mon mari sentit qu'il était perdu s'il ne payait pas d'audace. Pendant ce colloque, le maître de la maison, qui paraissait en être ennuyé, s'était rapproché de la porte ouverte et dit à haute voix, comme en se parlant à lui-même: «Oh! voilà le temps tout éclairci!» Mon mari se leva très tranquillement.—Votre père n'était pas alors, mon cher fils[153], comme vos souvenirs vous le représentent. Il avait trente-quatre ans, était extrêmement leste et aurait pu rivaliser, en fait d'adresse, avec les sauteurs de chevaux les plus habiles.—Insensiblement, et tout en parlant de l'accalmie de l'orage, il s'approche de la porte demeurée ouverte, étend le bras au dehors dans l'obscurité et décroche la bride de son cheval. En un bond, il l'enfourche, lui met les éperons au ventre et est déjà loin avant que le pauvre maire ait eu le temps de quitter son siège, voisin du foyer, et d'atteindre l'issue de la maison. Le passeport, il est vrai, resta entre ses mains comme gage, mais il n'en parla pas, ce qui était peut-être prudent à cette époque, où tout était motif à soupçons.

M. de La Tour du Pin n'osa pas traverser Pons, où il y avait foire pendant le jour. Il s'arrêta à Mirambeau, chez un ancien palefrenier de son père, dont il était sûr et qui habitait la localité. Cet homme tenait une petite auberge et conduisait une patache qui allait à Saintes une fois la semaine. Têtard, c'était son nom, offrait de le cacher, mais il avait de jeunes enfants dont il craignait l'indiscrétion. Il proposa à mon mari de demander plutôt asile à un sien beau-frère[154], bon et riche serrurier, marié et sans enfants. Ce dernier le voulut bien moyennant payement d'une somme assez forte, et, le marché ayant été conclu, il le mit en sûreté chez lui dans un bouge sans fenêtre communiquant avec la chambre à coucher où se faisait aussi la cuisine.

J'ai visité, depuis, cet horrible trou. Un mince plancher le séparait seul, de la boutique où travaillaient les garçons et où étaient la forge et le soufflet. Quand le serrurier et sa femme quittaient leur chambre, dont ils emportaient toujours la clef, mon mari devait rester étendu sur son lit, afin d'éviter le moindre bruit. On lui avait aussi bien recommandé de ne pas avoir de lumière, de peur qu'on ne s'en aperçût de l'atelier au-dessous. Mais, la boutique une fois fermée, il venait souper avec le mari et la femme. Le palefrenier lui apportait souvent des nouvelles, parfois des gazettes, ou bien des livres qu'il allait chercher à Tesson.

C'est ainsi que mon pauvre mari passa les trois premiers mois de notre séparation. Le maître de poste de Saintes, sur le dévouement duquel il pouvait compter, lui déconseillait de passer en Vendée, car, outre la difficulté extrême de traverser les lignes des troupes de la République, qui cernaient la contrée au midi, les opinions des royalistes avaient atteint un tel degré d'exagération qu'il était moins sûr qu'un homme resté au service du roi après l'acceptation de la Constitution—c'était le cas de M. de La Tour du Pin—fût admis dans leurs rangs. D'autre part, mon mari ne pouvait s'y rendre que sous un nom supposé. En rejoignant ouvertement les Vendéens, il eût par là décidé de la mort de son père et de la mienne.

CHAPITRE XIV

I

La visite domiciliaire à Canoles, loin d'altérer ma santé, comme je l'ai déjà dit, ne fit qu'aviver mon désir de me rétablir le plus tôt possible. Au bout de huit jours, je me promenais dans le jardin avec mon Esculape. Comme nous passions près d'un très grand tas de sarments de vigne amoncelés contre une haie, qui bordait un sentier mitoyen avec la propriété voisine, nous nous aperçûmes que quelques-uns des fagots appuyés sur le sol avaient été arrachés et jetés contre la haie et que dans le trou ainsi formé la terre paraissait fraîchement piétinée. On y voyait aussi des restes de croûtes de pain, ce qui nous donna à supposer que quoiqu'un se cachait dans ce trou pendant le jour et souffrait peut-être de la faim. Cette pensée nous décida, à y porter des vivres. Ayant déposé là, le soir, une assiette bien garnie, un pain et une bouteille de vin, le lendemain, à la nuit, M. Dupouy retrouva la bouteille vide et les vivres consommés. Ce soin nous occupa avec un vif intérêt pendant plusieurs jours. Mais, au bout d'une semaine, un soir, nos provisions étaient demeurées intactes, et nous en fûmes affligés en calculant tout ce qui pouvait être arrivé à notre pensionnaire inconnu.

Peu de temps après, étant parfaitement rétablie, je voulus aller remercier ma plus proche voisine, avec laquelle je m'étais rencontrée avant mes couches, et qui m'avait témoigné beaucoup d'intérêt. Elle s'appelait Mme Beyermon et occupait, à cinquante pas de Canoles, une jolie petite maison où je me rendis un soir. M. Beyermon, son mari, fort effrayé de tout ce qui se passait à Bordeaux, et craignant surtout qu'on ne fît bientôt ce qu'on appelait *une rafle* aux Chartrons, où il demeurait, s'était retiré avec sa femme dans cette habitation isolée. Au moment où j'entrais chez eux, un jeune homme qui arrivait de Lyon, parlait avec éloquence et feu. Le son de sa voix, sa charmante figure me frappèrent. Je n'osai demander son nom, car, dans ces temps troublés, une telle question eût été une impardonnable indiscrétion. Depuis, j'ai su que c'était M. Ravez.

Comme on l'a vu plus haut, le notaire Surget avait présenté un mémoire à la municipalité de Saint-André-de-Cubzac, tendant à prouver que la terre du Bouilh était un domaine royal échangé. La municipalité, pour se faire valoir, dénonça le fait aux représentants du peuple, qui ordonnèrent à l'instant la saisie. Sans aucune information, on se rendit au Bouilh, où l'on apposa les scellés avec une telle prodigalité qu'il n'y eut pas une porte qui n'en fût empreinte. Cependant une fille excellente, que j'avais laissée au château, avait déjà caché ce qu'il contenait de plus précieux en linge et en effets portatifs, et me les envoyait, chaque semaine, par petits paquets, à Bordeaux.

II

Vers cette époque, je commençai à craindre que mon séjour prolongé chez M. de Brouquens n'attirât trop l'attention. Je redoutai surtout que ma présence chez lui ne finît par le compromettre, et jamais, je le savais, il n'aurait consenti à me le laisser entendre.

Cette situation faisait souvent l'objet de mes conversations avec un parent de M. de Brouquens, M. de Chambeau, lui-même très suspect et obligé de se cacher. Il avait trouvé un asile fort retiré chez un individu qui tenait un petit hôtel garni obscur, place Puy-Paulin. Cet individu, jeune et actif, veuf avec un seul enfant qu'il avait confié à sa belle-mère, habitait absolument seul son hôtel garni avec un vieux domestique. Il s'occupait des affaires de M. de Sansac, émigré, qu'on faisait passer pour mort, et dont la sœur, non mariée, était supposée avoir hérité. Bonie, c'était son nom, se donnait pour un démagogue enragé. Il portait une veste de grosse peluche nommée *carmagnole*, des sabots et un sabre. Il allait à la section, au club des Jacobins, et tutoyait tout le monde.

M. de Chambeau lui parla de mes préoccupations. Je ne savais où me retirer: mon mari était en fuite, mon père et mon beau-père étaient emprisonnés, ma maison avait été saisie, et mon seul ami, M. de Brouquens, se trouvait en état d'arrestation chez lui. À vingt-quatre ans, avec deux petits enfants, que devenir?

Bonis vint me voir à Canoles. Ma triste situation l'intéressa. Il me proposa de me réfugier chez lui. Sa maison était vide, et M. de Brouquens me conseillait de ne pas rejeter son offre. J'acceptai donc. Il me donna un appartement fort triste et fort délabré, ayant vue sur un petit jardin. Je m'y installai avec mes deux enfants, leur bonne, et ma chère Marguerite, toujours tourmentée par une fièvre dont rien ne pouvait la guérir. Mon nègre Zamore passa pour un noir libre qui attendait le moment de se rendre à l'armée. Mon cuisinier entra comme aide au service des représentants du peuple, ce qui ne l'empêchait pas de loger chez Bonie et de préparer mon dîner et mon souper. Deux courriers de dépêches pour Bayonne, qui pouvaient être très utiles à un moment donné, occupaient également des chambres dans la maison. En somme, cette situation était, je ne dirai pas la meilleure, mais la moins mauvaise possible.

La disposition de l'appartement me permettait de faire de la musique sans crainte d'être entendue. Etant presque toujours seule, c'était pour moi une grande distraction. Je connaissais un très bon maître de chant, nommé Ferrari, d'origine italienne, qui m'avait avoué et prouvé être agent des princes. Il était très spirituel et original, et avait beaucoup de talent.

On parvenait dans ma chambre, assez grande, par une sorte de magasin à bois, dans lequel j'en avais fait entasser une grande provision, venue du Bouilh, à l'insu des gardiens du séquestre. Ce bois était apporté par nos paysans, qui le volaient à mon intention. Une femme du pays, commissionnaire, entièrement dévouée à nos intérêts, venait à Bordeaux deux fois la semaine, comme marchande de légumes. Elle conduisait un âne, dont les paniers, à moitié pleins d'effets d'habillement et de linge, étaient ensuite recouverts de choux et de pommes de terre. Très adroitement, elle parvenait à faire croire aux employés de l'octroi que ces objets avaient été enlevés à des ennemis du peuple. Parfois elle leur en abandonnait quelque partie et me remettait le reste.

Mon mari trouvait le moyen de m'écrire toutes les semaines par un jeune garçon qui venait à Bordeaux. La lettre, sans adresse, était cachée dans un pain que l'enfant portait à l'hôtel Puy-Paulin, soi-disant pour la nourrice. Comme il venait à jour fixe, le cuisinier l'attendait à l'heure de la marée. Ce pauvre enfant, âgé de quinze ans, ignorait le subterfuge. On lui avait dit simplement qu'il y avait dans la maison une femme nourrice à laquelle le médecin avait interdit de manger du pain de la section. C'est ici le lieu de rapporter ce qu'on entendait par *pain de la section*.

Le jour même de l'entrée des représentants du peuple, on avait publié et affiché ce que l'on nomma le *maximum*. C'était une ordonnance en vertu de laquelle toutes les denrées, de quelque nature qu'elles fussent, étaient taxées à un taux très bas, avec interdiction, sous peine de mort, d'enfreindre cette ordonnance. Il en résulta que les arrivages cessèrent à l'instant. Les marchands possesseurs de grains les cachèrent plutôt que de les vendre à meilleur marché qu'ils ne les avaient achetés, et la famine, conséquence naturelle de cette interruption des échanges, fut imputée à leur incivisme. On nomma alors, dans chaque section, un ou plusieurs boulangers chargés de confectionner du pain, et ils reçurent l'ordre formel de n'en distribuer qu'à ceux qui seraient munis d'une carte délivrée à la section. Plusieurs boulangers récalcitrants subirent la peine de mort, les autres fermèrent leurs boutiques.

Il en fut de même pour les bouchers. On taxa la quantité de viande, bonne ou mauvaise, à laquelle on avait droit quand on était muni d'une carte semblable à celle destinée au boulanger. Les marchands de poisson, d'œufs, de fruits, de légumes, abandonnèrent les marchés. Les épiciers cachèrent leurs marchandises, et l'on ne pouvait obtenir que par protection une livre de café ou de sucre.

Pour éviter toute fraude dans la distribution des cartes, on ordonna que dans chaque maison on placarderait sur la porte d'entrée une affiche, délivrée également à la section, sur laquelle seraient inscrits les noms de toutes les personnes habitant la maison. Cette feuille de papier, entourée d'une bordure tricolore, portait, en tête: *Liberté, égalité, fraternité, ou la mort*. Chacun s'efforçait d'y porter les inscriptions prescrites aussi peu lisiblement que possible. La nôtre était tracée d'une écriture excessivement fine, et on l'avait collée très haut, de façon à en rendre la lecture difficile. Beaucoup étaient écrites avec une encre si pâle que la première pluie les rendait illisibles. Les cartes de pain étaient individuelles, mais on autorisait la même personne à porter aux boutiques les cartes de toute une maison. Les hommes recevaient une livre de pain, les enfants au-dessous de dix ans une demi-livre seulement. Les nourrices avaient droit à deux livres, et ce privilège, dont je profitais, augmentait la portion de mon pauvre Zamore. On aura peine à croire à un tel degré d'absurdité et de cruauté, et surtout qu'une grande ville tout entière se soit docilement soumise à un pareil régime.

Le pain de section, composé de toutes espèces de farines, était noir et gluant, et l'on hésiterait maintenant à en donner à ses chiens. Il se délivrait sortant du four, et chacun se mettait *à la queue*, comme on disait, pour l'obtenir. Chose bien singulière, cependant, le peuple trouvait une sorte de plaisir à ce rassemblement. Comme la terreur dans laquelle on vivait permettait à peine d'échanger une parole lorsqu'on se rencontrait dans la rue, *cette queue* représentait pour ainsi dire un rassemblement licite où les trembleurs pouvaient s'entretenir avec leurs voisins ou apprendre des nouvelles, sans s'exposer à l'imprudence d'une question.

Un autre trait caractéristique des Français, c'est leur facilité à se soumettre à une autorité quelconque. Ainsi, quand deux ou trois cents personnes, chacune attendant sa livre de viande, étaient rassemblées devant la boucherie, les rangs s'ouvraient sans murmure, sans une contestation, pour donner passage aux hommes porteurs de beaux morceaux bien appétissants destinés à la table des représentants du peuple, alors que la plus grande partie de la foule ne pouvait prétendre qu'aux rebuts. Mon cuisinier, chargé quelquefois d'aller aux provisions pour ces scélérats, me disait le soir qu'il ne pouvait concevoir comment on ne l'assommait pas. Le spectacle était le même chez le boulanger, et si des yeux d'envie se portaient sur la corbeille de petits pains blancs destinés à nos maîtres, aucune plainte du moins ne se faisait entendre.

Je ne me rappelle plus par suite de quelle circonstance politique on arrêta un jour tous les négociants anglais et américains en résidence à Bordeaux. Ils furent emprisonnés, ainsi que toutes les personnes de ces deux nations, ouvriers, domestiques ou autres, sur lesquels on parvint à mettre la main. Cette mesure me donna la crainte bien fondée d'être prise pour une Anglaise, comme cela m'était déjà souvent arrivé. Bonie s'en alarma très sérieusement et me conseilla de ne plus porter de chapeau lorsque je sortais dans la journée, mais de m'habiller comme les filles de Bordeaux. Cette idée de déguisement me plut assez. Je me commandai des brassières qui convenaient bien à ma taille, très mince alors, et qui, avec le mouchoir rouge sur la tête et sur le col, me changèrent si complètement que je rencontrais des gens de ma connaissance sans être reconnue. J'allais ainsi plus hardiment dans la rue.

M. de Brouquens, toujours en réclusion, s'amusait fort des propos téméraires que tenaient ses vingt-cinq hommes de garde sur les visites journalières qu'il recevait de la *belle grisette*.

III

Néanmoins, ma situation à Bordeaux devenait de jour en jour plus périlleuse, et je ne puis comprendre aujourd'hui comment j'ai échappé à la mort. On me conseilla de tâcher de faire lever le séquestre du Bouilh, mais toute manifestation de mon existence me semblait trop dangereuse, et j'étais dans la plus désolante incertitude, quand la Providence m'envoya une protection spéciale.

Mme de Fontenay, nommée alors la citoyenne *Thérésia Cabarrus*, arriva à Bordeaux. Quatre ans auparavant, je m'étais rencontrée une fois avec elle à Paris. Mme Charles de Lameth, dont elle avait été la compagne au couvent, me la montra un soir, au sortir du théâtre. Elle me parut avoir de quatorze à quinze ans, et ne m'avait laissé que le souvenir d'une enfant. On disait qu'elle avait divorcé pour conserver sa fortune, mais c'était plutôt pour user et abuser de sa liberté. Ayant rencontré Tallien aux bains des Pyrénées, celui-ci lui avait rendu je ne sais quel service, dont elle le récompensa par un dévouement sans bornes, qu'elle ne cherchait pas à dissimuler. Venue à Bordeaux pour le rejoindre, elle se logea à l'hôtel d'Angleterre.

Le surlendemain du jour où elle y fut établie, je lui écrivit le billet suivant: «Une femme qui a rencontré à Paris Mme de Fontenay, et qui sait qu'elle est aussi bonne qu'elle est belle, lui demande un moment d'entretien. Elle répondit verbalement que cette dame pouvait venir quand elle le voudrait. Une demi-heure après, j'étais à sa porte. Quand j'entrai, elle vint à moi, et, me regardant en face, s'écria: «Grand Dieu! madame de Gouvernet!» Puis, m'ayant embrassée avec effusion, elle se mit à mon service: ce fut son expression. Je lui dis ma situation. Elle la jugea plus dangereuse encore que je ne le croyais moi-même, et me déclara qu'il fallait fuir, qu'elle ne voyait que ce moyen de me sauver. Je lui répondis que je ne saurais me résoudre à partir sans mon mari, et puis qu'en abandonnant la fortune de mes enfants je craignais de la sacrifier sûrement. Elle me dit: «Voyez Tallien. Il vous fera connaître le parti à adopter. Vous serez en sûreté dès qu'il saura que vous êtes ici mon premier intérêt.» Je me déterminai à solliciter de lui la levée du séquestre du Bouilh, au nom de mes enfants, ainsi que la permission de m'y retirer avec eux. Puis je la quittai, confiante dans l'intérêt qu'elle m'avait témoigné, et me demandant pourquoi elle le ressentait.

Mme de Fontenay n'avait pas alors vingt ans. Aucun être humain n'était sorti si beau des mains du Créateur. C'était une femme accomplie. Tous ses traits portaient l'empreinte de la régularité artistique la plus parfaite. Ses cheveux, d'un noir d'ébène, semblaient faits de la plus fine soie, et rien ne ternissait l'éclat de son teint, d'une blancheur unie sans égale. Un sourire enchanteur découvrait les plus admirables dents. Sa haute taille rappelait celle de Diane chasseresse. Le moindre de ses mouvements revêtait une grâce incomparable. Quant à sa voix, harmonieuse, légèrement marquée d'un accent étranger, elle exerçait un charme qu'aucune parole ne saurait exprimer. Un sentiment douloureux vous pénétrait quand on songeait que tant de jeunesse, de beauté, de grâce et d'esprit étaient abandonnés à un homme qui, tous les matins, signait la mort de plusieurs innocents.

Le lendemain matin, je reçus de Mme de Fontenay ce court message: «Ce soir, à 10 heures.» Je passai la journée dans une agitation difficile à décrire. Avais-je amélioré ma position? m'étais-je perdue? devais-je me préparer à la mort? devais-je fuir à l'instant même? Toutes ces questions se pressaient dans mon esprit et y causaient un affreux trouble. Et mes pauvres enfants? que deviendraient-ils sans moi et sans leur père? Enfin Dieu prit pitié de moi. Je m'armai de courage, et, 9 heures venant, je pris le bras de M. de Chambeau, plus alarmé que moi encore, sans qu'il osât me le témoigner. Il me conduisit à la porte de Mme de Fontenay, en me promettant de se promener sur le boulevard jusqu'au moment où j'en sortirais.

Je montai. Tallien n'était pas arrivé. Le moment de l'attente fut angoissant. Mme de Fontenay ne pouvait me parler. Il y avait plusieurs personnes chez elle que je ne connaissais pas. Enfin, on entendit *la voiture*, et l'on ne pouvait pas s'y tromper, car il n'y avait que celle-là qui roulât alors dans cette grande ville.

Mme de Fontenay sortit, et, rentrant au bout d'un moment, elle me prit par la main en prononçant ces mots: «Il vous attend.» Si elle m'avait annoncé que le bourreau était là, je n'en aurais pas ressenti un autre effet. Elle ouvrit une porte qui donnait dans un petit passage, au bout duquel j'aperçus une chambre éclairée. Je ne parle pas au figuré en déclarant que mes pieds étaient collés au parquet. Involontairement, je m'arrêtai. Mme de Fontenay me poussa dans le dos, et dit: «Allons donc! ne faites pas l'enfant.» Puis elle se retourna et s'en fut en fermant la porte. Force me fut d'avancer. Je n'osais lever les yeux. Je marchai néanmoins jusqu'au coin de la cheminée, sur laquelle il y avait deux bougies allumées. Sans le soutien du marbre, je serais tombée. Tallien était appuyé sur l'autre coin. Il me dit alors, d'une voix assez douce: «Que me voulez-vous?» Alors je balbutiai la demande d'aller à notre campagne du Bouilh, et qu'on levât le séquestre qui avait été mis, par erreur, sur les biens de mon beau-père, chez lequel je demeurais. Brusquement, il me répondit que cela ne le regardait pas. Puis, s'interrompant: «Mais vous êtes donc la belle-fille de celui qui a été confronté avec la femme Capet?... Et avez-vous un père?... Comment s'appelle-t-il?... Ah! Dillon, le général?... Tous ces ennemis de la République y passeront», ajouta-t-il, faisant en même temps, avec la main, le geste de trancher une tête. L'indignation me gagna et me rendit alors tout mon courage. Hardiment, je levai les yeux sur ce monstre. Je ne l'avais pas encore regardé. Devant, moi, je vis un homme de vingt-cinq à vingt-six ans, d'une jolie figure qu'il cherchait à rendre sévère. Une forêt de boucles blondes s'échappait de tous côtés sous un grand chapeau militaire, couvert de toile cirée, et surmonté d'un panache tricolore. Il était vêtu d'une longue redingote serrée, de gros drap bleu, par-dessus laquelle pendait un sabre en baudrier, croisé d'une longue écharpe de soie aux trois couleurs.

«Je ne suis pas venue ici, citoyen, lui dis-je, pour entendre l'arrêt de mort de mes parents, et puisque vous ne pouvez m'accorder ce que je demande, je ne dois pas vous importuner davantage.» En même temps, je le saluai légèrement de la tête. Il sourit, comme semblant dire: «Vous êtes bien hardie de me parler ainsi.» Puis je sortis par la porte par laquelle il était entré, sans rentrer dans le salon.

Revenue chez moi, je considérai ma situation comme plutôt aggravée qu'améliorée. Si Tallien ne me protégeait pas, ma perte me paraissait infaillible. Mme de Fontenay, ayant constaté que j'avais fait une bonne impression sur Tallien, ne se décourageait cependant pas si aisément. Elle lui chercha querelle pour ne m'avoir pas assez bien traitée, et lui dit que j'avais décidé de ne plus revenir chez elle dans la crainte de l'y rencontrer. Il promit alors que je ne serais pas arrêtée, mais apprit en même temps à Mme de Fontenay qu'il savait que son collègue Ysabeau le dénonçait au Comité de Salut public, à Paris, comme modéré et protégeant les aristocrates.

IV

Vers le milieu de l'hiver, le serrurier chez lequel se cachait mon mari arriva à Bordeaux pour y acheter du fer. Il vint chez moi, et je lui témoignai ma reconnaissance et ma confiance. Je lui fis voir mes enfants, pour le mettre à même de dire à leur père qu'il les avait trouvés bien portants. C'était un bon paysan saintongeois, bien simple, bien ignorant, ne comprenant rien à l'état du pays, ni pourquoi, lorsqu'il mangeait d'excellent pain blanc à Mirambeau, on lui en avait donné ce matin-là, à Bordeaux, du si noir, que son chien l'aurait refusé. Il voyait avec surprise qu'au lieu des bons louis d'or qu'il avait dans son coffre, on ne lui réclamait que du papier pour ses achats de fers, et ne pouvait concevoir dans quel but les denrées étaient taxées. En attendant l'heure de la marée pour s'en retourner à Blaye, il se promena dans Bordeaux, et, par malheur, passa sur la place Dauphine, où se faisaient les exécutions. Une dame montait la fatale échelle. Il demanda quel était son crime: «C'est une aristocrate», lui répondit-on. Cette excellente raison, qu'il ne comprit pas, lui parut suffisante. Mais bientôt il voit paraître un paysan comme lui, appelé à subir le même sort. Tout tremblant, il se renseigne de nouveau: «Et celui-là, qu'a-t-il fait?» On lui explique que cet homme ayant donné asile à un noble, est condamné, pour ce seul fait, à mourir avec lui.

Alors, dans le sort de ce malheureux, il voit celui qui l'attend. Il oublie ce qui l'a amené à Bordeaux. Il repart à pied, arrive chez lui dans la nuit, et déclare à mon mari qu'il ne peut le garder une heure de plus, que sa propre vie et celle de sa femme sont en jeu. Il court réveiller son beau-frère le palefrenier, qui ne parvient pas à le rassurer. Celui-ci, voyant son parent éperdu, ayant d'autre part entendu dire dans la journée que la guillotine devait faire ce que l'on nommait un voyage patriotique et venir à Mirambeau dans quelques jours, se décida à atteler un cheval à une petite charrette. Il y met de la paille dans laquelle se cache mon mari et se dirige par des chemins détournés sur Tesson, ce château de mon beau-père où l'on avait mis les scellés, mais dont le concierge Grégoire et sa femme avaient une entrée secrète. Une des fenêtres du pavillon qu'ils occupaient donnait sur le chemin. Le palefrenier frappe au volet. Il ne faisait pas encore jour. Mon mari entre par cette fenêtre, et ces braves gens, qui lui étaient tout dévoués, le reçoivent avec joie. Ils l'installèrent dans une chambre touchant le leur et qui avait avec celle-ci une cheminée commune. Cela permettait de faire du feu toute la journée sans attirer l'attention du dehors. Cette condition fut fort appréciée par mon mari, qui était très frileux.

Tesson possédait une bonne bibliothèque dont l'inventaire restait à faire, ainsi que celui de tout le mobilier du château. Les scellés avaient été apposés sur les portes extérieures seulement, de manière qu'on pouvait circuler dans tout l'intérieur, pourvu qu'on n'ouvrît pas les jalousies. M. de La Tour du Pin disposait donc de livres à volonté. Il trouva même le moyen de soustraire des papiers et des correspondances anciennes de son père dont la publicité aurait pu être désagréable. Cependant, il n'était pas destiné à jouir de cette retraite, comparativement agréable, sans trouble.

Au bout de sept ou huit jours, des ordres arrivèrent à la municipalité de Tesson, prescrivant de procéder à l'inventaire de tout ce que renfermait le château, qui était considérable et parfaitement bien meublé. Le père de M. de La Tour du Pin en avait hérité de M. de Monconseil, son beau-père, qui y avait habité quarante ans, et y avait apporté toutes les nobles magnificences et l'élégance somptueuse du règne de Louis XIV. Cet inventaire devait durer deux jours, et les dispositions bien connues des gens du pays ne permettaient pas d'espérer qu'on y épargnât aucune rigueur ou qu'on laissât échapper le moindre recoin sans le visiter.

Grégoire ne déguisa pas ses craintes au malheureux proscrit. Il lui déclara qu'il ne connaissait pas un lieu quelconque où il pût le cacher, ni aucune personne dans le village, ou aux environs, qui consentît à le recevoir. D'un commun accord, ils convinrent alors que Grégoire irait à Saintes, chez Boucher, le maître de poste, ancien écuyer de M. de Monconseil, très attaché à mon mari, qu'il avait connu tout jeune chez son grand-père, pour lui demander soit de recevoir le fugitif chez lui, soit de le faire passer dans les départements insurgés.

Grégoire partit de grand matin, à pied, par un temps affreux, quoiqu'il eût soixante-dix ans passés. Il ne trouva pas Boucher. Chargé de la conduite des charrois de l'armée qu'on rassemblait contre les Vendéens, il était toujours en route. Mais sa sœur, également dévouée à nos intérêts, consentit à accueillir mon mari et à le cacher pendant l'absence de son frère, bien qu'elle ne se dissimulât pas qu'il y allait de leur vie et de leur fortune à tous deux. Grégoire revint donc à Tesson sans avoir pris de repos. À la nuit, il repartit avec mon mari pour Saintes, localité dépourvue d'enceinte et par conséquent accessible par des sentiers connus de Grégoire.

J'ai omis de dire que j'avais envoyé à mon mari, pendant qu'il était à Mirambeau, un costume complet de demi-paysan révolutionnaire dans lequel, une fois sa petite taille affublée, il ne se reconnaissait pas lui-même.

Mlle Boucher le reçut fort bien, mais avec une exagération de précautions dont il tira la conclusion que le moins il resterait dans cette maison le mieux elle le trouverait. Grégoire s'en retourna à Tesson. Il m'a répété souvent depuis que de sa vie il n'avait éprouvé une telle fatigue, et qu'à la fin de son quatrième voyage, fait au milieu de l'hiver, par un temps détestable et dans un chemin qui était alors presque impraticable, il avait cru mourir sur la route.

L'inventaire de Tesson étant fini, au bout de trois jours, avec toutes les rigueurs que Grégoire avait prévues, on fut tranquille pour quelque temps. Le matin du quatrième jour, Mlle Boucher entra tout effarée dans la chambre, où elle avait caché mon mari et lui annonça que son frère arriverait le soir même, accompagné de généraux et de leurs états-majors, que toutes les chambres de la maison seraient occupées et qu'elle ne pouvait plus le garder.

Ne connaissant personne à Saintes qui voulût lui offrir asile, un prompt départ pouvait seul assurer son salut, affirmait-elle. M. de La Tour du Pin vit bien que la pauvre femme était sous le coup de la plus grande frayeur et qu'elle voulait, à tout prix, se débarrasser d'un hôte si incommode. Accepter son malheureux sort sans réplique était l'unique parti à adopter. À la nuit il partit donc seul. Le chemin lui était parfaitement connu. Mais, en arrivant à Tesson, il voulut prendre un sentier donnant dans le parc, ce qui lui permettait d'éviter le village. L'obscurité de la nuit était telle qu'il se trompa, et bientôt les aboiements des chiens l'avertirent qu'il se trouvait sur la place, devant l'église. Pour entrer dans l'avenue du château, il lui fallait trouver une planche jetée sur le fossé creusé à l'extrémité de l'avenue, et le bruit de ses tâtonnements attira tous les chiens du village à ses trousses. Il commençait déjà à entendre quelques volets s'ouvrir et des voix appeler les chiens, ou dire: «Qui va là?» lorsqu'enfin il trouva le passage. Il s'éloigna aussitôt précipitamment et le silence se rétablit. Puis il parvint au volet de Grégoire, qui fut heureux de le voir et le remit dans la chambre qu'il avait occupée précédemment. Deux mois durant, il séjourna là, recevant souvent de mes nouvelles par des lettres que j'adressais à Grégoire. Chose bien singulière pour l'époque, on n'a pas dit que le secret des lettres fût violé à la poste, ou, du moins, qu'elles eussent cessé de parvenir à destination. J'en recevais souvent à Bordeaux de Mme de Valence, alors détenue à Paris, dans lesquelles elle me racontait tous les caquets de la prison où elle était enfermée.

V

Cependant la Terreur était à son comble à Bordeaux. Mme de Fontenay commençait à s'inquiéter pour elle-même et à craindre que les dénonciations d'Ysabeau ne fissent rappeler Tallien. Je m'unissais à ces craintes, dont la réalisation eût été notre perte à toutes deux. L'horrible procession qui marqua la destruction, en un moment, de toutes les choses précieuses possédées par les églises de la ville, venait d'avoir lieu. On rassembla toutes les filles publiques et les mauvais sujets. On les affubla des plus beaux ornements trouvés dans les sacristies de la cathédrale, de Saint-Seurin, de Saint-Michel, églises aussi anciennes que la ville et dotées, depuis Gallien, des objets les plus rares et les plus précieux. Ces misérables parcoururent les quais et les rues principales. Des chariots portaient ce qu'ils n'avaient pu mettre sur eux. Ils arrivèrent ainsi précédés par *la Déesse de la Raison*, représentée par je ne sais quelle horrible créature, jusque sur la place de la Comédie. Là ils brûlèrent, sur un immense bûcher, tous ces magnifiques ornements. Et quelle ne fut pas mon épouvante lorsque, le soir même, Mme de Fontenay me raconta, comme une chose toute simple: «Savez-vous que Tallien me disait, ce matin, que vous feriez une belle déesse de la Raison?» Lui ayant répondu avec horreur que j'aurais mieux aimé mourir, elle fut toute surprime et leva les épaules.

Cette femme était cependant très bonne, et j'en ai eu des preuves positives. Un soir, je la trouvai seule, dans un trouble et une agitation extrêmes. Elle se promenait dans la chambre, et le moindre bruit la faisait tressaillir. Elle me dit que M. Martell, négociant de Cognac, dont elle aimait beaucoup la femme et les enfants, était au tribunal de mort, et quoique Tallien lui eût promis, sur sa propre tête, de le sauver, elle craignait Ysabeau, qui voulait le faire périr. Enfin, au bout d'une heure passée dans une impatience presque convulsive, qu'elle avait fini par me faire partager, on entendit quelqu'un s'approcher en courant. Une pâleur mortelle envahit son visage. La porte s'ouvrit, et un homme hors d'haleine s'écria: «Il est acquitté!» C'était Alexandre, autrefois secrétaire de M. de Narbonne, en ce moment celui de Tallien. Alors, me saisissant par le bras, elle m'entraîna précipitamment dans l'escalier sans prendre ni chapeau ni châle. Nous courons dans la rue sans qu'elle m'eût dit où nous allions en si grande hâte, car nous marchions à perdre haleine. Nous atteignons une maison pour moi inconnue. Elle y pénétra comme une folle en criant: «il est acquitté!» Je la suis dans un salon où une femme entourée de deux ou trois jeunes filles repose comme morte sur un canapé. Ce cri la réveille. Elle se jette à terre, aux genoux de Mme de Fontenay et lui baise les pieds; les jeunes filles embrassent sa robe. Jamais scène si pathétique n'a frappé mes regards. C'est en parlant de la comparution de M. Martell devant le tribunal révolutionnaire que son beau-frère me disait, une heure auparavant, en vrai style de négociant: «Je ne l'assurerais pas à 90 pour 100!»

Lorsque j'allais le soir chez Mme de Fontenay, je donnais le bras à mon nègre parce qu'il avait une carte de sûreté et que passé une certaine heure—7 heures, je crois—chaque patrouille rencontrée avait le droit de vous en demander l'exhibition. Je ne sortais plus moi-même qu'à la nuit, afin d'éviter le danger que ma figure et ma tournure anglaises me faisaient courir. Un soir, je me promenais avec M. Brongniart, célèbre architecte de Paris, qui avait obtenu d'être appelé à Bordeaux pour la construction d'une salle de spectacle. Quoique le connaissant beaucoup, il ne venait cependant jamais chez moi, non plus que mon maître italien, d'ailleurs, qu'à la nuit close. Ce soir-là donc, étant avec M. Brongniart sur le cours du Pavé-des-Chartrons, lieu très éloigné de mon logis, il s'écrie tout à coup en fouillant dans ses poches: «Ah! ah! j'ai oublié ma carte de sûreté!» La peur de rencontrer une patrouille me saisit, je quitte son bras pour retourner chez moi. «On vous prendra, dit-il en riant, pour…» Mais rien ne put me rassurer, et il dut se contenter de me suivre de loin tout en se moquant de mes craintes. Ces petits détails, je les cite pour montrer comment on était parvenu à façonner toute une population au respect des institutions de la Terreur.

Heureusement, dans notre obscure maison, il n'y avait pas de table d'hôte, sans quoi nous aurions couru le risque d'être confondus dans *une rafle*, genre d'opération qui se pratiquait alors, ainsi que je l'ai déjà dit. C'est la mésaventure qui arriva à M. de Chambeau au cours d'une visite à l'un de ses amis. Il est introduit dans l'hôtel habité par cet ami au moment où vingt-sept personnes étaient réunies à table. Parmi elles s'en trouvait une que l'on voulait arrêter. Comme on ne la connaissait pas, les agents de police entrent, ferment les portes, appellent des fiacres et y font monter, six par six, tous les habitants de la maison, qui sont conduits au fort du Hâ. M. de Chambeau y resta vingt-huit jours, sous écrou, dans des anxiétés continuelles. Deux de ses camarades de chambrée qu'il ne connaissait pas, ayant été emmenés un matin pour être interrogés et n'étant pas revenus, il en conclut qu'ils sont montés sur l'échafaud. Aussi lui-même attend-il la mort tous les jours. Par bonheur, personne ne le reconnut. Au bout de vingt-huit jours, on entra dans sa chambre et on lui dit: «Vous pouvez sortir si vous voulez.» On pense s'il le voulut.

Ferrari, quoique porteur, bien caché et cousu dans la doublure de son habit, du papier qui l'accréditait comme agent occulte du Régent, depuis Louis XVIII, n'en était, pas moins, en sa qualité d'Italien, extrêmement poltron. Il avait été assez adroit pour se faufiler jusque chez les représentants du peuple. Là il parlait souvent de la nécessité où il se trouvait de retourner on Italie *avec sa fille*. Nous avions, en effet, parmi tant d'autres moyens imaginés pour sortir de France, formé le projet de prendre un passeport pour Toulouse, lui et moi, avec mon mari pour domestique. Je devais passer pour sa fille devenue veuve et ramenant ses enfants dans la famille de son mari, en Italie. Dans les principales villes situées sur notre route, comme Toulouse, Marseille, nous aurions donné des concerts. Je chantais suffisamment bien pour pouvoir, sans prétention ni contestation, passer pour une cantatrice. Chaque jour nous répétions les différents morceaux que nous nous proposions d'exécuter, parmi lesquels je me rappelle particulièrement le duo de Paesiello: *Nei giorni tuoi felici*[155], appelé, selon nous, à avoir beaucoup de succès.

Un jeune homme plein de talent, M. de Morin, était notre accompagnateur pendant les répétitions. Il avait joué un rôle marquant dans l'association des jeunes gens de Bordeaux, qui avait eu des résultats si médiocres, et était, pour ce motif, fort compromis. Jamais il ne couchait deux nuits de suite dans le même lieu. Il sortait la nuit tombée, en évitant avec soin les patrouilles, parce qu'il n'était pas muni d'une carte de sûreté. Je soupçonne bien que je ne le lui aie pas demandé, qu'il couchait quelquefois dans la maison. Quand il avait été abrité pendant la journée par un ménage mal approvisionné, il arrivait le soir chez moi mourant de faim. Je lui donnais les restes de mon dîner et de mon pain blanc de Saintonge, souvent aussi des œufs, dont j'étais toujours bien approvisionnée par les paysans du Bouilh. On en faisait d'excellentes omelettes avec les truffes que mon cuisinier prélevait sur les provisions de cuisine des représentants du peuple. C'était, dans notre refuge, un sujet d'amusement et de rire.

Il fallait véritablement que nous fussions jeunes et de sang français pour conserver de la gaieté ayant, comme nous l'avions tous, le couteau sur le cou, et à une époque où, quand on se disait «bonsoir», on n'osait ajouter: «À demain!» que sous condition.

CHAPITRE XV

I. La situation alarmante de Mme de La Tour du Pin à Bordeaux et celle de son mari à Tesson.—Les certificats de résidence à neuf témoins.—Une charmante nourrice.—Une reconnaissance dangereuse évitée.—II. Comment Mme de La Tour du Pin se décide à partir pour l'Amérique.—Le navire américain la *Diane*.—Une mission périlleuse.—Préparatifs de départ.—III. Un déjeuner à Canoles.—Visite imprévue.—Au bras de Tallien.—La montre de M. Saige.—IV. Le passeport du citoyen Latour.— Inquiétudes de l'attente.—Le sans-culotte Bonie à Tesson.—Le retour.—La réunion.—Comment M. de La Tour du Pin revint de Tesson à Bordeaux.

I

Cependant la situation devenait d'heure en heure plus alarmante. Il n'y avait pas de jour qu'il ne se fît des exécutions. Je logeais assez près de la place Dauphine pour entendre le tambour, dont un roulement marquait chaque tête qui tombait. Je pouvais les compter, avant que le journal du soir ne m'apprît les noms des victimes. Le fond du jardin sur lequel donnait la fenêtre de ma chambre touchait à celui d'une ancienne église où s'était établi le club des *Amis du peuple*, et lorsque la séance du soir était animée, les cris, les applaudissements et les vociférations des misérables qui y assistaient parvenaient jusqu'à moi.

Les nouvelles que je recevais de mon mari me peignaient sa position à Tesson comme très précaire. À tous moments, on menaçait Grégoire d'établir dans le château un corps de troupes, un hôpital militaire, ou autre établissement analogue, ce qui aurait obligé mon mari à fuir de nouveau. Je ne savais où le placer ailleurs avec la moindre sécurité. Le rappeler auprès de moi à Bordeaux, il ne fallait pas y songer, à cause de la fille qui soignait mon enfant. Dupouy m'avait de nouveau fait dire, du fond de sa cachette, que je devais me défier d'elle. Je n'osais pourtant la renvoyer, crainte de pis.

Une dernière circonstance m'avait prouvé que je n'étais pas aussi ignorée à Bordeaux que je l'espérais. Mon homme d'affaires m'avait écrit de Paris que l'on venait d'établir la loi des *certificats de résidence*, à neuf témoins, appelés à être renouvelés tous les trois mois, sous peine de confiscation des propriétés que l'on possédait dans les communes où l'on ne résidait pas. J'avais une maison à Paris occupée par l'ambassade de Suède et des rentes sur l'Etat que l'on avait déjà réduites d'un tiers. Il me fallait donc aller chercher ce certificat. Bonie se chargea de rassembler les neuf témoins, dont aucun ne m'avait vu de sa vie, mais qui le crurent sur sa parole. De concert, nous allâmes à la municipalité un matin, et ce ne fut pas sans une extrême répugnance que je pénétrai dans une salle où se trouvaient une douzaine d'employés tous coiffés du bonnet rouge. Je m'assis près du feu, tandis que Bonie faisait dresser l'acte et signer les témoins. Il avait demandé qu'on ne me fît pas attendre, parce que *j'étais nourrice*, et la philanthropie de ces buveurs de sang s'était émue. L'un d'eux se précipita même à mes pieds et, m'ôtant de force mes sabots, y passa de la cendre chaude, ce qui est une politesse bordelaise parmi le peuple. Puis, allant à une armoire, il en tira un joli petit pain blanc et me l'offrit en m'appelant *charmante nourrice*. Un coup d'œil de Bonie me fit comprendre que je ne devais pas le refuser. Je le pris avec un sentiment de honte, car mes regards étaient tombés sur une pauvre vieille dame, à l'autre coin de la cheminée, enveloppée dans une pelisse de satin bleu-clair bordée de cygne et qui attendait peut-être depuis deux heures sans avoir déjeuné, maudissant certainement la jeune grisette, son coquet mouchoir de madras noué sur l'oreille, sa brassière rouge, son jupon court et ses sabots. Enfin le moment de signer arriva, et le municipal, avec une sorte de respect qui m'étonna, me céda sa chaise pour écrire. Alors on lut, à mon grand chagrin, le certificat d'un bout à l'autre à haute voix et, au nom de Dillon, un de ces coquins interrompit en disant: «Ah! ah! la citoyenne est apparemment sœur ou nièce de tous les émigrés de ce nom que nous avons sur notre liste?» J'allais répondre que non, lorsque le chef de bureau reprit brusquement: «Tu ne sais ce que tu dis. Elle n'est pas même leur parente.» Je le regardai avec surprise, et il me dit à voix basse en me donnant sa plume pour signer: «Vous êtes la nièce de l'archevêque de Narbonne. Je suis de Sorèze.» Je le remerciai d'une légère inclinaison de tête, mais je pensai, en m'en allant, qu'il fallait quitter Bordeaux, puisqu'on m'y connaissait si bien.

II

J'étais poussée à bout. Je voyais Bonie inquiet de mon sort. Plusieurs moyens de fuite avaient été reconnus impossibles. Tous les jours on exécutait des gens qui pensaient être en sûreté. Les malheureux jeunes gens de l'Association, jusqu'au dernier, avaient été arrêtés ou dénoncés les uns après les autres, puis exécutés sans procès sur la seule constatation de leur identité, tous ayant été mis en masse hors la loi. Je passais les nuits sans sommeil, croyant, à chaque bruit, que l'on venait m'arrêter. Je n'osais presque plus sortir. Mon lait se tarissait, et je craignais de tomber malade au moment où je n'avais jamais eu plus de besoin de ma santé, afin de pouvoir agir si cela devenait nécessaire. Enfin un matin, étant allée voir M. de Brouquens, toujours en détention chez lui, j'étais appuyée pensive sur sa table, lorsque mes yeux se portèrent machinalement sur un journal du matin qui était ouvert. J'y lus, aux Nouvelles commerciales: «Le navire *la Diane*, de Boston, 150 tonneaux, partira dans huit jours, sur son lest, avec autorisation du ministre de la marine.» Or, il y avait dans le port quatre-vingts navires américains qui y pourrissaient depuis un an sans pouvoir obtenir la permission de mettre à la voile. Sans prononcer un mot, je me redresse aussitôt et je m'en allais, lorsque M. de Brouquens, occupé à écrire, leva les yeux et me dit: «Où allez-vous donc si vite?»—«Je vais en Amérique», lui répondis-je, et je sortis.

Je me rendis tout droit chez Mme de Fontenay. Lui ayant fait part de ma résolution, elle l'approuva d'autant plus qu'elle avait de mauvaises nouvelles de Paris. Tallien y était dénoncé par son collègue et pouvait être rappelé d'un moment à l'autre. Ce rappel probable serait, croyait-elle, le signal d'une recrudescence de cruauté à Bordeaux, où elle-même ne voulait pas rester, si Tallien partait. Il n'y avait donc pas une minute à perdre, si nous voulions être sauvés.

Je revins chez moi et j'appelai Bonie, en lui disant qu'il fallait me trouver un homme dont il fût sûr pour aller chercher mon mari. Il n'hésita pas un moment: «La commission est périlleuse, dit-il. Je ne connais qu'un homme qui puisse l'entreprendre, et cet homme-là, c'est moi.» Il me répondit du succès, et je me confiai à son zèle et à son intelligence. Il hasardait sa vie, qui aurait été sacrifiée avec celle de mon mari, s'ils avaient été découverts; mais, comme dans ce cas la mienne n'eût pas été épargnée davantage, je n'éprouvai aucun scrupule d'accepter la proposition qui m'était faite.

Je ne perdis pas un instant. J'allai trouver un vieil armateur, ami de mon père, et qui était aussi courtier de navires. Il m'était très dévoué et se chargea d'aller arrêter notre passage sur *la Diane*, pour moi, mon mari et nos deux enfants. J'aurais voulu emmener ma bonne Marguerite. Mais elle avait une fièvre double tierce depuis six mois déjà et aucun remède ne parvenait à l'en débarrasser. Je craignais qu'un passage de mer dans une si mauvaise saison, nous étions dans les derniers jours de février, ne lui fût fatal. D'ailleurs, comment se trouverait-elle dans ce pays dont elle ne savait pas la langue, déjà âgée, et accoutumée, plus que moi, à toutes les aisances de la vie! Je résolus donc de partir sans elle. Lorsque je revins chez M. de Brouquens, ayant déjà tout arrangé, sa surprise fut grande. Il me dit alors que, venant d'être rendu à la liberté sur un ordre de Paris, et comptant lui-même partir dans quelques jours, il me proposait d'aller le lendemain déjeuner à Canoles; où il n'était pas retourné depuis la visite domiciliaire.

Rentré de nouveau chez moi, je me confiai à mon bon Zamore, car le plus difficile était de pouvoir emballer nos effets à l'insu de la bonne, qui eût été tout aussitôt nous dénoncer à la section. Elle couchait, avec ma petite fille, alors âgée de près de six mois, dans une longue chambre garnie d'armoires dans lesquelles j'avais enfermé tous les effets qu'on m'avait envoyés du Bouilh et ceux que j'avais emportés de là-bas moi-même en venant réinstaller à Canoles. Cette chambre donnait d'un côté dans la mienne et de l'autre dans celle de Marguerite. Cette dernière avait une issue sur un petit escalier qui aboutissait à la cave. Bonie, toujours prévoyant, avait arrangé depuis longtemps, sans m'en parler, que, si on venait pour m'arrêter, je descendrais dans cette cave remplie de vieilles caisses et que je m'y cacherais pendant quelques heures. Heureusement, me défiant de la bonne, j'avais toujours tenu toutes les armoires fermées. Je convins donc avec Zamore que le lendemain matin, pendant que je serais à Canoles, où j'emmènerais la bonne et les enfants, il sortirait tous les effets et les descendrait, en passant par le petit escalier, dans la cave pour les emballer dans les caisses qui s'y trouvaient. Je lui recommandai de ne pas laisser traîner le moindre bout de fil, dont la présence pourrait déceler l'ouverture récente des armoires. Il exécuta toute cette opération avec son intelligence accoutumée.

III

Le lendemain donc j'allai, accompagnée de M. de Chambeau, déjeuner à Canoles, chez M. de Brouquens. Comme nous étions tous les trois à table, la porte du jardin s'ouvrit, et nous vîmes apparaître Mme de Fontenay, donnant le bras à Tallien. Ma surprise fut grande, car elle ne m'avait pas dit son projet. Brouquens fut stupéfait, mais se remit bien vite. Quant à moi, je cherchais à dominer mon émotion encore accrue par la vue d'un homme qui était entré avec Tallien et derrière lui. Il avait mis un doigt sur sa bouche en me regardant et je détournai aussitôt les yeux. C'était M. de Jumilhac, que je connaissais beaucoup, et qui, caché à Bordeaux sous je ne sais quel nom d'employé, accompagnait le représentant. Tallien, après un compliment poli à Brouquens sur la liberté qu'il avait prise de traverser son jardin pour se rendre chez le consul de Suède, vint à moi, avec cette manière prévenante des seigneurs de l'ancienne cour, et me dit de la façon la plus gracieuse: «On prétend, madame, que je puis réparer aujourd'hui mes torts envers vous, et j'y suis tout à fait disposé.» Alors, je me laissai fléchir, et quittant l'air froidement hautain que j'avais d'abord pour en prendre un passablement poli, je lui expliquai qu'ayant des intérêts pécuniaires à la Martinique—la chose était presque vraie—je désirais y passer pour m'en occuper, et que je lui demandais un passeport pour moi, mon mari et mes enfants. Il répliqua: «Mais où donc est-il votre mari?» Ce à quoi je lui répondis, en riant: «Vous permettrez, citoyen représentant, que je ne vous le dise pas.—Comme vous voudrez», fit-il gaiement. Le monstre se faisait aimable. Sa belle maîtresse l'avait menacé de ne plus le revoir s'il ne me sauvait pas, et cette parole avait enchaîné un moment sa cruauté.

Après quelques instants de conversation, on parla d'aller chez M. Vanheimert, le consul de Suède. M. de Brouquens proposa de traverser une petite lande qui séparait les deux propriétés. Il avait envoyé prévenir le consul. Je m'excusai de n'y pas aller, sous le prétexte des soins à donner à mon enfant, que la bonne avait amené à Canoles. Mais Mme de Fontenay, fixant sur moi ses grands yeux noirs, me dit: «Venez donc!» et je compris avec horreur ce qui allait arriver. Elle prit d'elle-même le bras de Brouquens, et Tallien m'offrit le sien!... Je ne saurais exprimer ce que j'éprouvai en ce moment. J'en frémis encore en écrivant ces lignes, au bout de cinquante ans. Si ma vie seule eût été en cause, et si celle de mon mari n'eût pas dépendu du refus de ce bras qui m'était offert, je l'aurais repoussé. Faisant effort sur moi-même, je l'acceptai donc, et je profitai de ce moment pour arranger définitivement mon affaire. Après quoi, je lui parlai de la citoyenne Thérésia Cabarrus—c'est ainsi qu'il la nommait—mais, oh! inconséquence de l'esprit humain! je me serais bien gardée de lui dire que, femme d'un conseiller au Parlement, elle n'appartenait pas à la catégorie de celles qui étaient présentées à cette reine que lui et les siens venaient de faire périr sur un échafaud, car cela lui aurait déplu.

Le pauvre M. Vanheimert et sa charmante fille, depuis Mme Bethmann, de Francfort, étaient plus morts que vifs de cette *aimable visite* du représentant du peuple. Cependant ils firent bonne contenance, mais les belles couleurs de Mlle Vanheimert avaient fait place à une pâleur mortelle. Je tenais fort à ne pas lui laisser croire que j'étais *de la société* de Tallien, et j'eus à peine le temps de lui souffler un mot pour l'éclairer à ce sujet. On entra dans la salle de billard, où Tallien fit deux ou trois parties, dont une avec le pauvre Brouquens, qui manquait à toucher à tous coups, quoiqu'il fût très fort joueur.

Enfin Tallien déclara qu'il avait un rendez-vous et qu'il était obligé de s'en aller. Il tira sa montre et regarda l'heure: «Vous avez là une belle montre,» dit Mme de Fontenay.—«Oui, répliqua-t-il. C'est une de ces montres nouvelles de Bréguet, du prix de 7.000 à 8.000 francs, et qui ne se montent jamais quand on a le soin de ne les pas laisser plus de vingt-quatre heures sans les remuer. La voulez-vous?» ajouta-t-il en la lui tendant. «Ah! merci!» dit-elle comme s'il lui eût offert une fleur, et la prenant elle la mit dans son sac. Cet incident me causa une horreur profonde, car c'était là l'acte d'une courtisane corrompue. Heureusement ses yeux n'étaient pas fixés sur moi, car l'indignation qu'elle eût pu lire sur mon visage aurait peut-être détruit en un moment toute sa bonne volonté à mon égard. Dans ce temps, hélas! la vie d'une famille dépendait du sourire d'une femme et du caprice d'un être qui vous apparaissait enveloppé d'un voile teinté de sang.

Cette visite finie—elle me semblait avoir duré un siècle—nous retournâmes, Brouquens et moi, à Canoles, car M. de Chambeau s'était caché dès l'arrivée de Tallien. Quand nous nous retrouvâmes seuls, l'altération du visage de Brouquens me frappa. Il se jeta sur un canapé dans un état d'agitation dont je fus toute saisie, et comme on est toujours disposé à supposer, par un fond de personnalité, qu'il est question de soi dans l'émotion de ses amis, je m'informai de la cause de son trouble avec une mortelle inquiétude. «Hélas! dit-il, vous avez vu cette montre donnée par Tallien à Mme de Fontenay. Eh! bien, c'est celle de ce pauvre Saige!»—le maire de Bordeaux, l'ami intime de Brouquens et une des premières victimes de la Terreur à Bordeaux.— «Lorsqu'il fut condamné, il la posa sur le bureau du tribunal de sang, en disant: *«Tenez, je ne veux pas que le bourreau en profite»*. Et Tallien la prit et la mit dans sa poche.»

On comprend la répulsion que m'inspira ce récit. J'aime à croire que la citoyenne Thérésia ignorait la chose quand elle accepta le présent.

IV

Deux heures après mon retour à Bordeaux, Alexandre, le secrétaire de Tallien, m'apporta l'ordre par lequel il était enjoint à la municipalité de Bordeaux de délivrer un passeport au citoyen Latour et à sa femme, avec deux jeunes enfants, pour se rendre à la Martinique à bord du navire *la Diane*. Une fois munie de ce précieux papier, il ne me restait plus qu'à rappeler mon mari à Bordeaux, car le capitaine américain n'aurait pas voulu le prendre à son bord, si ces papiers n'eussent pas été en règle.

Ce voyage de Tesson à Bordeaux offrait autant de difficultés que de dangers. Bonie, comme je l'ai dit plus haut, ne recula pas un instant et partit pour Blaye dès la marée descendante. Il s'était déjà procuré un passeport régulier pour lui-même, car on ne pouvait, sans cela, sortir du département ni pénétrer dans celui de la Charente-Inférieure où se trouvait Tesson, à dix lieues des frontières de la Gironde. Mais une fois rentré dans la Gironde, une simple carte de sûreté, ne portant aucun signalement, suffisait pour circuler dans tous les sens. Bonie avait bien sa carte de sûreté personnelle; mais il en fallait une pour mon mari. Il alla donc trouver un de ses amis, pour le moment malade et alité, et sous prétexte qu'il avait égaré sa propre carte, il lui emprunta la sienne pour quelques jours. Le pauvre malade ne se douta jamais au fond de son lit du danger qu'il avait couru; car, assurément, si mon mari eût été arrêté nanti de cette carte, le véritable possesseur serait monté avec lui sur l'échafaud. Le passeport de Bonie spécifiait qu'il allait chercher des grains dont la Charente-Inférieure regorgeait, tandis qu'on en manquait absolument à Bordeaux, où les boulangers mettaient toutes espèces de farines dans leur pain, farine d'avoine, de fèves, etc., etc.

Bonie partit dans la soirée. Si j'ai un ennemi dans le monde, je ne lui souhaiterais pas d'autre punition que d'éprouver l'inquiétude mortelle que je ressentis pendant les trois jours qui suivirent. À une époque où le sang coulait à flots tous les jours, où tant de malheureuses victimes avaient péri par la trahison et la lâcheté de ceux dont ils étaient les bienfaiteurs, je venais de remettre la vie de ce que j'avais de plus cher au monde entre les mains d'un homme que je connaissais depuis six mois à peine. Le rôle de révolutionnaire qu'il jouait si bien, était-ce réellement un rôle? n'était-ce pas plutôt ses bons sentiments qui étaient simulés? Je cherchais à repousser ces affreux soupçons, mais plus je me représentais le danger que courait la vie de Bonie, en allant chercher le malheureux proscrit, danger auquel il s'exposait uniquement pour moi, et moins je trouvais simple et explicable son dévouement, à moins que ce ne fût pour le livrer. On m'a bien rapporté depuis qu'un sentiment violent et insurmontable, dont il ne m'a jamais laissé concevoir le moindre soupçon, et qu'il savait être sans espoir, avait élevé son âme au point de lui inspirer ce dévouement extraordinaire. Rien ne me permet d'admettre une telle explication. On disait aussi d'ailleurs qu'il était très attaché à Mlle de Sansac, dont il gérait les affaires; mais celle-ci avait beaucoup d'années de plus que lui, et sa santé était ruinée. D'un autre coté il aimait passionnément sa jeune femme, morte en couches à dix-huit ans, moins d'une année auparavant, et il ne semblait pas encore consolé de l'avoir perdue.

Quoi qu'il en fût, j'avais calculé tous les instants qu'il mettrait à accomplir ce périlleux voyage. J'en comptais les minutes avec anxiété, et le troisième jour au soir, vers 9 heures, je croyais pouvoir espérer que le bateau de passage montant tous les jours de Blaye avec la marée ramènerait le voyageur si ardemment attendu. La fièvre d'impatience qui me dévorait ne me permit pas de rester dans la maison. J'allai sur les Chartrons, à la nuit, avec M. de Chambeau, à l'endroit où je savais qu'arrivait le bateau de Blaye. L'obscurité était si grande qu'on ne distinguait pas l'eau de la rivière. Je n'osais demander aucun renseignement, car je savais tous les points de la rivière où l'on débarquait garnis de nombreux espions de police. Enfin, après une longue attente, nous entendîmes sonner neuf heures et demie, et M. de Chambeau, qui n'avait pas de carte de sûreté, m'observa que nous n'avions plus qu'une demi-heure pour rentrer sans danger à la maison. Deux matelots parlant anglais passaient à ce moment près de moi. Je me hasardai à leur demander, dans leur langue, l'état de la marée. Ils répondirent sans hésiter qu'il y avait déjà une heure *de descendant*. Perdant alors tout espoir pour ce jour-là, je retournai désolée à la maison, où je passai la nuit à imaginer avec angoisse tous les obstacles qui avaient pu arrêter Bonie et son malheureux compagnon. Assise sur mon lit, à côté de mes deux chers enfants, je prêtais l'oreille pour saisir le moindre bruit qui pût ranimer mon espoir. Hélas! jamais la maison n'avait été aussi silencieuse.

Pendant que je tremblais ainsi d'inquiétude et d'impatience, pendant que j'étais hantée par la terrible vision de mon mari reconnu, arrêté, conduit au tribunal et de là traîné sur l'échafaud, il dormait tranquillement étendu sur un confortable lit, préparé à son intention, dans une chambre inhabitée et solitaire de la maison, par Bonie, avant son départ. Le matin, la bonne, venue pour habiller ma petite fille, me dit d'un air indifférent: «À propos, madame,

M. Bonie est là qui demande si vous êtes levée?» Je fis un effort prodigieux sur moi-même pour ne pas jeter un cri, et l'on comprend que ma toilette ne fut pas longue. Bonie entra alors et m'apprit qu'ils étaient arrivés trop tard à Blaye pour prendre le bateau ordinaire, sur lequel d'ailleurs mon mari aurait pu être reconnu. Il avait nolisé une barque de pêcheur, quoiqu'il y eût encore trois heures *de descendant*. Le vent étant favorable et très fort, ils avaient, son compagnon et lui, mis à la mer et bientôt regagné, puis dépassé le bateau ordinaire. Aussi étaient-ils déjà arrivés quand je les attendais et me désespérais sur le bord de la rivière.

Je mourais d'impatience de pénétrer dans la chambre où se trouvait l'être que j'aimais le plus en ce monde. Mais Bonie me conseilla de m'habiller comme si je devais sortir, afin de tromper ma berceuse, et cette précaution très nécessaire me sembla un supplice. Enfin, une demi-heure après, je sortis sous le prétexte de faire quelques emplettes, et ayant été rejoindre Bonie, il me conduisit, par un escalier dérobé, dans la chambre de mon mari. Enfin, nous nous retrouvions, après six mois de la plus douloureuse absence!

La vie est marquée de souvenirs lumineux qui brillent comme une belle étoile dans une nuit obscure. Le jour de notre réunion est du nombre. Nous n'étions pas sauvés. Un danger plus pressant, plus rapproché, plus positif qu'aucun de ceux que nous avions courus nous menaçait même; cependant nous étions heureux, et la mort, que nous pouvions entrevoir toute proche, ne nous effrayait plus, depuis qu'il nous était possible d'espérer que, si elle devait nous frapper, elle nous frapperait ensemble.

Je voulus savoir les détails de ce voyage si périlleux. Mon mari me les conta.

Bonie, à son arrivée à Tesson, avait épouvanté par son accoutrement de sans-culotte, son bonnet rouge, son grand sabre, la bonne Mme Grégoire. Elle nia effrontément le séjour de mon mari à Tesson. Bonie eut beau prier, conjurer, parler de moi, de mes enfants, rien ne put la fléchir. À bout d'argument, il déchira la doublure de son gilet, un tira un petit papier, le mit sur la table et sortit dans la cour. Ce petit papier contenait ces seuls, mots écrits de ma main: «Fiez-vous au porteur. Dans trois jours nous serons sauvés.» La bonne Grégoire ne vit pas plutôt ce brigand, comme elle le nomma, hors de la chambre, qu'elle courut porter le billet au pauvre reclus. Mon mari en ayant pris connaissance, prescrivit de faire entrer Bonie. Mais ce n'est pas sans une grande frayeur que Mme Grégoire introduisit dans la chambre, d'où M. de La Tour du Pin n'était pas sorti depuis deux mois, cet inconnu qu'elle ne pouvait se décider à considérer comme un sauveur.

À la nuit, mon mari se revêtit des habits de paysan que je lui avais envoyés auparavant, et Bonie et lui partirent à pied, en prenant des chemins que M. de La Tour du Pin connaissait. Ils atteignirent la grande route de Blaye à la pointe du jour. Après avoir parcouru quelques lieues sur cette grande route qui était, comme toutes celles de France, à cette époque, dans le dernier degré de destruction, mon mari se déclara hors d'état d'aller plus loin et se coucha sur le bord du chemin. Bonie, le voyant pâle et sans force, crut qu'il allait mourir, et son désespoir fut extrême. Heureusement un paysan, qui allait au marché à Blaye avec sa charrette, passa. Rassuré par le costume de patriote de Bonie, il consentit à faire monter les deux voyageurs auprès de lui, et ils arrivèrent à Blaye assez reposés pour gagner le port à pied. Dans ce terrible temps, tout était danger, et deux hommes, dont l'un avait les apparences d'un mendiant, n'auraient pu proposer à un batelier de fréter une barque pour eux seuls sans éveiller les soupçons. Mais Bonie pensait à tout. Il raconta qu'il avait été envoyé par je ne sais quelle commune au-dessus de Bordeaux avec la mission d'acheter des grains pour le peuple. Personne ne s'étonna donc qu'il prît un bateau pour son service particulier et qu'il donnât passage, par charité, à un pauvre citoyen malade évadé des départements insurgés. Cette dernière phrase était nécessaire pour éviter le soupçon qu'aurait pu faire naître dans l'esprit du patron de la barque l'absence d'accent gascon chez M. de La Tour du Pin.

Lorsqu'après de longues années on rappelle à sa mémoire le degré de soupçon, d'absurdité, de déraison et de crainte sous lequel les intelligences étaient comme enchaînées en France, à cette époque bien nommée de *la Terreur*, on ne le comprend pas. Les raisonnements les plus simples, à la portée d'un enfant de dix ans, auraient suffi cependant pour dissiper le trouble et la frayeur des gens réfléchis. On ne se demandait pas, par exemple: Comment meurt-on de faim à Bordeaux, tandis que les denrées de première nécessité regorgent de l'autre côté de la rivière? Personne ne pouvait l'expliquer, et certainement aucun paysan de Blaye ou de Royan n'eût osé apporter deux sacs de farine à la grande ville, sans courir le risque d'être appelé *accapareur*. Ces faits n'ont été éclaircis par aucun des mémoires du temps. J'en laisse le soin à l'Histoire et je reviens à la mienne.

CHAPITRE XVI

I

J'ai déjà dit comment j'avais pris, deux mois auparavant, un certificat de résidence à neuf témoins sous le nom de Dillon Gouvernet. Il fallait maintenant aller chercher un passeport au nom de Latour, et éviter celui de Dillon, trop connu à Bordeaux. Je me décidai à remplacer le nom de Dillon par celui de Lee, que mon oncle, lord Dillon, ajoutait au sien, depuis qu'il avait hérité de lord Lichfield[156], son grand-oncle et mon arrière-grand-oncle. Il n'y avait pas à reculer. On fermait le bureau des passeports à 9 heures, et nous allâmes, à 8 h. 30 à la commune. Il faisait complètement nuit. C'était le 8 mars 1794. Mon mari marchait assez loin devant avec Bonie. Je suivais accompagnée d'un ami de ce dernier, portant dans mes bras ma fille âgée de six mois et tenant par la main mon fils, qui n'avait pas alors quatre ans. À cause du nom anglais ou américain que je voulais prendre, j'étais vêtue en dame, mais très mal mise et coiffée d'un vieux chapeau de paille. Nous nous rendons dans une salle de l'hôtel de ville, qui était remplie de monde. C'était là que l'on vous remettait la carte ou permission sur le vu de laquelle le bureau des passeports vous en délivrait un. Je frémissais que quelque habitant de Saint-André-de-Cubzac ou de Bordeaux ne nous reconnût. Nous prenions donc soin, M. de La Tour du Pin et moi, de nous tenir éloignés l'un de l'autre et d'éviter les parties éclairées de la salle.

Munis de cette carte nous montons au bureau des passeports, et comme nous y entrions, nous entendons l'employé s'écrier: «Ah! ma foi, en voilà bien assez pour aujourd'hui: le reste à demain.» Tout retard nous eût coûté la vie, comme on va le voir. Bonie s'élance par dessus le bureau en disant: «Si tu es fatigué, citoyen, je vais écrire pour toi.» L'autre y consent, et Bonie rédige le passeport collectif de la famille Latour. Il y avait encore beaucoup de monde dans le bureau. Aussi, lorsque le municipal, en bonnet rouge, dit: «Citoyen Latour, ôte ton chapeau qu'on fasse ton signalement», il me prit un battement de cœur si violent que je fus sur le point de me trouver mal. Heureusement j'étais assise dans un coin obscur du bureau. Au même moment mon fils levant les yeux se rejeta sur moi, cachant son visage dans ses petites mains. Mais je pensai qu'il avait eu seulement peur de ces hommes en bonnet rouge et ne lui dis rien.

Le passeport signé, nous l'emportâmes avec une vive satisfaction, quoique nous fussions pourtant bien loin d'être sauvés. Il avait été convenu que, pour ne pas nous trouver tous deux dans la même maison, et pour n'avoir pas à traverser Bordeaux le lendemain matin, en plein jour, M. de La Tour du Pin coucherait chez le consul de Hollande, M. Meyer, qui habitait la dernière maison des Chartrons et nous était entièrement dévoué. M. de Brouquens nous avait attendus dans la rue. Il l'y conduisit. Quant à moi, après avoir ramené mes enfants à la maison, je me rendis chez Mme de Fontenay, où je croyais rencontrer Tallien qui devait viser notre passeport. Je la trouvai dans les larmes. Tallien avait reçu son ordre de rappel et il était déjà parti depuis deux heures. Elle-même devait se mettre en route le lendemain, et elle ne me cacha pas ses craintes que le féroce Ysabeau, collègue de Tallien, ne refusât de viser notre passeport. Mais Alexandre, le secrétaire de Tallien, affirma, sur sa tête, qu'il le viserait. Comme il signait toujours, disait-il, à 10 heures, en sortant du théâtre, il avait hâte de souper, et ne regardait guère les pièces qu'on lui présentait. La Providence, dans sa bonté, avait voulu qu'Ysabeau eût demandé à Tallien de lui laisser Alexandre, son secrétaire, qui non seulement lui était très utile mais avait même eu l'adresse de se rendre nécessaire.

Au moment où j'entrais chez Mme de Fontenay, Alexandre en sortait pour aller à la signature. Il prit le passeport et l'intercala au milieu de beaucoup d'autres. Ysabeau, ce jour-là, très préoccupé de l'arrivée d'un nouveau collègue attendu le lendemain, signa sans faire attention, et dès qu'Alexandre fut libre de sortir, il accourut chez Mme de Fontenay où j'attendais plus morte que vive. Je ne m'y trouvais, pas seule. Un personnage que je ne connaissais pas et à l'aspect assez soucieux était là également. Cet homme n'était autre que M. de Fontenay. Faisant fi des sentiments de délicatesse les plus élémentaires, il venait demander à sa femme de le sauver. Alexandre arriva, tenant le passeport déployé à la main. Il était tellement essoufflé qu'il tomba sur un fauteuil sans pouvoir articuler autre chose que ces mots: «Le voilà!

Mme de Fontenay l'embrassa de tout son cœur, moi de même, car notre sauveur, en réalité, c'était lui. Jamais depuis je ne l'ai revu, et peut-être aura-t-il payé de sa tête les services rendus à beaucoup de gens qui ne s'en sont pas souvenus.

Le jeune envoyé de la Convention, qui arriva le lendemain, se nommait Julien de Toulouse[157]. On l'envoyait à Bordeaux pour y ranimer le patriotisme. Il avait dix-neuf ans, et sa cruauté a surpassé tout ce que ces temps affreux ont présenté de plus atroce. Nous eûmes l'honneur de lui causer, par notre fuite, de cuisants regrets. Il s'arracha les cheveux de rage, en apprenant que nous lui avions échappé, car, déclarait-il, nous étions mentionnés dans ses notes.

Alexandre se préparait à partir, et comme il était près de minuit, je me levai pour sortir avec lui. Mme de Fontenay me retint en me disant qu'elle me ferait reconduire, mais qu'auparavant elle désirait me montrer quelque chose de joli. Je la suivis dans sa chambre à coucher, où M. de Fontenay, toujours silencieux, nous accompagna. D'un tiroir elle tira un mouchoir et l'étendit sur une table. Puis ouvrant une belle cassette formant écrin, elle en sortit des parures de diamants de la plus grande magnificence et les jeta ensuite, à mesure qu'elle me les montrait, pêle-mêle sur le mouchoir. Lorsqu'elle eut ainsi vidé toutes les cases de la cassette, sans y laisser la moindre chose, elle noua les coins du mouchoir et le tendit à M. de Fontenay avec ces mots: «Prenez tout.» Et il le prit en effet, et sortit sans avoir ouvert la bouche. Je me montrai fort surprise. Elle s'en aperçut, et répondant à ma pensée, me dit: «Il m'en avait donné une partie; le reste venait de ma mère. Lui aussi part demain pour l'Amérique.»

Je n'aurais pas raconté ce fait qui m'est étranger, si deux ans après, me trouvant à Madrid, je n'eusse appris que M. de Fontenay, ayant voulu y vendre des diamants, avait été soupçonné de complicité dans le vol de ceux qui avaient été dérobés au garde-meuble de Paris. Mon récit constate avec certitude que ce soupçon était injuste. Mais M. de Fontenay honteux, paraît-il, du mariage de sa femme avec Tallien, ne voulut pas avouer qu'elle lui avait donné ces diamants, ni faire mention de l'époque où il les avait acceptés, de très bonne volonté et sans compliment, en ma présence.

Je passai la nuit à arranger quelques effets que Zamore emporta de bonne heure. J'avais fait semblant de me déshabiller, et je me gardai de réveiller ma bonne. Dès que nous fûmes seuls, mon fils, couché dans un lit voisin du mien, se leva sur son séant et m'appela. Grande fut ma frayeur, car je craignis qu'il ne fût malade. Je m'approchai aussitôt de lui. Alors, jetant ses petits bras autour de mon cou et collant sa bouche à mon oreille, il me dit: «J'ai bien vu papa, mais je n'ai rien dit à cause de ces méchantes gens!» Ainsi la terreur, dans le bureau des passeports, avait agi même sur un enfant âgé de moins de quatre ans.

II

Tous nos bagages étaient à bord depuis trois jours, sans que mon espionne se fût doutée que toutes les armoires et tous les tiroirs avaient été vidés. Je fis de tendres adieux à ma bonne Marguerite. Ne pensant qu'à moi, elle était heureuse de me voir échapper aux dangers qui me menaçaient. Je la laissai sous la protection de M. de Brouquens, bien au courant de mon attachement pour elle. Enfin, le 10 mars, prenant ma fille[158] dans mes bras et mon fils[159] par la main, je dis à la berceuse que je les menais sur les allées de Tourny, à cette époque encore la promenade habituelle des enfants, et que je reviendrais dans une heure ou deux.

Au lieu de, cela, je me dirigeai vers les glacis du Château-Trompette, où je rejoignis M. de Chambeau, à qui j'avais donné rendez-vous. Il avait également obtenu un passage sur notre bateau. J'ai dit comment, sous un nom supposé, M. de Chambeau se cachait à Bordeaux, où il courait le danger imminent d'être reconnu. La nouvelle venait de lui parvenir que son père, bon gentilhomme de Gascogne et habitant dans sa terre près d'Auch, dénoncé par un valet de chambre à son service depuis trente ans, avait été arrêté et mis en prison. Par la lecture des papiers saisis lors de l'arrestation, on sut que son fils, après avoir été pris pendant la campagne de 1792, avait ensuite émigré, puis qu'il était rentré en France et se cachait à Bordeaux.

M. de Chambeau devait donc quitter cette ville dans le plus court délai. Mais quel asile choisir? Dans la matinée du jour où nous devions aller chercher notre passeport, je me trouvais chez M. de Brouquens avec M. de Chambeau. Comme je l'entretenais de sa situation, je lui dis en plaisantant: «Si je vous donnais une procuration pour aller gérer mon habitation à la Martinique, vous prendriez un passeport d'embarquement sur la *Diane*.» L'idée fut trouvée meilleure que je ne pensais. M. de Brouquens alla chez son notaire. La procuration fut dressée. Je la signai de mon véritable nom, et une heure après, M. du Chambeau tenait entre les mains un bon passeport, visé probablement, sûrement même, par le représentant Ysabeau. Ce passeport ne lui parvint qu'à onze heures du matin. À midi M. de Chambeau était prêt à partir, muni d'une douzaine de chemises, pour tout bagage, la bourse garnie de vingt-cinq louis que lui donna M. de Brouquens, ravi de s'échapper, et, avec ses vingt-cinq ans, plein de bonne humeur, d'activité et d'adresse à tout faire. C'était un charmant et aimable compagnon d'infortune, l'amitié que lui inspira mon mari devint un culte qui ne s'est jamais démenti un seul instant.

Je le trouvai donc au Château-Trompette accompagné d'un gamin chargé de son portemanteau qui ne pesait guère. Il prit la main d'Humbert, et quand, arrivés au bout des Chartrons, nous aperçûmes le canot de la *Diane*, nous éprouvâmes l'un et l'autre un sentiment de joie comme on n'en ressent pas souvent dans sa vie.

M. Meyer, chez qui mon mari avait couché, nous attendait. Nous trouvâmes, déjà installés à déjeuner, le bon Brouquens, Mme de Fontenay et trois ou quatre autres personnes, parmi lesquelles un conseiller au Parlement de Paris que Brouquens avait caché dans la compagnie des vivres et dont je n'ai jamais su le véritable nom. On le plaisantait fort, parce que, chargé de faire nos vivres, il n'avait, dans l'espace de trois jours, trouvé pour tout, approvisionnêmant qu'un agneau qu'il amenait tout bêlant. En réalité, la famine était telle que nous n'avions rien pu nous procurer. Quelques pots de cuisses d'oie, quelques sacs de pommes de terre ou de haricots, une petite caisse de pots de confitures et cinquante bouteilles de vin de Bordeaux composaient toute notre richesse. Le capitaine Pease possédait bien quelques barriques de biscuits, mais il avait dix-huit mois de date et venait de Baltimore. M. Meyer m'en donna un petit sac de frais que je conservai pour faire de la soupe à ma petite fille. Mais qu'importait tout cela comparé à ce résultat: la vie de mon mari sauvée!

Mme de Fontenay jouissait de son œuvre. Son beau visage était baigné de larmes de joie quand, nous montâmes dans le canot. Elle m'a dit depuis que ce moment, grâce aux expressions de notre reconnaissante, comptait comme le plus doux dont elle eût conservé le souvenir.

Quand le capitaine s'assit au gouvernail, et cria: «Off!»[160], un sentiment d'indicible bonheur me pénétra. Assise en face de mon mari dont je conservais la vie, avec mes deux enfants sur mes genoux, rien ne me paraissait impossible. La pauvreté, le travail, la misère, rien n'était difficile avec lui. Ah! sans contredit, ce coup d'aviron que le matelot donna au rivage pour nous en éloigner a marqué le plus heureux moment de mon existence.

Le navire la *Diane* était descendu, avec la marée précédente, jusqu'au Bec d'Ambez, où nous devions le rejoindre. On était soumis, par ordre supérieur, à l'obligation d'accoster un bâtiment de guerre stationné au milieu de la rivière, à l'entrée du port, comme une sentinelle. Le capitaine se prépara à soumettre à la visite ses papiers nos passeports. Ce fut un mauvais moment. Nous n'osions parler français ni regarder en l'air vers le pont du bateau de guerre. Le capitaine monta seul à bord. Il ne savait pas un mot de français, quoiqu'il y eut un an qu'il était *en embargo* à Bordeaux. Une voix cria du pont: «Faites monter la femme pour servir d'interprète»; puis quelques grossières paroles pour demander si elle était jeune ou vieille. Une frayeur mortelle m'envahit. Notre capitaine se pencha sur la balustrade et dit: «Don't answer»[161]. Je ne levai pas les yeux. En ce moment un bateau français très pressé et plein d'hommes en uniforme s'approcha. Le capitaine, profitant de l'incident, reprit ses papiers, sauta dans le canot et nous nous éloignâmes aussi vite que nous le pûmes.

Enfin nous trouvâmes notre petit navire la *Diane* et nous nous installâmes tant bien que mal à son bord. La seconde marée descendante nous mena devant Pauillac. Là nous eûmes encore à supporter la visite de deux autres vaisseaux de garde. Mon mari, déjà atteint du mal de mer, s'était couché. Les officiers qui vinrent à bord furent fort polis, quoique questionneurs. Ils prirent une très grande fantaisie pour mon agneau qui, malheureusement, était encore en vie. Ils me le demandèrent sans façon, promettant de m'envoyer en échange une chèvre, dont j'aurais été charmée pour mes enfants. Mais ils emmenèrent l'agneau et la chèvre ne vint pas, car nous levâmes bientôt l'ancre pour nous rapprocher de Pauillac, où la mer était moins houleuse. Mon mari s'en trouva mieux.

Comme le vent était absolument contraire et qu'il ne paraissait pas devoir changer, le capitaine nous proposa d'aller dîner à terre, où nous trouverions peut-être quelque chose à acheter pour compléter nos vivres. Nous y consentîmes, et après avoir envoyé à bord quelques pains, nous nous mîmes à table. À la fin du dîner, une servante qui n'avait pas encore paru, servit le dessert. Au bout d'un moment, s'adressant à mon mari, elle lui dit: «Citoyen, votre figure ne m'est pas inconnue, mais je ne sais plus où je vous ai vu.» Et la voilà qui se met à chercher en se grattant le front: «Ah! oui, c'est à la foire de Bourg.» Je souffle ces mots au capitaine: «Allons-nous-en tout de suite.» Il se lève et nous l'accompagnons. Mais la maudite servante nous suit et s'écrie: «Oh! je sais bien où c'est maintenant, c'est à la foire de Saint-André-de-Cubzac. Même on m'a dit votre nom, mais je ne m'en souviens plus.» Cette assertion pouvait paraître rassurante. Elle ne le fut pas assez, néanmoins, pour m'empêcher d'éprouver un grand soulagement lorsque je me retrouvai dans ma cabine de la *Diane*, jurant de ne plus mettre le pied à terre, le vent dût-il être contraire pendant un mois. Heureusement il en fut autrement, et le lendemain nous laissâmes la tour de Cordouan loin derrière nous.

III

Le petit brick sur lequel nous étions embarqués n'était que de cent cinquante tonneaux, c'est-à-dire comme une grosse barque. Son unique mât était très haut, analogue en cela à celui de tous les navires de construction américaine. Comme son chargement se composait uniquement de nos vingt-cinq caisses ou malles, il roulait horriblement. Mon apprentissage maritime fut donc des plus pénibles.

Nous avions fait accord avec le capitaine pour notre nourriture. Mais, aussi peu favorisé que nous, il n'avait pu se procurer de vivres en dehors de ceux que son consignataire était parvenu à lui fournir des magasins de la marine.

Au départ de Bordeaux, un des quatre matelots avait fait une chute terrible du haut, du mât dans la cale. Il était hors de service. Trois seulement restaient donc pour faire la manœuvre. En somme, l'équipage comprenait ces trois matelots, un mousse qui servait de domestique, le capitaine, jeune homme assez peu habile, son contremaître, qui était comme lui de Nantucket, enfin un vieux marin rempli d'expérience, nommé Harper, étranger au navire il est vrai, mais que le capitaine consultait en toute occasion.

La chambre où le capitaine seul entrait était, comme on le pense bien, très petite. Il nous avait donné une cabine pour mon mari et moi et une autre à M. de Chambeau. Lui-même couchait, dans la chambre, sur une sorte de coffre qui servait de banc dans la journée. Mon mari ne quitta pas son lit pendant trente jours. Il souffrait horriblement du mal de mer et aussi de la mauvaise nourriture. Les seuls aliments qu'il supportait étaient le thé à l'eau et quelques morceaux de biscuit grillé, trempé dans du vin sucré. Pour moi, quand j'y pense après tant d'années, je ne conçois pas comment je pus résister à la fatigue et à la faim. Nourrice, de plus âgée de vingt-quatre ans seulement, mon appétit ne pouvait être qu'excellent, et dans cette vie si nouvelle je n'avais pas même le temps de manger.

Heureusement le mouvement du vaisseau berçait ma pauvre petite fille. Elle dormait presque toute la journée. Mais cela même faisait que, quand elle me sentait couchée à ses côtés pendant la nuit, elle ne me laissait pas de repos, et je ne pouvais dormir une demi-heure de suite. Dans la crainte de l'étouffer en roulant sur elle pendant mon sommeil, j'avais imaginé de me faire attacher, avec une bande de toile qui m'entourait le milieu du corps, contre la planche du bord du lit, de manière que je ne pouvais ni me retourner ni changer de position. Ma petite fille avait ainsi toute la place qui lui était nécessaire. Au début, ce mode de couchage représentait pour moi un véritable supplice auquel je m'accoutumai bientôt cependant, car quelques jours après il me semblait n'avoir jamais couché autrement.

Les Américains étaient, à cette époque, en guerre avec les Algériens, qui leur avaient pris déjà plusieurs vaisseaux. Notre capitaine avait de ces corsaires une si grande terreur qu'à deux lieues de la tour de Cordouan il mit le cap au Nord et déclara que rien au monde ne le rassurerait avant qu'il ne fût au nord de l'Irlande. Il comptait peu sur la marine française pour le garantir des pirates, mais entièrement sur celle de l'Angleterre, à laquelle, pensait-il, les Algériens n'osaient pas courir le risque de déplaire.

Nous cinglions donc, par un temps affreux d'équinoxe, à une vingtaine de lieues des côtes de France, ce qui ne nous laissait pas sans inquiétude pour nous-mêmes. Nous avions appris, à Pauillac, qu'une frégate française— *Atalante*, je crois—ayant rencontré à la sortie du port de la Rochelle un navire américain sur lequel plusieurs Français avaient pris passage, s'était emparée de ces derniers et les avait menés à Brest, où tous avaient été guillotinés.

Cette réjouissante anecdote me rendait le voisinage des côtes de France fort peu agréable. Mais quelques instances que je fisse auprès du capitaine pour le déterminer à mettre le cap sur sa patrie, il ne pensait et ne rêvait qu'Algériens et esclavage, et M. de La Tour du Pin, d'ailleurs, de même opinion que lui, l'encourageait aussi à conserver la direction du Nord.

Un jour nous étions enfermés dans la chambre avec de la lumière en plein jour, parce que le vent poussait les vagues dans les hublots et qu'il avait fallu fermer les écoutilles, quand la voix altérée du matelot en vigie sur le pont fit entendre ces mots très, effrayants pour nous: «French man of war ahead»[162]. Le capitaine ne fit qu'un saut sur le pont, en nous ordonnant de ne pas paraître. Un coup de canon se fit entendre. C'était le commencement de la conversation de vie ou de mort pour nous que la frégate entamait. Elle s'annonça pour être française et arbora son pavillon. Nous déployâmes au plus vite le nôtre, et après les questions d'usage, nous entendîmes notre capitaine répondre, car nous ne pouvions distinguer les questions parties du navire français: «No passengers, no cargo»[163]. À quoi l'*Atalante* répliqua: «Venez à bord.» Le capitaine dit que la mer était trop grosse. Elle était, en effet, démontée, et comme nous avions mis en panne, nous étions ballottés à ne pouvoir nous tenir debout sans appui. Alors l'imposante questionneuse termina la conversation par le seul mot: «Follow»[164], et reprit sa route. Nous redéployâmes notre unique voile pour nous mettre avec soumission dans son sillage.

Le capitaine, redescendant, nous dit gaiement: «Dans une heure il fera nuit, et voilà la brume qui s'élève.» Jamais brouillard ne fut accueilli avec plus de joie. Bientôt nous perdîmes de vue la frégate dans l'obscurité, et comme nous faisions aussi peu de voile que possible, malgré un coup de canon qu'elle tira comme pour dire: «Venez donc!» elle gagnait peu à peu sur nous. Elle nous avait signalé qu'elle entrait dans Brest et de l'y suivre. Dès qu'il fit nuit, nous prîmes la route directement contraire, et le vent, très fort, nous étant favorable, nous nous en fûmes au Nord-Ouest, toutes voiles dehors, sans nous embarrasser si c'était ou non la route de Boston, où nous devions aller.

Cet incident nous jeta complètement en dehors de notre direction, et les brouillards épais dont nous fûmes environnés n'ayant pas permis de prendre la hauteur pendant douze ou quinze jours, la couleur de l'eau seule indiqua que nous nous trouvions dans les parages du banc de Terre-Neuve. Un fort vent d'ouest nous refoulait toujours. Les vivres commençaient à manquer et l'on nous mit à la ration d'eau. Nous rencontrâmes un navire anglais qui venait d'Irlande. Le capitaine alla à bord. Il revint avec un sac de pommes de terre et deux petits pots de beurre pour moi et mes enfants. Ayant comparé sa position avec, celle prise par le capitaine anglais, il constata que nous étions à cinquante lieues au nord des Açores. En effet, depuis quelques jours, se sentant hors d'atteinte des Algériens, notre capitaine avait gouverné au Sud-Ouest par un bon vent de nord-est.

En l'apprenant, mon mari le conjura de nous débarquer aux Açores, d'où nous aurions pu passer en Angleterre. Le capitaine ne voulut jamais y consentir. La Providence en avait autrement décidé. Combien je l'en ai remerciée depuis! Cependant nous en murmurâmes alors, aveugles humains que nous sommes! Si nous avions été en Angleterre, nous y serions arrivés au moment de l'expédition de Quiberon. Mon mari y aurait certes pris part avec ses deux amis, M. d'Hervilly et M. de Kergaradec. Il aurait péri avec eux.

Mais Dieu ne voulait pas me priver de toutes les années de bonheur domestique dont il m'a favorisée par la suite sur cette terre. S'il m'a repris les enfants que j'avais alors et ceux qui depuis avaient fait de moi une mère si heureuse et si orgueilleuse, peut-être me laissera-t-il pour me fermer les yeux, je l'espère, celui de tous que j'ai le plus aimé, l'unique fils qui me reste[165], et aussi mes deux petits-enfants[166] pour lesquels j'ai une véritable adoration. De ces derniers l'un, une petite-fille, m'a été confiée et je l'ai élevée. Je la considère comme mon propre enfant et en même temps comme une amie bien chère.

IV

Ma vie de bord, toute dure qu'elle fût, m'était pourtant utile en ce sens qu'elle avait forcément éloigné de moi toutes les petites jouissances dont on ne connaît pas le prix quand on les a toujours possédées. En effet, privée de tout, sans un moment de loisir, entre les soins à donner à mes enfants et à mon mari malade, non seulement je n'avais pas fait ce que l'on appelle *sa toilette* depuis que j'étais à bord, mais je n'avais même pu ôter le mouchoir de madras qui me serrait la tête. La mode était encore alors à la superficialité de la poudre et de la pommade. Un jour, après la rencontre de l'*Atalante*, je voulus me coiffer pendant que ma fille dormait. Je trouvai mes cheveux, que j'avais très longs, tellement mêlés que, désespérant de les remettre en ordre et prévoyant apparemment la coiffure *à la Titus,* je pris des ciseaux et je les coupai tout à fait courts, ce dont mon mari fut fort en colère. Puis je les jetai à la mer, et avec eux toutes les idées frivoles que mes belles boucles blondes avaient pu faire naître en moi.

Mon temps de récréation à bord était celui que je passais dans la cuisine, espèce de caisse de berline sans portières attachée au mât. On s'y tenait assis dans le fond et les marmites bouillaient sur une sorte de fourneau qu'on allumait du dehors. Il arrivait bien parfois qu'un faux coup de gouvernail nous gratifiait d'une vague qui nous arrosait, mais nous y avions chaud, du moins aux pieds. Je dis nous, car je n'étais pas seule dans cette charmante cuisine. Un matelot, qualifié du nom de cuisinier, venait me chercher et m'installait à côté de lui dans la place, où je restais une ou deux heures à faire cuire nos haricots provenant de Baltimore et vieux déjà d'une année passée dans les magasins de Bordeaux. Il s'appelait Boyd, avait vingt-six ans, et, sous le masque de graisse et de goudron qui lui couvrait le visage, on pouvait distinguer une très belle figure. Fils d'un fermier des environs de Boston, il possédait une éducation bien supérieure à celle qu'un homme de sa classe aurait eue en France. Tout d'abord il avait compris que j'étais une *lady*[167] désireuse d'acquérir des connaissances sur tout ce qui se faisait à la campagne dans son pays. C'est à lui que je dois de n'avoir été étrangère à aucune de mes occupations quand j'ai dû remplir l'emploi de fermière. Mon mari disait en riant: «Les fèves sont en purée parce que ma femme s'est oubliée avec Boyd.»

Lorsqu'on nous mit à la ration d'eau, il me promit de ne pas nous en laisser manquer, ce qui était bien utile à mon mari qui ne pouvait boire que du thé, sous peine d'être repris du mal de mer. Personnellement je souffrais beaucoup du défaut d'alimentation. Le biscuit avait acquis un tel degré de dureté que je ne pouvais plus le manger sans avoir les gencives en sang. Quand je cherchais à l'attendrir en le mouillant il en sortait des vers qui me dégoûtaient horriblement. Pour mes enfants je le broyais et je leur en faisais une bouillie, à laquelle j'avais déjà consacré les deux petits pots de beurre que nous avait donnés le vaisseau anglais. Le manque de nourriture avait tari mon lait, et je voyais ma fille dépérir à vue d'œil, tandis que mon fils me demandait en pleurant une de nos pommes de terre dont il avait mangé la dernière depuis plusieurs jours. Cette situation était affreuse. La crainte de voir mourir de faim mes enfants ne me quittait plus.

Depuis dix jours nous n'avions pu prendre la hauteur, et la brume était si épaisse que, même sur notre petit vaisseau, on ne voyait pas le beaupré. Le capitaine ne savait où il se trouvait. Le vieux Harper assurait bien qu'il sentait les brises de terre, mais nous pensions qu'il cherchait à nous rassurer.

Enfin, le 13 mai 1794, à la pointe du jour, le temps étant chaud et la mer calme, nous montâmes nous asseoir sur le pont avec les enfants, pour nous distraire et respirer l'air. La brume était toujours aussi épaisse, et le capitaine affirmait que, quelle que fût la terre où nous aborderions, elle était encore éloignée de cinquante ou soixante lieues au moins. Je remarquai néanmoins l'agitation du chien, un terrier noir, que j'aimais beaucoup et qui m'avait pris en amitié, à la grande impatience du capitaine, son propriétaire. La pauvre bête allait à l'avant, aboyait, revenait ensuite vers moi, léchait les mains et le visage de mon fils, puis reprenait la même course. Ce singulier manège durait depuis une heure déjà, lorsqu'un petit bateau ponté—*pilot-boat*[168]—passa près de nous, et l'homme qui le montait cria en anglais «que si nous ne changions de direction, nous allions nous perdre contre le cap». On lui jeta alors une corde et il sauta à bord. Dire la joie que nous ressentîmes en voyant ce pilote de Boston est impossible.

Nous nous trouvions, sans le savoir, à l'entrée de cette magnifique rade, dont le plus beau lac de l'Europe ne peut donner aucune idée. Quittant une mer dont les flots se brisent avec fureur sur des rochers, on pénètre par un goulet, où deux vaisseaux ne pourraient passer de front, dans une eau paisible et unie comme un miroir. Un léger vent de terre s'éleva pour nous montrer, comme dans un changement de décors au théâtre, la terre amie qui allait nous accueillir.

Les transports de mon fils ne peuvent se peindre. Il avait entendu parler pendant soixante jours des dangers auxquels nous avions, grâce au Ciel, échappé. Sa raison de quatre ans lui laissait entrevoir qu'il faudrait vivre désormais privé de beaucoup de bonnes choses, pour éviter ces gens en bonnet rouge dont il avait eu si peur et qui menaçaient de tuer son père. Le souvenir du pain bien blanc et du bon lait d'autrefois venait troubler souvent sa jeune imagination. Il trouvait peu agréable de n'en plus avoir, et cette vague réminiscence du passé le faisait pleurer sans motif. Mais lorsqu'il aperçut, de cet étroit goulet où nous entrions, les prés verts, les arbres en fleurs et toute la beauté de la plus luxuriante des végétations, sa joie fut sans égale.

La nôtre, pour être plus raisonnable, n'en était pas moins vive.

FIN DE LA PREMIÈRE PARTIE

NOTES

[1: Humbert-Frédéric, comte de la Tour du Pin de Gouvernet.]

[2: Cécile-Elisabeth-Charlotte de la Tour du Pin de Gouvernet.]

[3: Alix—dite Charlotte—de La Tour du Pin de Gouvernet.]

[4: Frédéric-Claude-Aymar, comte de La Tour du Pin de Gouvernet, puis marquis de La Tour du Pin et marquis de Gouvernet.]

[5: Extrait du *Supplément littéraire du Petit Journal*, n° du 4 janvier 1889.]

[6: Né à Liége le 17 mars 1787, mort dans cette ville le 16 novembre 1879, étant archevêque de Tyr.]

[7: Guillaume 1er, roi des Pays-Bas.]

[8: Domaine de Noisy, près de Dinant, en Belgique, propriété à cette époque du comte de Liedekerke Beaufort, beau-père de l'auteur de la lettre.]

[9: Le premier point.]

[10: Les vaillants seuls sont dignes des belles.]

[11: Guillaume Ier, roi des Pays-Bas.]

[12: Louis-Joseph-Xavier-François, né à Versailles, le 22 octobre 1781, mort à Meudon, le 4 juin 1789.]

[13: L'auteur écrit en 1820.]

[14: Charlotte Dillon.]

[15: Mlle Marie Rogier.]

[16: Auteur des mémoires.]

[17: Ensuite Comte de La Tour du Pin de Gouvernet, puis Marquis de La Tour du Pin.]

[18: Robert Lec, quatrième et dernier Earl of Lichfield.]

[19: Henry Augustus XIIIe viscount Dillon.]

[20: Marie-Sophie-Dorothée, princesse de Wurtemberg, seconde femme de l'empereur Paul Ier.]

[21: Honorable Catherine Dillon.]

[22: C. Caesari Augusti F. L. Caesari Augusti F. Ços Designato Principibus Juventitus.

À Caïus César, fils d'Auguste, à Lucius César, fils d'Auguste et Consul désigné, Princes de la Jeunesse.]

[23: Caïus et Lucius étaient fils d'Agrippa et petits-fils d'Auguste qui les avait adoptés comme ses héritiers.]

[24: Marie-Joséphine-Rose Tascher de La Pagerie, plus tard l'impératrice Joséphine.]

[25: Alexandre de La Touche et Betsy de La Touche, plus tard duchesse de Fitz-James.]

[26: Frances Dillon, plus tard femme du général comte Bertrand.]

[27: Frédéric-Séraphin, dit d'abord le comte de Gouvernet, puis le comte de La Tour du Pin de Gouvernet; créé pair et marquis de La Tour du Pin, par lettres patentes du 17 août 1815 et du 13 mars 1820.]

[28: Jean-Charles de Fitz-James, 3e duc de Fitz-James.]

[29: Charles de Fitz-James, 2e duc de Fitz-James, maréchal de France.]

[30: À cette époque M. le comte de Gouvernet.]

[31: Louis-Apollinaire de La Tour du Pin Montauban.]

[32: Claire-Suzanne de La Tour du Pin de Gouvernet. Devint par son mariage marquise de Lameth.]

[33: Nom donné à l'administration spéciale chargée de régler les dépenses du roi consacrées aux divertissements de tous genres qui n'étaient pas habituels.]

[34: Épousa M. Permont.]

[35: La Folie-Joyeuse.]

[36: Châles.]

[37: Henry XIe viscount Dillon.]

[38: Une poignée de main.]

[39: Mme de Rothe.]

[40: Mgr Dillon, archevêque de Narbonne.]

[41: Sir William Jerningham.]

[42: Miss Charlotte Jerningham, depuis Lady Bedlinfeld.]

[43: George-William Jerningham.]

[44: Charles Jerningham, frère de sir William Jerningham.]

[45: Charles, Alexandre et Théodore de Lameth.]

[46: Fils du marquis de Lameth.]

[47: Louise-Charlotte de Béthune épousa en 1778 le marquis de La Charce, dit le marquis de La Tour du Pin.]

[48: Le comte de Provence, depuis Louis XVIII, et le comte d'Artois, depuis Charles X.]

[49: Louis-Jean-Marie duc de Penthièvre, fils du comte de Toulouse.]

[50: Louis-Henri-Joseph duc de Bourbon, fils du prince de Condé.]

[51: Louis-Antoine-Henri duc d'Enghien, fils du duc de Bourbon.]

[52: Une poignée de main.]

[53: Sœur de Louis XVI.]

[54: Marie Joséphine-Louise de Savoie, femme du comte de Provence.]

[55: Comte de Provence.]

[56: Madame Marie-Adélaïde et Madame Marie-Louise-Thérèse-Victoire.]

[57: Louis-Joseph-Xavier-François, 1er dauphin, né à Versailles le 22 octobre 1781, mort à Meudon le 4 juin 1789.]

[58: Guillaume V.]

[59: Frédéric-Guillaume II.]

[60: Marie-François-Henri de Franquetot, marquis puis duc de Coigny, pair et maréchal de France. 1737-1821.]

[61: Mme de Genlis était la nièce et sa fille Mme de Valence, par conséquent, la petite nièce de Mme de Montesson]

[62: Louis-Philippe, duc d'Orléans, né en 1725 mort en 1785 père de Philippe-Égalité.]

[63: Zaïre, tragédie de Voltaire, 1732.]

[64: Orosmane.]

[65: Tancrède, tragédie de Voltaire, 1760, acte V, scène V. Le texte exact est le suivant:

AMÉNAÏDE.

À   ces   chants   d'allégresse,
À ces voix que j'entends, il s'avance en ces lieux.

ALDAMON.

Ces chants vont se changer en des cris de tristesse.]

[66: Trophime-Gérard, marquis de Lally-Tollendal.]

[67: Thomas-Arthur, comte de Lally, baron de Tollendal, gouverneur général des établissements français dans l'Inde.]

[68: Henry VIIIe viscount Dillon.]

[69: Richard IXe viscount Dillon.]

[70: Frances Dillon.]

[71: Charles Xe viscount Dillon, cousin et gendre de Richard IXe viscount Dillon.]

[72: Henry XIe viscount Dillon, frère de Charles Xe viscount Dillon.]

[73: C'est le titre un peu insolite que le duc d'Orléans voulut lui donner. En ayant demandé l'autorisation au roi Louis XVI, celui-ci répondit en levant les épaules et en lui tournant les talons: «Gouverneur ou Gouvernante! vous êtes le maître de faire ce qu'il vous plaira; d'ailleurs le comte d'Artois a des enfants.»]

[74: Louis-Philippe, duc de Chartres; Antoine-Philippe, duc de Montpensier; Alphonse-Léodgard, comte de Beaujolais.]

[75: Louise-Eugénie-Adélaïde d'Orléans.]

[76: Maison habitée par Mme de la Tour du Pin pendant un certain nombre d'années.]

[77: Alors marquis de Sérent. Sa femme, la marquise de Sérent, était à la même époque dame d'atours de Madame Élisabeth, sœur du roi Louis XVI.]

[78: Un ecclésiastique.]

[79: Irlandais-Unis.]

[80: Située dans l'aile du château donnant sur le parterre du midi et sur la terrasse de l'Orangerie, et comprise entre cette terrasse et la rue de la Sur-Intendance.]

[81: La Ménagerie, petit château isolé, situé dans le grand parc, à l'extrémité d'un des bras du canal et en face de Trianon.]

[82: Saint-Louis, rue Satory et Notre-Dame, rue de la Paroisse.]

[83: L'Assemblée était installée dans la salle des Menus-Plaisirs, au coin de l'avenue de Paris et de la rue Saint-Martin.]

[84: Il y a ici erreur de nom de la part de l'auteur des mémoires. Le comte de Puységur, Pierre-Louis de Chastenet, lieutenant général, quitta le ministère de la Guerre le 13 juillet 1789. Il eut pour successeurs: du 13 juillet au 3 août

1789, le duc de Broglie, Victor-François, maréchal de France; intérim du 15 juillet au 3 août 1789, comte de Saint-Priest, ministre de l'Intérieur; du 4 août 1789 au 15 novembre 1790, comte de La Tour du Pin de Gouvernet, Jean-Frédéric, lieutenant général.]

[85: Bourg à deux lieues de Forges.]

[86: «S'il vous plaît, Madame, que font-ils donc tous?»]

[87: Le département de la Guerre était installé dans une partie du bâtiment formant l'aile sud de la cour des ministres.]

[88: Le comte d'Artois quitta en réalité Paris dans la nuit du 16 au 17 juillet 1789.]

[89: Victor-Amédée III, roi de Sardaigne.]

[90: Quartier de Constantinople habité par les descendants des Grecs qui restèrent à Constantinople après la prise de cette ville par Mahomet II en 1453.]

[91: César-Henri comte de La Luzerne.]

[92: Était chef d'état-major ou major général de la garde nationale.]

[93: Appelée à cette époque: Salle des spectacles de la Cour.]

[94: Femme du ministre des Affaires étrangères.]

[95: De la rue de la Sur-Intendance dans laquelle venait aboutir à angle droit la rue de l'Orangerie.]

[96: Terrasse de l'Orangerie sous les fenêtres des appartements de la reine Marie-Antoinette.]

[97: Le petit parc était situé à l'ouest du château et comprenait dans son enceinte les jardins, les bosquets et les bassins.]

[98: La Ménagerie: voir la note 2 de la page 179.]

[99: Cette porte ouvrait sur la rue du Grand-Commun—prolongement de la rue de la Chancellerie—qui passait entre le bâtiment de l'aile sud de la cour des ministres et le grand commun.]

[100: Le ministre de la Guerre était installé dans une partie du bâtiment qui formait l'aile sud de la cour des ministres et non de la cour royale, comme le dit Mme de La Tour du Pin.]

[101: La grande galerie du château de Versailles.]

[102: Sœur de Louis XVI.]

[103: Marie-Joséphine-Louise de Savoie, femme du comte de Provence.]

[104: Il est plus exact de dire: de la cour des ministres.]

[105: Appartement de la princesse d'Henin, situé au-dessus de la galerie des princes, tout en haut des bâtiments formant l'aile sud du château, bâtiments qui donnaient, d'un côté sur la terrasse de l'Orangerie et de l'autre sur la rue de la Sur-Intendance.]

[106: Ministère de la Guerre, installé dans une partie du bâtiment qui formait l'aile sud de la cour des ministres.]

[107: La rue du Grand-Commun passait entre le bâtiment de l'aile sud de la cour des ministres et le grand commun.]

[108: Erreur de l'auteur. Il faut lire de la rue de la Sur-Intendance. La rue de l'Orangerie était située plus loin au sud et aboutissait perpendiculairement dans la rue de la Sur-Intendance.]

[109: Ou cour des ministres.]

[110: La plupart des documents qui relatent les événements des journées des 5 et 6 octobre 1789, donnent à ce garde du corps le nom de Varicourt.]

[111: Du nom de Deshuttes.]

[112: M. de Miomandre de Sainte-Marie.]

[113: La rue de la Sur-Intendance.]

[114: Plus exactement le parterre du Midi.]

[115: Nicolas Jourdan, surnommé dans la suite le coupe-tête, servait de modèle dans les ateliers de peinture.]

[116: Le garde du corps Deshuttes.]

[117: De la rue de la Sur-Intendance.]

[118: M. de Vallori ou de Varicourt. Voir la note 110.]

[119: Voir la note 33.]

[120: Humbert-Frédéric, comte de La Tour du Pin de Gouvernet.]

[121: Entreprise en 1786.]

[122: Situé alors rue de l'Université.]

[123: Actuellement rue Laffite.]

[124: L'auteur habitait alors chez son beau-père, le comte de La Tour du Pin de Gouvernet, au ministère de la Guerre installé dans l'hôtel de Choiseul, rue de la Grange-Batelière.]

[125: Marie-Thérèse-Charlotte, duchesse d'Angoulême.]

[126: Louis-Charles, dauphin, depuis Louis XVII, et Marie-Thérèse-Charlotte, depuis duchesse d'Angoulême.]

[127: Sœur de Louis XVI.]

[128: Comte et comtesse de Provence.]

[129: Marie-Thérèse-Charlotte, fille du Louis XVI, depuis duchesse d'Angoulême.]

[130: Sœur de Louis XVI.]

[131: Le régiment Mestre de camp général.]

[132: Le 15 novembre 1790.]

[133: Louis-Charles, dauphin, depuis Louis XVII, et Marie-Thérèse-Charlotte depuis duchesse d'Angoulême.]

[134: Sœur de Louis XVI.]

[135: Comte de Provence, depuis Louis XVIII, et comtesse de Provence.]

[136: Relation d'un voyage à Bruxelles et à Coblentz, 1791. Mémoires relatifs à l'histoire de France pendant le XVIII° siècle; tome XXXIII: Mémoires sur l'émigration, 1791-1800. Paris, Firmin-Didot, 1877.]

[137: Le 13 septembre 1791: le roi accepte la Constitution. Le 14 septembre 1791: séance de l'Assemblée nationale où le roi signe la Constitution et jure de la maintenir et de la faire exécuter.]

[138: Le 1er octobre 1791: première séance de l'Assemblée législative.]

[139: Guillaume V, prince d'Orange.]

[140: Baron Henri Fagel.]

[141: Général baron Robert Fagel.]

[142: 6 novembre 1792.]

[143: C'est par erreur que Mme de La Tour du Pin place le camp de Famars entre le Quesnoy et Charleroi; il était situé entre le Quesnoy et Valenciennes.]

[144: Il périt sur l'échafaud le 13 avril 1794.]

[145: Frédéric-Claude-Aymar, comte de La Tour du Pin de Gouvernet, puis marquis de La Tour du Pin et marquis de Gouvernet, le seul enfant qui survécut à ses parents.]

[146: L'auteur désigne sans doute sous ce nom l'hôtel actuel du «Grand Laboureur».]

[147: Charlotte Jerningham.]

[148: Philippe-Antoine-Gabriel-Victor-Charles de La Tour du Pin la Charce, dit le marquis de La Tour du Pin, et, en 1775, comme héritier du dernier marquis de Gouvernet, le marquis de Gouvernet.]

[149: Voir la note 148.]

[150: Le second fils de la famille Dillon dont il a été parlé chapitre II section VI.]

[151: Les souvenirs rassemblés dans ces Mémoires par Mme de La Tour du Pin étaient, dans son esprit, destinés à l'unique fils qui lui restait, à Frédéric-Claude-Aymar, comte de La Tour du Pin de Gouvernet, puis marquis de La Tour du Pin et marquis de Gouvernet, né au Bouilh, le 18 octobre 1806, décédé à Fontainebleau le 4 mars 1867.]

[152: Frédéric-Claude-Aymar, le seul enfant qui survécut à ses parents.]

[153: *Ib.*.]

[154: Nommé Potier. Voyez vol. II, chapitre VI. § IV.]

[155: Dans tes jours heureux…]

[156: Robert Lee, quatrième et dernier Earl of Lichfield.]

[157: Madame de La Tour du Pin commet une erreur en disant que le conventionnel, Julien de Toulouse, qui aurait eu à cette époque trente-quatre ans, avait succédé à Tallien à Bordeaux, comme commissaire de la Convention. Robespierre, de sa propre initiative, envoya dans cette ville, pour remplacer Tallien et contrôler les actes d'Ysabeau, un jeune homme à opinions très exaltées, membre du club des jacobins, âgé de dix-neuf ans seulement, Jullien de Paris, fils aîné du conventionnel Jullien de la Drôme.]

[158: Séraphine.]

[159: Humbert.]

[160: Au large!]

[161: Ne répondez pas.]

[162: Vaisseau de guerre français à l'avant.]

[163: Pas de passager, pas de cargaison.]

[164: Suivez.]

[165: Frédéric-Claude-Aymar, le seul enfant qui survécut à ses parents.]

[166: Enfants de Florent-Charles-Auguste, comte de Liedekerke Beaufort, et de Alix, dite Charlotte, de La Tour du Pin de Gouvernet.

De ce mariage naquirent:

1° Hadelin-Stanislas-Humbert, comte de Liedekerke Beaufort, né à Bruxelles le 11 mars 1816, mort à Bruxelles le 3 janvier 1890;

2° Cécile-Claire-Séraphine de Liedekerke Beaufort, née à la Haye le 24 août 1818, morte à Paris le 19 août 1893; épousa à Bruxelles, le 28 décembre 1841, Ferdinand-Joseph-Ghislain, baron de Beeckman.]

[167: Une dame.]

[168: Bateau pilote.]

Milton Keynes UK
Ingram Content Group UK Ltd.
UKHW011139220424
441551UK00007B/683